유아발달론

현영렬 · 류종훈 · 손은아 · 임옥순

청목출판사

머리말

유아발달은 태아기로부터 아동기에 이르기까지 인간 발달적 변화요인과 인간성장에 영향을 주는 삶의 근간이 되는 원동력을 알아보고 인간 발달적 변화에 대한 이론을 고찰하고 인성교육의 초석을 삼는 데 있다. 그리고 최근 복지에 대한 접근이 활발해지면서 보편적 복지의 실천을 영유아 성장을 돕는 보육정책이 무상복지 또는 복지포퓰리즘이란 용어로 정치적 논란이 되고 있다. 이 논쟁이 비록 정치적이라고 하지만 그 주된 수혜대상이 영아, 유아, 아동임은 분명하다. 이처럼 근래에 이르러 사회적으로나 학문적으로 유아에 대한 관심으로 가지게 되면서 수정에서부터 아동기에 이르기까지 유아에 대한 정보가 유아교육을 담당하는 교사와 부모들에게 필수적 연구사항으로 반가운 현상임에 틀림이 없다.

특히 유아를 대상으로 하는 각종 교육기관과 보육관련시설 및 유아심리상담 현장에서 실제로 유아를 이해하고 지도할 때 필요한 기초정보로서 유아와 관련된 상담이론과 다양한 정보들이 적극 활용되어야 한다는 점에서 유아발달론 책을 공동으로 집필하게 되어 매우 기쁘게 생각한다. 이러한 유아 이해의 필요성과 당위성에 따라 보육담당교사나 사회복지사 또는 유아심리전문가로 현장에서 직접 유아를 위한 교육과 복지문제를 해결과제로 보육을 중요한 정책과제로 삼고, 보육교사 양성의 기초 학문영역 중의 하나로 유아발달 교육과정을 이수하도록 요구하는 것은 당연한 것으로 생각된다. 사회복지 또는 보육교사 지망생 여러분의 뜨거운 향학열과 굳센 의지에 찬사를 보내면서 지도자적 역량을 강화하고 미래의 꿈나무를 길러내는 자부심으로 “뜻이 있는 곳에 길이 있다.”고 한 말을 기억하기 바라면서 아무리 훌륭한 계획을 세웠다 하더라도 집 안에서 방안의 천장만 바라보고 앉아 있다면 그 계획이 무슨 소용이 있겠는가? 반면 여행의 길을 떠났다 하더라도 계획 없이 방황만 하고 목적을 이루지 못하고 돌아왔다면 고단하여 허탈감만 남게 될 것이다. 여기서 우리는 계획과 실천이 동시에 필요함을 알게 된다. 여러분은 이미 마음의 각오와 계획을 세웠으리라 생각한다. 다만 이 계획을 실천할 지침서가 필요한 것이다.

대학의 신 교과과정에 의해 보육정책의 일환을 이행하도록 최근의 유아발달에 관한 연구결과를 수록 구성하였으며 각 장별로 내용을 본 책 한 권으로 효율적인 학습효과를 충분히 얻을 수 있도록 하였다.

여러분이 수강 신청한 학기에 수업을 통하여 이 책 한권으로도 여러분의 학습에 절대적인 도움이 되리라 확신하면서 여러분의 앞날에 영광이 함께 하기를 바란다.

왜냐하면 교육이건 복지이건 해당 연령의 유아가 현재 신체적으로나 정서적, 인지적 그리고 사회적으로 발달과업의 특성이 있음을 정확하게 파악하고 있지 않다면 전문가로서 최상의 교육이나 보육 또는 복지를 실천하기란 쉽지 않을 것이기 때문이다.

이러한 요구들에 부응하기 위하여 그간 우리나라에서도 유아발달과 관련된 교재들이 많이 출판되어 교과서로 또는 참고도서로 활용되고 있음은 다행한 일이다. 이 책 또한 각기 성장발달과업의 특성을 충분히 이해하면서 기초학문 영역으로서 유아발달을 이해할 수 있도록 기술하였으며 특히 공동 집필진이신 현영렬 교수님, 손은아 교수님, 임옥순 교수님께 깊은 감사를 드리고 출판을 허락하신 청목출판사 유성열 사장님에게도 감사를 드린다.

계속해서 우리 집필진 모두는 미비한 점을 보완해 나가도록 정진하겠으며 많은 지도편달을 기대하면서 우리나라 보육정책에 도움이 되기를 갈망한다.

2014년 1월 14일
선지학산에서 류종훈 씀

차 례

제1장 영유아 발달의 기초

제1절 영유아 발달의 성격

1. 영유아 발달의 개념

발달(development)이란 인간이 수정에서 죽음에 이르기까지의 전 생애 동안에 나타나는 계속적이고 연속적인 모든 변화의 양상과 과정을 말한다. 발달적 변화의 과정은 신체, 운동기능, 지능, 사고, 언어, 성격, 사회성, 정서, 도덕성 등 인간의 모든 특성들이 포함된다. 그러나 약물이나 피로에 의한 일시적인 변화나 잠시 나타나는 현상과는 구별된다. 이러한 변화는 양적 변화와 질적 변화를 뜻하는 것으로 전 생애에 걸친 발달과정 중에 일어나는 양적인 증가나 기능적인 효율성의 증가 등 긍정적·부정적 변화 역시 발달이라 할 수 있다. 양적 변화는 신장, 체중, 어휘력 등에서 보이는 크기 또는 양에서의 변화를 의미한다. 질적 변화는 지능의 본질이나 정신작용에서의 본질, 구조 또는 조직상의 변화를 의미한다. 발달은 성장(growth), 성숙(maturation), 학습(earning)의 개념과 유사 개념으로 공존하고 있다. 이 세 가지 개념은 모두 '변화'와 관련된 의미를 내포하고 있다는 점에서 공통점을 갖고 있다. 그러나 엄밀히 비교하면 각기 다른 특성과 강조를 나타낸다.

성장(growth)은 인간의 변화 중 주로 신체적 측면의 양적 증가를 의미하는 것으로 신장, 체중, 골격, 근육 세기 등의 크기나 능력 증가의 양적 변화를 말한다.

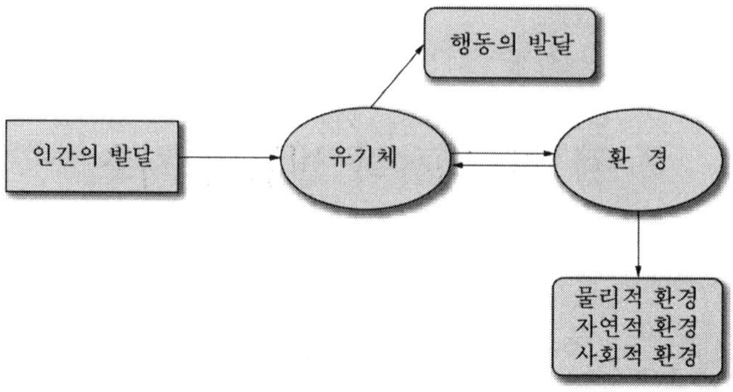

[그림 1-1] 인간발달

성숙(maturation)은 유전적 요인에 의해 변화하는 과정이며 생물학적 과정으로 구조가 정밀해지고 유능해지는 질적인 변화가 강조된다. 직접 또는 간접 경험의 산물로서 훈련이나 연습에 기인하는 발달적 변화를 의미하며, 가정, 교사 및 학교교육, 영양섭취, 대중매체의 영향으로 일어나는 변화 등을 일컫는다.

학습(learning)이란 유기체에 변화하는 환경조건에 적응할 수 있게 하는 능력으로 가족·또래·학교·직장 등 전 생애 발달에 걸쳐 일어난다.

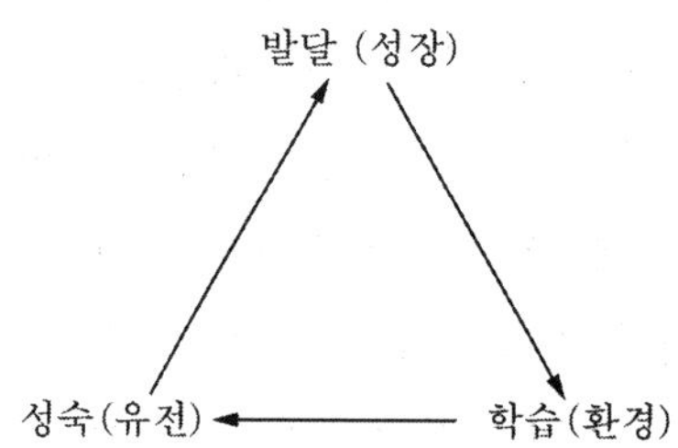

[그림 1-2] 발달에 관련된 다양한 개념

발달(development)은 일생을 통하여 성장, 성숙, 학습에 의해 이루어지는 변화과정이라 할 수 있다. 각 측면의 발달에서의 변화과정을 각각 생물학적 과정, 인지적 과정, 사회 정서적 과정으로 일컫는다. 생물학적 발달은 신체적 변화와 관련된 것으로, 부모로부터 물려받은 유전인자, 뇌와 감각기관의 발달, 신장과 체중의 증가, 운동기능, 사춘기에 나타나는 호르몬의 변화 제2의 성징 등을 일컫는다. 인지적 발달에는 개인의 사고, 지능,

언어에서의 변화가 포함된다. 사회·정서적 발달은 가족관계, 또래관계, 교사와의 관계 등의 대인관계, 정서·성격의 변화, 사회적 환경의 변화 등을 말하는 것이다.

2. 영유아 발달단계

발달단계는 태내기, 영아기, 유아기, 아동기, 청소년기, 성인기, 노년기의 단계로 나눈다. 이 중 아동의 발달단계는 태내기, 신생아기, 영아기와 걸음마기, 유아기, 아동기로 세분화된다.

1) 태내기(prenatal period: 임신~출생)

태내기는 임신에서 출생까지 38주간(280일)의 기간으로 신체적인 성장이 일생 중 가장 급속하게 일어나는 시기이다. 태아기 초기 3개월 동안은 신체의 구조와 기관이 형성되는 시기로 태내 환경의 영향을 크게 받기 때문에 발달상 극히 취약한 시기라고도 할 수 있다. 수정의 순간부터 자궁에 착상하게 되는 2주까지를 발아기라고 한다, 즉 수정 후 2주부터 8주까지의 배아기, 수정 후 8주부터의 태아기를 거쳐 출생하게 된다.

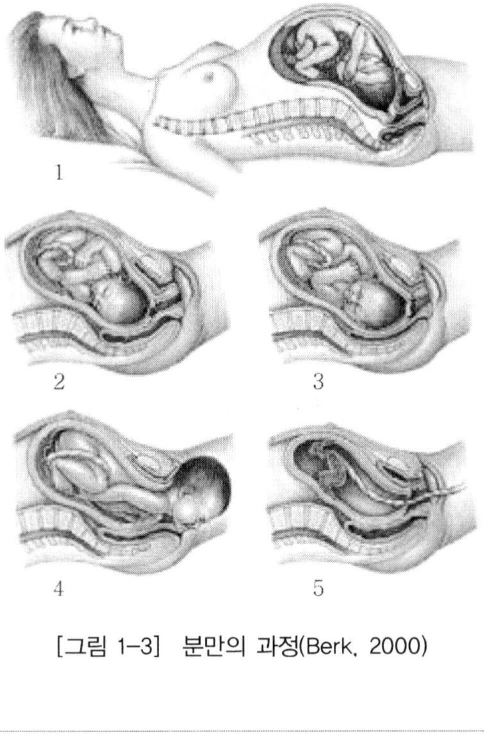

[그림 1-3] 분만의 과정(Berk, 2000)

2) 신생아기(neonatal period: 출생~2개월)

생후 첫 1~2개월은 태내 생활로부터 독립하여 외부 세계에 적응하기 시작하는 전환적 시기로 스스로 호흡하고, 스스로 입을 통해 영양분을 섭취하며, 소리, 빛, 움직임 그리고 추위 등의 자극을 느끼며 적응하는 시기이다.

[그림 1-4] 신생아

3) 영아기와 걸음마기(infancy & toddlerhood: 2개월~2세)

생후 2개월에서 생후 1년 또는 생후 18개월까지를 주로 영아기로, 약 2세경까지를 걸음마기로 일컫는다. 이 시기에는 지각 및 운동능력이 발달하고 사고능력과 언어능력이 발달하며 양육자에게 애착(attachment)을 형성한다. 또한 자아에 대한 인식과 더불어 점점 자율적이 되어 '힘든 두 살(terrible two)' 또는 '미운 세 살'이라고 불리는 시기이기도 하다. 또한 영아기는 일생 중에서 신체발달이 제일 급속하게 이루어지는 시기로써 체중과 신장뿐 아니라 근육·골격·뇌 등의 성장이 빠른 속도로 이루어진다. 이러한 영아기의 급성장을 성장급등현상이라고 부른다.

또한 영아기는 일생중에서 신체발달이 급속하게 이루어지는 시기로써 체중과 신장뿐 아니라 근육·골격·뇌 등의 성장이 빠른 속도로 이루어진다. 이러한 시기를 성장급등현상이라고 부른다.

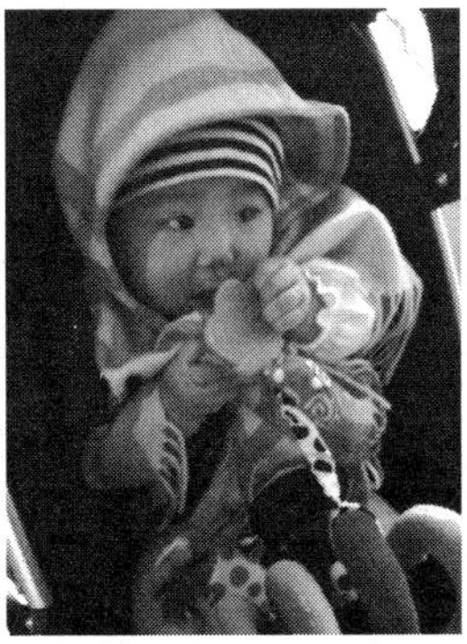

[그림 1-5] 영아기

4) 유아기(early & childhood: 2~6세)

학령 전기로도 일컬어지는 시기로 의사소통 능력이 발달하고 자기의 요구나 감정을 조절할 수 있는 자기통제력이 발달한다. 성장능력과 함께 사고능력이 발달하여 다양한 상상력과 창의력을 나타낸다.

[그림 1-6] 유아기

5) 아동기(middle childhood: 6~12세)

학령기 아동으로 초등학교의 교육이 시작되며, 논리적으로 사고할 수 있는 능력이 발달한다. 아동에게 또래집단의 중요한 위치를 차지하지만 가족의 영향력은 크게 작용하는 시기이다.

[그림 1-7] 아동기

아동 중기 또는 학동기, 논리 사고 능력증가, 집단이 중요한 위치를 차지한다.

6) 청소년기(Adolescence: 13~24세)

신체발달의 제2의 급등기, 추상적인 사고가능, 독립적인 욕구가 증대, 친구와의 관계 중요시하며, 정체성을 찾는데 몰두, 심각한 심리적인 갈등 경험이다.

7) 성인기(Early adulthood: 23~40세)

부모로부터 독립하여 새 가정을 형성하는 시기이다. 이 시기는 인생에서 가장 주요한 두 가지를 하는데 하나는 배우자를 선택하여 가족을 형성하고 자녀를 생산. 양육하는 것이며, 또 하나는 직업을 갖고 경제적인 부를 늘려 가는 일이다. 그래서 성인기를 생산의 시기라고도 한다.

[그림 1-8] 성인기

8) 중년기(Middle adulthood: 40~65세)

중년기에는 자신이 낳은 자녀를 기르며, 작업을 갖고 경제적 능력을 확장하고 자녀가 행복한 성인으로 자랄 수 있도록 뒷받침한다. 또한 자녀가 배우자를 맞아 가정을 꾸밀 수 있도록 돕는다. 정신적인 변화와 신체의 생리적 변화를 겪으며 인생의 후반을 건강하게 보낼 수 있도록 준비하는 것이다.

[그림 1-9] 중년기

9) 노년기(Late adulthood: 65세 이상)

성장한 자녀에 의해 부양을 받으며, 자신의 삶을 회고하는 것이다. 이때 노년기에는 신체적 능력과 건강이 쇠약해지는 변화를 겪고, 직장에서 은퇴하고 감소된 수입에 적응해야 하는 것이다.

[그림 1-10] 노년기

3. 아동 발달의 원리

학자들이 아동의 발달 특성을 다양하게 많이 설명하였지만 어느 하나의 원리에 입각해서 복잡하고 급변하는 아동의 발달 특성을 간단하게 설명할 수는 없다. 하지만 기본적이고 일반적 원리를 정리하면 다음과 같다.

첫째, 발달은 계속적이며 누적되고 순서적이다.

발달은 단절적이기보다는 일생 동안의 계속적(continual)누적적(cumulative)이며 순서적(sequential)인 과정으로 일어난다. 영아기를 거치지 않은 유아기는 없고, 유아기를 거치지 않은 아동기는 없는 것이다.

둘째, 발달은 유전과 환경의 상관성 및 상호작용이 있다.

발달의 원인으로는 크게 유전(nature) 요인과 환경(nurture) 요인을 들 수 있다.

셋째, 발달은 결정적 시기 또는 민감한 시기가 있다.

발달은 각각의 발달단계마다 중요한 발달적 특징이 있다.

넷째, 발달은 통합성이 있다.

발달의 영역 측면은 상호 관련(interrelated)되어 있다.

다섯째, 발달은 독특성과 보편성이 있다.

발달에는 유아 각자의 개인차 및 개별성(unique)이 있다.

여섯째, 발달은 방향성과 분화성이 있다.

발달에는 일정한 순서적 방향성이 있다. 발달은 무질서하게 막연히 일어나는 것이 아니라 일정한 방향성이 있다.

제2절 발달심리학의 연구

인간의 발달은 과정이 유전적으로 결정되어져 있다고 설명한다. 즉 인간은 태어날 때부터 발달은 유전적 청사진이 이미 존재한다는 것이다. 유아의 성장 또는 발달은 성숙 기제에 의하며 환경적 영향을 부차적인 것이라고 한다.

1. 종단적 접근방법

종단적 접근(longitudinal approach)방법은 동일한 개인이나 집단을 대상으로 일정 기간 그들에게 나타나는 발달 현상을 계속적으로 추적해 가며 연구하는 것으로 일정 기간에 따른 변화를 연구하기 위한 방법이다(Craig, 1999). 즉, 일정 집단의 아동을 들어 2003년에 1세, 2005년에 3세, 2007년에 5세, 2009년에 7세, 2011년에 9세 되는 해당 연구대상 아동이나 아동집단을 몇 년간 반복하여 측정하며 연구를 계속하는 것이다.

2. 횡단적 접근방법

횡단적 접근(cross-sectional approach)방법은 각기 다른 연령의 여러 개인이나 집단을 동일한 시기에 연구하는 방법이다(Zanden, 1997). 서로 다른 연령의 아동들을 동일한 시기에 관찰하거나 측정하는 방법으로 예를 들면, 연구자는 2013년에 각각 1세, 3세, 5세, 9세 집단을 대상으로 연구주제에 대한 자료를 수집하고, 분석을 통해 연령에 따른 연구결과를 규명할 수 있다. 동시에 여러 연령층을 연구할 수 있으므로 시간과 비용이 적게 들며, 종단적 접근법에서는 계획에 따라 몇 년이 소요되어야 얻을 수 있는 결과를 횡단적 접근법에서는 단시간에 얻을 수 있으며, 연령에 따른 차이나 발달적 변화 경향을 알 수 있는 장점이 있다. 그러나 연령 집단 간의 차이만을 비교함으로써 발달의 전반적이고 개략적인 특성을 파악할 수 있으며 아동에 따른 개인차나 발달적인 경과의 변화를 밝혀내기 어려운 단점이 있다.

3. 순차적 접근방법

순차적 접근(sequential approach)방법은 단기종단적 방법(shot-term longitudinal approach)이라고도 불리는 것으로, 횡단적 방법과 종단적 방법의 장점을 채택하고 단점을 극복할 수 있도록 절충한 방법이다. 즉, 종단적 방법과 횡단적 방법을 혼합한 형태로서 서로 다른 여러 연령층을 대상으로 일정 기간 동안 연령이 증가함에 따라 반복적으로 추적하여 연구하는 방법이다(Craig, 1999). 이 방법은 다른 시기에 태어난 같은 연령의 아동집단을 둘 이상 선정하여 수년 동안 종단적으로 연구하는 것으로 연구기간이 종단적 방법에서 소요되는 것보다 1/2 정도로 짧으면서 개인의 성장과 발달에 영향을 미칠 수 있는 시간효과와 사회적 영향을 배제시킬 수 있다는 장점이 있다(김태련 · 장휘숙, 1996). 그러나 시간과 비용의 투입에 비하여 연령에 따른 정확한 변화를 연구하기에 부족할 수 있는 단점이 있다.

〈표 1-1〉 연구 접근법에 따른 장 · 단점

	연구 접근법에 따른 장 · 단점			
연구 설계	과정	얻는 정보	장점	단점
종단적 접근법	특정 연령의 연구대상을 시간에 따라 반복 연구	연령 변화	• 연령에 따른 일반적인 발달 양상과 발달의 개인차를 알 수 있다. • 초기 사건과 후기 행동 간의 관계를 파악할 수 있다.	• 동시집단 효과 및 측정시기 문제를 지닌다. • 연구결과를 일반화시키는 데 제한이 있다. • 시간과 노력이 많이 든다. • 연구대상자 탈락률이 크다.
횡단적 접근법	어느 시점에 연령이나 시기가 다른 연구대상을 선정	연령 차이	• 연령에 따른 차이나 변화 경향을 알 수 있다. • 시간과 노력이 덜 든다.	• 개인차나 발달적인 변화를 설명하지 못한다. • 동시집단 효과 및 측정시기 문제를 지닌다. • 연구결과를 일반화시키는데 제한이 있다.
순차적 접근법	횡단적 방법과 종단적 방법을 조합	연령 차이나 연령 변화	• 동시집단 효과를 파악할 수 있다. • 횡단적/종단적 비교가 가능하여 연구 결과에 확신을 가질 수 있다. • 연구접근의 효율성이 높다.	• 비교적 시간과 노력이 많이 든다.

제3절 연구 설계 방법

아동에 대한 연구설계는 일반적으로 질적 연구(qualitative research)와 양적 연구(quantitative research)로 구분할 수 있다. 발달을 효과적으로 설명할 수 있는 연구방법으로 1930년대까지는 질적 연구가 폭넓게 진행되었으나 20세기 중반의 실증주의와 양적 패러다임을 강조하게 되면서 질적 연구는 차츰 감소되고 유아를 대상으로 이루어지는 연구의 대부분이 통계적 분석법을 사용한 양적 연구가 활성화되었지만 최근 다시 질적 연구가 대세가 되었다. 아동에 대한 연구는 양적 연구방법과 질적 연구방법 그리고 양적 연구와 질적 연구의 단점을 보완하여 이 두 방법을 병행하는 연구들이 증가하는 추세이다.

1. 양적연구

양적 연구(quantitative research) 설계는 실험 연구와 비실험 연구로 대별할 수 있다.

실험 연구는 실험자가 독립변인(independent variable)을 체계적으로 조작하여 종속변인(dependent variable)에 미치는 영향의 정도를 밝히는 연구방법이다. 여기에서 변인이라 함은 사람이나 사물, 사건 등 어떤 것이든 양이나 질로 측정할 수 있는 것을 말한다. 아동연구는 바로 아동발달과 행동에 관계되는 변인들을 조사하는 것으로, 엄밀하게 통제된 상황에서 발달에 영향을 미칠 것이라 예상되는 변인을 체계적으로 조작하여 그 효과를 측정하는 연구방법이다. 어떤 행동을 야기 시키는 원인이라고 예기되는 조건을 독립변인이라 하고, 그 원인으로 말미암아 유발되는 반응이나 결과를 종속변인이라 한다. 연구자는 독립변인의 조작이 이루어진 실험집단(experimental group)과 아무런 조작이 없는 자연 상태의 통제집단(control group)의 결과를 분석·비교함으로써 독립변인의 영향 또는 원인과 결과를 밝힐 수 있다.

비실험 연구는 연구자가 특별한 조작을 가하지 않고 자연 상황에서 변인들 사이의 관계를 연구하기 때문에 자연적 연구라고도 불린다. 비실험 연구는 관련된 여러 변인들의 엄격한 통제가 불가능하므로 인과관계에 대한 정확한 정보를 얻을 수 없다는 한계점이 있다. 그러므로 비실험 연구는 연구자가 관심을 갖는 변인 조작이 불가능할 때 유용한 연구방법으로 활용될 수 있다.

2. 질적 연구

질적 연구(qualitative research) 설계는 단순화와 한계설정을 최소화하고 현상의 복잡성을 최대한 있는 그대로 파악하려는 입장을 취한다.

질적 연구 설계는 일반적으로 비 구조화된 면접과 관찰에 의해 수행된다고 할 수 있다. 면접은 양적·질적 연구 모두에서 활용될 수 있으나 양적 연구에서의 면접은 양화할 수 있도록 구조화되어 있다. 그러나 질적 연구에서의 면접은 정형화된 것이 아니라 비교적 자유로운 질문으로 융통적인 정보를 얻을 수 있는 구조화되지 않은 면접법이 활용된다. 관찰은 연구자가 관심을 갖는 일련의 행동과 환경을 채택하고 자극하며 부호화함으로써 원하는 정보를 수집하는 방법이다. 질적 연구에서는 연구자의 역할이 중요하다.

〈표 1-2〉 인간 발달단계에 대한 관점

질적 접근과 양적 접근의 특성	
양적 접근	질적 접근
1. 양적 방법의 사용을 옹호함	1. 질적 방법의 사용을 옹호함
2. 개인들의 주관적 상태에는 관심을 두지 않고, 사회현상의 사실이나 원인들을 탐구하는 논리 실증주의적 입장을 취함	2. 행위자 자신의 준거의 틀에 입각하여 인간의 형태를 이해하는 데 관심을 갖는 현상학 입장을 취함
3. 강제적 측정과 통제된 측정	3. 자연주의적, 비통계적 관찰을 이용함
4. 객관적임	4. 주관적임
5. 자료에 거리가 있음: 외부자의 시각	5. 자료에 가까움: 내부자의 시각
6. 자료에서 파생하지 않는 지향적, 확증적, 축소 주의적, 추론적, 가설연역적	6. 자료에서 파생한 발견지향적, 탐색적, 확장 주의적, 서술적, 귀납적
7. 결과지향적	7. 과정지향적
8. 신뢰성: 반복 가능한 자료	8. 타당성: 실질적인, 풍부한 깊이 있는 자료
9. 일반화할 수 있음: 복수사례 연구	9. 일반화할 수 있음: 단일사례 연구
10. 특정적(particularistic)	10. 총체론적(holistic)
11. 안정적 현실을 가정함	11. 동태론적 현상을 가정함

제 4 절 관찰법

관찰법은 어떤 행동이 일어날 때마다 그것을 관찰하고 기록하여 자료를 수집하는 방법으로, 자연적 관찰과 구조화된 관찰로 구분할 수 있다. 관찰법의 절차는 연구자의 의도에 여러 가지 형태로 이루어지는데, 어떤 경우에는 관찰되는 모든 행동을 서술식으로 상세히 기록하기도 하고, 어떤 경우에는 미리 정한 관찰 항목을 적은 기록지를 마련해 놓고 행동을 관찰하면서 연구자가 관찰하고자 하는 행동이 나타날 때마다 기록지에 행동 유무나 빈도 또는 행동의 강도나 시간적 길이 등을 표시할 수도 있다.

1. 자연적 관찰

자연적 관찰(natural observation)은 연구대상자의 행동을 자연스러운 상황에서 관찰하는 것으로, 가정에서 이루어지는 아동과 부모의 상호작용에 관한 연구 등이 좋은 예이다. 자연적 관찰방법은 연구자에게 자연스러운 상황에서 일어나는 실제적인 행동에 대한 풍부한 정보를 제공해 주지만, 연구자가 관심을 두고 있는 특정 행동이 나타나지 않을 수도 있다는 제한점이 있다.

2. 구조화된 관찰

구조화된 관찰(structured observation)은 연구자가 얻고자 하는 정보를 비교적 효과적으로 수집하기 위해 연구자가 인위적으로 구성된 실험실 상황을 마련하여 관찰하고자 하는 행동을 유발하고 그에 대한 관찰하고 기록하는 것이다.

제2장 역사적 배경

제1절 역사적인 배경

오랫동안 아동기는 인간발달의 측면에서 독자적인 단계로 연구되지 못한 점이 매우 안타까운 가운데 아동기라는 개념이 연구의 대상으로 등장하였으며, 아동에 대한 과학적인 연구가 시작된 것도 한 세기 정도 되었다. 17세기 이전까지 아동은 성인의 축소판 정도로 생각했었고, 아동발달에 관한 과학적 연구는 현대적 개념이다. 고대에서 18세기는 아동에 대한 관심이 철학적 측면에서 이루어졌으며, 19세기에 접어들어 과학적인 접근이 시작되었다. 그리고 20세기에 들어와서는 아동에 대한 과학적 연구와 더불어 이론들이 발달하게 되었다.

1. 고대사회

고대 원시시대에서는 부족이나 종족, 집단의 안전이 무엇보다 중요하였다. 그러나 아동 개인의 가치와 존엄은 무시되었다. 아동의 생존에 중요한 판정기준은 앞으로 생산이나 종족 보존에 기여할 수 있을지에 대한 관심이었다. 소속된 집단에서 무가치한 존재로 버림을 당하는 것은 우선 영아였으며 그 다음으로는 병약한 성인이나 별로 도움이 되지 않는 노인이었다. 아마존 지역의 인디언들은 아기가 태어나면 강물에 그 아이를 던져 살아남은 건강한 아이만을 끄집어내어 기르며 그렇지 않은 아이들은 그대로 내버려 두는 생존 실험을 유린하는 웃지 못하는 일이 자행되었다. 오스트레일리아의 어떤 부족은 허약아나 장애아는 내다버렸다. 영아살해, 유기뿐 아니라 낙태, 아동매매를 오랫동안 여러 지역에 걸쳐 자행하였다(김익균·김혜금·정원주·최정선, 2005). 아이를 하나의 인격체로 대한 것이 아니라 어른들의 단순한 성적 유희에 의해서 생긴 결과로 생각하고 아이에겐 영혼이 있다고 생각하지 않은 것으로 보이며, 이는 가족이나 종족 중심에서의 아동관이라 할 수 있다.

아동에 대한 이해나 사상은 일찍이 고대 그리스 때부터 비롯되었다고 할 수 있다. 플라톤(platon, BC 428/427~348/347)은 아동에 대해서 아동의 능력에는 개인차가 있고, 그 개인차에 따른 지도 방법을 사용해야 한다고 주장하였다. 플라톤은 『국가론』에서 인간의 발달은 신체적 욕구, 정신, 신성이 낮은 수준에서 높은 수준으로 대체되는 과정을 발달이라고 보았고, 성격형성에 있어서 초기 경험의 중요성을 강조하였다. 아동의 습관이 초기에 형성됨을 지적하였으나 계급 사회적 사고를 뛰어넘지 못한 한계를 가지고 있다.

2. 17세기 이전 사회

17세기 이전에는 전반적으로 아동기에 대한 개념 및 정확한 이해와 개념적 구분이 없었다. 중세에는 아동을 청소년이나 성인과 다른 독특한 존재라고 생각하기보다는 성인과 비교하여 크기만 작은 '축소된 어른(miniature adult)'으로 생각하여 아동의 독특한 발달적 특성은 무시된 채 작은 성인으로 취급되었다. 어른과 아이의 차이는 질적인 차이가 아니라 양적인 차이로 취급 하였다. 중세인들의 지구는 우주의 중심이며, 태양은 지구 주위를 돈다고 생각했던 것처럼, 성인은 어른의 본체이며, 아동은 성인과 똑같은 형태와 기능을 지닌 축소된 존재로 구별하였다.

중세 그림에 의하면 아동은 성인과 같은 자세로 불편한 옷을 입었고(Moran & Vinovskis, 1986), 표정도 어른과 비슷하였다. 오스트리아의 클로스터노이부르크 대성당에 전시되어 있는 1181년 베르둔의 니콜라스가 그린 〈홍해를 건넘〉의 작품에서 보아도 아이들은 특정한 표현방식 없이 단지 '축소된 어른'으로 묘사되고 독특한 발달시기로 강조되지 않았던 것이다.

중세기는 인간의 천부적 성향은 선하지 않기 때문에 이러한 원죄에서 구원되려면 기독교적 교리에 입각하여 엄격한 훈련과 끊임없는 감독이 필요하다고 생각하였다. 종교적인 글에서는 아동들의 천성에 관해 부정적인 믿음을 담고 있어 아동을 악의적이고 정화가 필요한 존재로 묘사하였다(Hanawalt, 2003). 따라서 아동양육의 목적을 구원에 두었다. 원죄적 관점에서 아동을 출생 시부터 죄를 짓고 태어나는 사악한 존재로 보고, 부모의 양육이나 구원을 통해서만이 유능한 성인이 될 수 있다고 하였다. 따라서 엄격하고, 권위적이며, 제한적인 아동양육 방법이 사악한 아동을 변화시키는 데 가장 효과적인 방법으로 사용되었고 이 시기의 아동은 자율성도 없고 오로지 복종만 있었으며, 성인처럼 행동하도록 기대되었다.

1) 17세기 사회

근대교육의 아버지라고 불리는 코메니우스(Comenius, 1592~1670)는 아동을 '신의 귀중한 선물이며, 지상의 본질'로 표현하며 아동을 어른의 축소판으로 보았던 중세적인 아동관을 완전히 벗어나서 그리스도교를 바탕으로 한 새로운 아동관을 수립하였다(팽영일, 1995).

영국의 철학자이며 정치가인 경험주의자 존 로크(John Locke, 1632~1704)는 그의 저서 『인간 오성론』에서 아동이 선천적으로 약하게 태어나는 것이 아니라 백지상태(tabula rasa)로 태어난다고 주장하였다. 인간은 태어날 때 누구나 동등한 상태이므로, 현재 인간에게서 발견되는 차이점은 모두 환경과 경험 때문이라는 것이다. 로크의 경험주의 이론은 행동주의 사회학습이론에 영향을 미쳤다.

3. 18세기 사회

18세기에도 아동기는 인간발달의 독특한 한 시기로 아동에 대한 철학이 계속되었다. 성선설을 주장한 루소(Jean Jacques Rousseau, 1712~1788)는 아동을 선하게 태어난다고 보고, 사회 환경이 허락하는 한 좋은 방향으로 자란다고 주장함으로써 최초로 본성과 환경의 상호작용적 견해를 가진 철학자였다. 그의 『에밀』에 나타난 교육철학은 아동을 그 특유의 감정과 사고방식을 지닌 개체로 보아야 한다고 주장하였다.

4. 19세기 사회

19세기 들어서면서 아동관은 극적인 변화가 있었다. 많은 철학자, 생물학자, 교육학자들이 자신의 자녀를 관찰하고 '유아전기(baby biography)'를 발간하였다.

19세기 말이 되어서야 과학적 아동연구가 시작되었다. 홀(G. Stanly Hall, 1844~1924)은 미국에서 아동에 관한 최초의 체계적 연구에 착수하였으며, 발달심리학 분야의 토대를 구축하였다. 홀은 독자적인 아동심리학을 발전시키고 과학적인 연구가 가능하도록 한 질문지법을 고안한 학자로서 아동심리학의 제1세대 교육을 담당하였다.

5. 20세기 사회

20세기는 아동연구의 세기라 할 정도로 아동발달에 대한 관심이 고조되고, 아동 연구에 있어 커다란 도약의 단계에 들어선 시기로 연구가 활발히 이루어졌다.

1900~1930년대는 홀(Hall)의 제자인 게젤(Gesell)과 터만(Terman)은 20세기 초반 30여 년 동안 개체발달 연구에 상당한 공헌을 하였다. 성숙이론의 확립에 공헌을 한 게젤은 규범적 접근법(normative approach)을 통해 연령에 따른 전형적인 발달양상을 기술하였으며, 성숙적인 준비도 개념을 주장하였다. 한편 터만은 프랑스 심리학자 비네(Binet, 1905)가 개발한 지능검사를 기반으로 스텐포드-비네(Stanford-Binet) 지능검사(1916)를 만들고, 독일의 심리학자 스턴(Stern)이 제안한 지능지수(IQ)의 개념을 채택하여 지능지수(IQ)의 개념을 정립해 놓았다.

1920~1950년대에는 자연주의 견해와 더불어 로크(Loke)의 경험주의 영향의 행동주의 이론이나 학습이론이 활발하게 이루어졌다.

1940~1950년대는 2차 세계대전의 영향으로 프로이트(Freud)를 중심으로 한 정신분석학이 관심을 끌게 되었다. 또한 게슈탈트(Gestalt) 이론의 영향으로 자연과 환경의 상호작용에 대한 관심이 다시 대두되었다. 이 외에도 개인과 환경적 맥락간의 관계를 강조한 피아제(Piaget)나 비고츠키(Vygotsky)의 이론이 영향을 미치기 시작하였다.

1950~1960년대에는 인간의 행동을 어떤 하나의 지배적인 이론으로 설명할 수 없고 다양한 이론으로 다양한 관점에서 설명할 수밖에 없다는 인식이 지배적이었다. 이러한 변화 중 하나는 1920년대에 발표되었으나 그동안 별로 주목을 받지 못하던 피아제의 이론

에 대해 새로운 관심을 갖고 피아제의 이론은 지대한 영향을 미치게 된다.

1970년대에서 1980년대에는 유전과 환경의 극단적인 논쟁이 통합적인 입장을 취하기 시작하였다. 애착 연구가 관심을 끌게 되었고, 브론펜브레너(Bronfenbrenner, 1979)의 생태학적 관점에 대한 관심(Baltes, 1979; 2000)으로 아동발달 연구자들은 발달적 역사나 아동이 직접 또는 간접적으로 속한 환경체계 간의 관계에서 상호 역동성을 강조하기에 이르렀다.

1980~1990년대는 생태학적인 관점에 대한 지속적인 관심과 더불어 동물행동학에도 관심을 가졌으며 문화적인 맥락을 중요시하는 사회문화적 관점(Vygotsky, 1987)에 대해 새로운 관심을 가지게 되었다. 이에 문화적인 특수성과 보편성을 이해하기 위한 비교문화적인 아동발달 연구도 점차 증가하였다.

최근에는 아동행동 및 발달의 보편성과 함께 발달적인 개인차에 관심을 두고 이를 설명하는 데 많은 노력을 기울여 오고 있다. 그 결과 최근 피셔(Fischer)의 역동적인 체계 관점(dynamic systems perspective)이 제안되고 있다. 역동적 체계 관점은 생물학, 정보처리 관점, 맥락을 강조하는 여러 이론들 및 생태학적 체계이론의 영향을 받은 것으로 아직 초기 단계에 있으나 피셔는 아동의 특성과 사회문화적 경험의 역동성을 설명하고 있다.

아동발달을 연구하는 학자들은 아동의 발달적 변화를 기술(description)하고, 변화의 이유나 원인을 설명(explanation)하며, 아동의 행동을 예측(prediction) 및 통제(control)하여 아동의 발달을 최적화하는데 있다. 아동연구방법 및 그 장·단점을 이해하는 것은 신뢰할 만한 정보와 오류를 구분하는 데 중요하다.

제3장 성숙이론

제1절 홀과 게젤의 성숙이론

성숙이론에서는 인간발달과정이 유전적으로 결정되어져 있다고 설명한다. 즉, 인간은 태어날 때부터 발달의 유전적 청사진이 이미 존재한다는 것이다. 이러한 관점에서 인간조직의 변화는 내부기제가 체계적인 방법으로 발달을 유도할 때 일어난다. 따라서 유아를 내적으로 발달 가능한 존재로 보고 유아의 성장 또는 발달은 성숙기제에 의하며 환경적 영향은 부차적인 것이라고 생각하였다. 성숙이론에서는 보는 발달의 힘은 내재적·유적적인 것에 의해 지배된다. 성숙에 역할은 유기체의 구조와 행동유행을 순서적으로 전개하는 것이다. 따라서 유아는 유전에 의해 주위환경에 새로운 방법으로 적응하도록 준비한다.

1. 홀

홀은 독자적인 아동심리학을 발전시키고 과학적인 아동연구 방법으로 질문법을 고안한 최초의 심리학자이다. 홀은 아동에 대한 과학적인 이해를 토대로 교육과정의 구성을 주장하였다.

홀

홀은 다윈의 진화론을 반영하여 진화론적 발생심리학을 체계화함과 동시에 반복발생설을 주장하였다. 유아들이 처음에 물놀이나 기어오르는 놀이를 하다가 또래와 어울려 놀이를 하게 된다. 즉, 인간발달이 이루어지는 동안 개인의 인류역사가 발생하여 발달한 것과 같은 단계를 거친다는 것이다. 그는 이러한 관점에서 인간의 발달의 단계를 구분하는데, 첫째, 유아기란 출생 후 4년까지 동물적 단계를 반복하는 것으로 설명하였다. 둘째, 아동기인 4세에서 8세까지는 숨바꼭질 놀이, 총놀이, 활쏘기 놀이 등을 한다. 셋째, 전 청년기로 8세에서 12세까지는 읽기, 쓰기, 셈하기의 기술을 익히는 시기이다. 넷째, 청소년기는 22세에서 25세로 "질풍노도의 시기"라 칭하며, '새로운 탄생'으로 묘사하였다. 이처럼 홀은 교육에 있어서 유아 중심적 접근법을 설명하고 있다.

2. 게젤

게젤은 예일(yale)대학에서 의학도 연구하여 1915년 박사학위를 받았으며 교육학, 심리학, 의학에서 훈련에 의한 아동발달, 특히 아동양육 분야에 대한 과학적이고 실제적인 문제 연구에 그의 생을 헌신하는 사람이다. 1911년 예일대학의 아동발달 연구기관인 예일 클리닉(yale clinic)의 소장으로 일하면서 연구원들과 함께 발달심리학에 많은 업적을 남겼다. 퇴직 후에는 게젤아동발달연구소(Gesell lnstitute of Child Development)를 설립하여 연구활동에 몰두하였다.

유아발달에 태생학적 모형을 적용시켜 태아의 성장은 개체가 성립할 당시 내재적인 힘에 의해 저절로 이루어진다는 순서적 개화의 개념을 설명하였다. 즉, 예정된 발달론을 주장하였다. 성숙은 보편적 발달순서가 있으므로 유아에게 많은 것을 빨리 배우도록 강요하면 자기 수준에 맞도록 조절하는 자기 규제력이 있다는 것이다.

게젤

게젤과 톰슨(Gesell과 Thompson, 1929)은 쌍생아가 생후 46주가 되었을 때 한 아이 A에게 계단 오르기 연습을 6주간 시켰다. 그 결과 A는 계단을 오르는 데 26초가 소요되었다. 반면 연습을 하지 않은 아이 B는 49초가 걸렸다. 그러나 B에게 그 후 2주간 연습을 시켰더니 A보다 훨씬 빠른 10초 정도에 오를 수 있게 되었으며, A는 이 사이에 진보를 거의 보이지 않았음을 보고하였다. A는 B보다 어린 시기에 연습을 많이 했지만 B와 비교하여 극히 적은 진보를 보인 것이다. 이러한 결과는 연습이란 적절한 성숙상태의 준비가 없으면 비효과적임을 시사하는 것이다.

게젤은 유아양육 원리로 첫째, 모든 유아양육은 유아의 성숙적 요구에서 시작되어야 하고, 둘째, 어떤 행동의 학습은 문화적인 관습보다 유아 내부의 요구와 필요에 따라 시도되어야 하며, 셋째, 부모는 유아의 요구와 필요에 대한 예민한 판단력을 길러야 한다고 하였다.

게젤은 제자인 에임스(Ames, 1971)는 성숙이론적 입장에서 부모들에게 다음과 같이 충고하였다. 첫째, 자녀가 어떻게 되는 것이 전적으로 부모에게 달렸다는 생각을 버려라. 그러면 쓸데없이 낭비되는 시간이 없을 것이다. 둘째, 성장의 경이를 이해하도록 하라. 매주 매달 새로운 발달이 일어나는 사실을 관찰하고 기쁘게 생각하라. 셋째, 유아의 미숙함을 고려하라. 아마도 아기들은 십중팔구 걷기 전에 서고, 문장으로 이해하기 전에 한 마디 단어로 자신을 표현하며, "예"라고 말하기 전에 "아니요"라고 말한다는 사실을 예견하라. 넷째, 마음에 무엇에 나타날지 염려하고 생각하는 것을 피하고 즐거워하라. 그리고 아이로 하여금 다음 단계로 넘어가기 전에 유아가 도달한 각 단계에서 즐기도록 하라는 것이다.

유아의 성장과 발달은 외부로부터 의도적인 자극이나 훈련보다는 타고난 내재적인 힘이나 유전적인 구조에 바탕을 두고 이루어진다. 유아의 현재 능력에 알맞은 경험과 발달에 적합한 교육 실제를 제공하여 유아의 흥미와 욕구에 따라야 한다는 것이다. Gesell(1972)은 인간의 발달은 일정한 순서와 방향에 의해 진행된다고 하였으며 발달은 머리에서 다리 쪽으로, 팔의 협응이 다리의 협응에 선행하며, 근처에서 원처로, 중추에서 말초로, 또 전신운동에서 특수운동으로, 큰 근육에서 작은 근육으로 진행되고, 성장과 운동 사이에는 높은 상관관계가 있으며, 발달속도에는 개인차가 있다고 하였다. 또한 발달은 연속적이고 신체적 발달과 정신적 발달간의 상관은 특히 뚜렷하며, 신체의 형태는 취학 상관성의 원리가 작용된다고 하였다(강봉규, 2004; 정옥분, 2007; 이지안, 2010).

제 2 절 과학적 발췌

독자적인 아동심리학을 발전시키고 과학적인 아동연구 방법으로 질문지법을 고안한 최초의 심리학자인 홀(G. S. Hall, 1844~1924)은 아동연구 운동을 주도하면서 아동에 대한 과학적인 이해를 토대로 교육과정의 구성을 주장하였다.

또 다윈의 진화론을 반영하여 진화론적 발생심리학을 체계화함과 동시에 반복발생설을 주장하였고, 교육에 있어서 유아 중심적 접근법을 설명하였다.

게젤(A. L. Gesell, 1880~1961)은 위스콘신에서 교직과정을 수료한 후 교육분야에서 활동하며 어린이들의 발달과 생물학적 통제의 중요성에 많은 관심을 가졌는데 매사추세츠 주의 클라크 대학에서 심리학 박사 학위를 취득하며 반복발생성에 관심을 가졌던 스탠리 홀의 영향을 받았다.

게젤은 발달이란 대부분 성숙요인의 영향을 받으며 환경요인은 거의 영향을 미치지 못한다고 주장하였고 유아의 생리구조 성숙을 통해 자연스럽게 발달적 변화가 이루어지며 발달의 연속성을 강조하였고 태아의 성장은 개체가 성립할 당시 내재적인 힘에 의해 저절로 이루어진다는 순서적 개화의 개념 즉, 예정된 발달론을 주장한다.

제3절 객관적 발췌

인간발달의 과정이 유전적으로 결정된다고 설명하고자 한다. 즉, 인간은 태어날 때부터 발달의 유전적 청사진이 존재하며 이런 관점에서 인간조직의 변화는 내부적 기제가 체계적인 방법으로 발달을 유도할 때 일어나며 유아를 내적으로 발달가능한 존재로 보고 유아의 성장 또는 발달은 성숙기제에 의하며 환경적 영향은 부차적인 것이라고 생각하였다.

1. 현대의 부모들에게 주는 시사점

오히려 유아에게 득이 아닌 해가 되는 지나친 간섭과 부당한 훈육이 됨을 알 수 있으며 성인의 개입을 최소화하고 유아의 현재 능력에 알맞은 경험과 발달에 적합한 교육 실제를 유아의 흥미와 욕구에 따라 제공해 주어야 한다는 것을 알 수 있다.

2. 공헌점과 한계점

공헌점: 연령별 표준행동목록의 준거를 제공하여 유아의 신체적 정서적 지적 발달에 대한 성숙 정도를 객관적으로 파악할 수 있게 하여 현재까지 소아과 의사나 심리학자들을 위한 기본 자료로 활용이 되어지고 있다.

한계점: 개인의 유전적 요인을 지나치게 강조하며 표준행동목록의 규준이 획일적이며 그 규준이 미국 중류 가정의 아이들을 대상으로 하였기에 다른 문화배경을 가진 유아에게까지 적용하는 데는 한계가 있다는 점이 지적되고 있다.

3. 성숙주의 아동관

영유아는 심리 내부에 발달을 위한 중요한 힘을 갖고 있는 존재하며, 따라서 영유아의 발달은 주로 자신의 내적 성장의 힘에 따라, 예정된 순서에 따라 그리고 개별적인 발달 예정표에 따라 이루어진다고 보는 과정에 연결해보면 발달과정은 교사의 의도적인 경험뿐 아니라 의도하지 않았지만 영유아에게 영향을 줄 수 있는 모든 경험을 중시하는 경험의 총체적이며, 영유아의 흥미와 요구에 따라 놀이중심으로 전개되는 특성이 있으므로 보육 목표, 내용, 방법 등을 체계적으로 구조화하는 것이다.

제4절 성숙이론의 평가

게젤은 심리학과 교육학, 그리고 의학의 풍부한 지식을 발휘하여 유아, 아동, 청소년에 이르기까지 행동발달에 관한 많은 논문과 저서를 남겼다. 특히 표준행동목록은 현재까지 소아과 의사나 심리학자들을 위한 기본 자료로 활동되고 있다. 임상적 방법을 통한 아동연구법을 실시한 점도 높이 인정받고 있다. 또한 보편적인 발달 패턴을 토대로 예정된 단계에 따라 발달이 전개된다고 보는 성숙주의 이론이 발달과정에 시사하는 바를 보면 다음과 같다.

첫째, 성숙주의 이론에 기초한 보육과정은 영유아의 발달수준과 준비도에 적합한 경험과 환경구성을 강조한다.

둘째, 수용자, 안내자, 촉진자로서의 교사 역할을 강조한다.

셋째, 영유아는 대근육 위주의 운동에 기초한 활동을 제시해야 한다.

제 4 장 정신분석 이론

제 1 절 프로이트

정신분석 이론(psychoanalytic theory)은 인간의 성격·정서 등 인성발달과정을 설명하였는데 인간의 연령에 따른 갈등 극복 양상과 결과적으로 나타나는 성격구조는 질적인 변화를 갖는다고 가정하였다.

대표적 정신분석 이론가에는 프로이트(Freud)와 에릭슨(Erikson)이 있다. 그들은 내적 갈등 요인을 설명하는 데 있어 그 강조하는 관점이 달랐다. 프로이트는 성욕이나 공격욕 등 인간의 본능적이고 무의식적인 욕구의 표출을 강조하였고, 에릭슨은 이들 욕구를 충족시키거나 억압하는 사회적 요인의 역할에 보다 큰 비중을 두었다. 이런 점에서 프로이트의 이론은 심리성적 이론(psychosexual theory)이라 부르며, 에릭슨의 이론은 심리사회적 이론(psychosocial theory)이라 부른다.

1. 프로이트 생애

체코의 모라비아(Moravia)에서 태어난 정신분석의 아버지로 불리는 프로이트(Sigmund Freud, 1856~1939)는 성욕이론에 대한 독자적인 이론을 발전시켰다.

프로이트는 인간의 정신세계를 빙산에 비유하여 의식·전의식·무의식으로 나누어 설명하였다. 물위에 떠 있는 작은 부분은 의식이고, 물속의 훨씬 더 큰 부분은 무의식이라고 보았다. 의식(conscious)이란 자신의 주의를 기울이는 순간 곧 알아차릴 수 있는 정신생활의 부분을 말하여 대부분 자아(ego) 영역이다. 전의식(preconscious)은 주의를 집중하고 노력하면 될 수 있는 정신생활의 일부분으로 주로 초자아(superego) 영역에 위치한다. 무의식(unconscious)이란 의식 밖에 있기 때문에 자신이 전혀 자각하지 못하는 정신생활의 부분으로서 원초아(id)로 구성되어 있다.

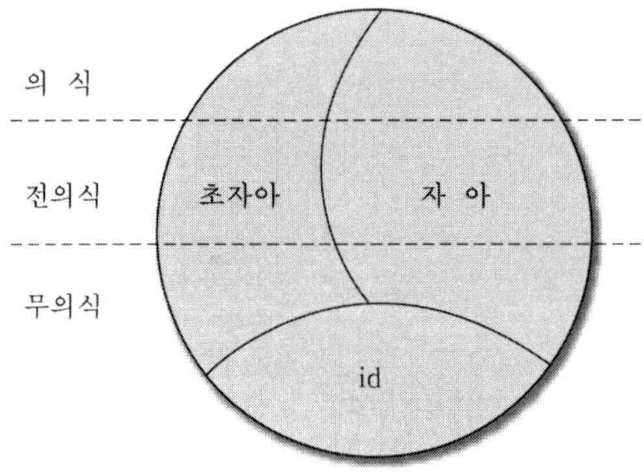

[그림 4-1] 프로이트 정신세계

프로이트는 성격이 원초아 · 자아 · 초자아의 세 가지 체계로 구성된다고 설명하였다. 원초아(id)란 마음의 가장 큰 힘인 정신에너지(psychic energy)로 유전되고 출생 시 생긴다고 하였다. 원초아는 본능적인 욕구를 관장하는 것으로 고통을 최소로 줄이고 쾌를 최대로 하려는 쾌락원리(pleasure principle)에 지배된다.

프로이트는 개인의 일반적인 성적 에너지인 리비도(libido)로 심리성적 발달단계를 설명하였다. 리비도가 집중된 신체 부분을 성감대(erogenous zone)라고 한다. 그는 성감대 부위가 입 · 항문 · 성기의 단계적 순서로 이동되면서 그 부위의 성적 관심에 초점을 갖는다고 하고 이에 따른 발달단계를 구강기 · 항문기 · 남근기 · 잠복기 · 생식기로 구분하여 설명하였다.

프로이트

제2절 정신분석 이론의 주요 개념

1. 프로이트의 심리성적 발달(Psychosexual development)

프로이트는 그의 정신분석 이론에서 인간의 성격은 원초아, 자아, 초자아로 구성되고 이 세 가지의 요소들은 영유아의 타고난 본성을 통제한다고 주장하였다. 영유아의 욕구가 부모에 의해 지나치게 적게, 또는 많이 충족되지 않는다면 영유아는 구강기, 항문기, 남근기, 잠복기, 생식기 단계를 통해 자연적으로 성장을 해 나간다는 것이다.

2. 프로이트의 발달단계

프로이트가 주장한 심리성적 발달단계는 구강기, 항문기, 남근기, 잠복기, 생식기로 나눌 수 있으며 단계별 특징은 다음과 같다.

첫째, 구강기는 구순동조단계(출생부터 8개월)와 구순공격단계(이가 나기 시작하는 8~18개월)의 둘로 발달단계를 나눌 수 있다. 프로이트는, 리비도의 위치는 생후 1년 동안은 입이 성적, 공격적 욕구 충족을 하는 신체부위가 되고 빨고 삼키는데 쾌감을 얻지만, 6개월 후 이가 나면서부터는 깨무는 것으로 쾌감을 느낀다고 보았다. 구강 전반기에는 수동적으로 어머니의 보살핌을 받으나 욕구전달의 대상인 어머니에게 애정과 우호적 태도를 갖는 동시에 파괴적인 태도를 갖는 최초의 양가감정을 경험한다고 하였다.

또 구강기의 욕구미충족의 결과로 타인에게 의존적이거나 모든 걸 희생해서라도 인정을 받고 싶어하는 구강 수동적 성격을 형성하며, 또 구강기 후반기에 고착으로 구강 과학적 성격의 특징인 논쟁적이고 비꼬기를 잘하며 타인을 이용하거나 지배하려 한다는 구강 공격적 성격형성을 한다고 제시하였다.

둘째, 항문기는 1세 반에서 3세까지를 말하며 아이가 배변훈련을 통하여 처음으로 사회의 기대에 순응하라는 요구에 직면하고 이때 리비도의 방향이 항문으로 이동하는 단계라고 한다. 그는 항문기 욕구의 성공적 충족결과를 배변훈련이 성공하면 아이는 사회적 승인을 얻는 쾌감을 경험하며 자기조절, 자립, 자존감을 습득하게 되고 창조적이고 생산적인 성격특성이 발달한다고 한 반면 항문기 욕구의 미 충족 결과로 배변훈련의 엄격, 통제, 억압의 과정으로 자신의 감정을 마음대로 표현할 수 없는 좌절감과 분노를 반복 경험하면서 성인이 되면 감정적으로 완고하고 냉담한 특성을 가질 수 있으며 또, 항문 폭발적·공격적 성격을 보일 수 있는데, 이것의 원인은 이 시기에 배변훈련의 통제에 대하여 무질서, 어지르기, 무책임, 무절제, 반항적, 공격적 성향을 보인다고 하였다. 끝으로 항문 보유적 성격으로 나타날 수 있는데 부모가 너무 일찍 너무 심한 배변훈련을 시켜 항문기에 고착이 되면 고집이 세고 인색, 복종적, 시간엄수, 지나치게 청결한 특징을 갖게 된다고 한다.

셋째, 남근기는 3세에서 6세까지로 리비도의 위치는 성기로 보았으며, 아동이 자신의 성기를 만지고 자극하는데서 쾌감을 느낀다고 한다. 이 시기로부터 원 초아, 자아, 초자아는 역동적으로 작용하기 시작하여 아이들이 이성의 부모를 사랑하고 동성의 부모를 경쟁자로 여기고 적개심을 갖는 딜레마로 아버지와의 관계에서 경쟁자의 보복으로 거세불안을 느끼면서 이성부모에 대한 사랑과 동성부모에 대한 적개심은 억압되고 동성부모와 동일시하는 방법으로 이를 해소하고자 한다고 하는 오이디푸스 콤플렉스와 엘렉트라 콤플렉스를 경험하게 된다고 한다.

남근기의 미충족의 결과로 남근기동안 일어날 수 있는 정서적, 신체적, 성적 학대나 부모의 상실 등 다양한 외상경험은 신경증의 원인이 되기 쉬우며 성인 남자가 되어서 경솔하고 과장이 심하고, 야심이 강한 것으로 나타나며, 여자는 난잡하고, 유혹적이며, 경박하기 쉬운 고착으로 나타난다고 한다.

넷째, 잠복기는 6~12, 13세까지로, 리비도의 위치는 따로 없고 따라서 성적인 힘도 잠재되어 있다고 한다. 이시기의 특징으로는 원초아는 약해지고 자아와 초자아는 강해지는 것을 볼 수 있고, 스포츠나 게임, 지적활동 등과 같이 구체적이고 사회적으로 용납될 수 있는 일에 에너지를 전환시킬 수 있다고 한다. 이성에 대한 관심을 발달시키지 못하고 동성 간 관계에 집착할 수 있는 것이 잠복기의 실패결과로 나타난다고 한다.

다섯째, 생식기는 사춘기로부터 성적으로 발달되는 성인기 이전까지로, 제2차 성장으로 심한 생리적 변화가 특징이며 격동적 단계로 인식된다. 호르몬과 생리적 요인들로 인해 억압되었던 성적 감정들이 있다면, 그것이 크게 강화되면서 잠복기 동안 억제되었던 성적, 공격적 충동이 자아와 자아의 방어를 압도할 정도로 강해진다고 한다. 따라서 이전의 방어 방식들이 부적절해지면서 광범위한 재적응이 요구되고, 새로 분출된 성 에너지가 동성에게 향했다가 오이디푸스 갈등을 해결했던 것과 같은 방법으로 성적대상을 이성으로 옮겨가는데, 이 시기를 잘 보내면 근면, 즉각적인 만족 지연, 부모로부터의 독립, 책임감이 길러지고, 일하고 사랑할 수 있는 능력을 갖추어 사회적, 성적 인간관계가 원만해지는 생식기 성공적 발달의 결과로 나타난다고 한다. 반면 이드가 우세하게 되면 생식기 발달의 실패로 쾌락추구, 공격성, 야수성, 범죄행동 왕성 등의 결과로 나타날 수 있다.

제3절 에릭슨

독일의 프랑크푸르트에서 태어난 에릭슨(Erik Erikson, 1902~1994)은 프로이트의 이론을 더 정교화하고 확대하여 발전시켰다. 그의 주요 저서 『아동기와 사회(*Childhood and Society*)』(1950)에서 프로이트가 손대지 못했던 상이한 문화적 여건에서 자라는 아동과 정상아동들의 생활 전개를 보여주었다. 사회·정서적인 측면에서 Erikson(1968)은 인간은 일생동안 여러 단계의 심리, 사회적 위기를 경험하게 되는데 이러한 위기들의 극복내지 성공적 해결은 그 이후의 성공적인 발달과 적응에 중요한 토대가 된다고 하였다. 특히, 유아기와 청년기의 심리·사회적 발달과정의 중요성을 강조하고 발달은 어느 특정 시기에 끝나는 것이 아니라 인간의 전 생애 동안에 일어난다고 하였다.

에릭슨의 심리사회적 발달단계의 특성과 원리가 있다는 에릭슨의 이론을 살펴보면, '첫째, 성숙은 점성 원리에 따라 일어나며, 둘째, 심리사회적 발달의 각 단계에는 위기가 있고, 셋째, 자아는 적절하거나 부적절한 적응방법을 통합하며, 넷째, 심리사회적 발달의 각 단계는 개인에게 기본적 강점 혹은 자아특질을 발달할 기회를 제공한다고 하였고 이는 다음에서와 같이 8단계로 이루어진다고 하였다.

에릭슨

1. 에릭슨의 발달단계

1) 제1단계 – 기본적 신뢰감: 불신감(basic trust vs. mistrust, 0~18개월)

이 시기의 기본적인 심리사회적 태도는 세상을 기본적으로 신뢰하는 일이다. 이때 중요한 사회적 관계는 어머니 또는 양육자와 맺게 되는데 어머니가 유아의 신체적 · 심리적 욕구와 필요를 잘 충족시켜 주면서 일관성 있게 돌보아주게 되면 신뢰감이 형성되고, 어머니가 부적절하거나 일관성을 갖지 않았거나 거부적인 태도를 보인다면 기쁨의 원천이 되지 못하고 좌절(frustration)의 원천이 되어 불신감을 갖게 된다는 것이다. 에릭슨은 이 시기에 형성된 신뢰감이 이후 모든 사회적 관계에서의 성공적인 적응과 밀접한 관련이 있으므로 일생 중 가장 중요한 시기라고 보았다.

2) 제2단계 – 자율성: 수치감 · 회의감(autonomy vs. shame and doubt, 18개월~3세)

이 시기 유아는 더 이상 다른 사람에게 완전히 의존하지 않는다. 스스로 무엇인가를 하려고 애쓴다. 유아의 독립심과 자율성에 대한 욕구는 어른들과 부딪치게 된다. 에릭슨은 이 시기 유아들은 보유하려는 욕구와 배설하려는 욕구의 이중 욕구를 가지고 있는데, 이 시기 대소변 훈련이 너무 엄격하게 되면 매우 강박적인 어른으로 성장하게 된다고 하였다. 대소변 훈련에서 실수를 한다든지 걷기 · 뛰기 같은 신체적 통제나 자조기술이 충분히 발달하지 못해서 사회적 기대에 적합한 행동을 원활하게 수행하지 못하면 수치심과 회의감을 갖게 된다는 것이다. 유아들이 자유롭게 탐색하고 스스로 무엇인가를 할 수 있도록 허용되고 격려될 때 자율성이 획득된다.

3) 제3단계 – 주도성: 죄책감(initiative vs. guilt, 3~6세)

이 시기의 유아는 어떤 목표나 계획을 세우고 성공하고자 노력한다. 목표 지향적이며 경쟁적인 행동을 하는 시기인 것이다. 유아는 주도성을 가지고 일의 도전 · 착수 · 수행으로 다양한 신체 및 언어활동을 할 수 있는 능력을 가지게 된다.

4) 제4단계 – 근면성: 열등감(industry vs. inferiority, 6~11세)

에릭슨은 이 시기를 자아성장의 결정적 시기로 보았다. 아동은 기초적인 인지적 기술과 사회적 기술을 습득하게 되면서 가족의 범주를 넘어서서 더 넓은 사회에서 통용되는 유용한 기술들을 열심히 배우고자 하며 이를 숙달하고자 한다.

5) 제5단계 – 정체감: 정체감 혼미(identity vs. identity confusion, 11~18세)

청소년기는 변화의 시기이다. 급격한 신체적 변화와 함께 자신의 특유성과 처지 · 능력을 깨닫게 되며 자아정체감이 형성된다.

6) 제6단계 – 친밀감: 고립감(intimacy vs. isolation, 18~24세)

성인 초기에는 자신의 삶을 함께 나눌 사람을 찾게 된다. 친구들과의 관계 · 이성 관계 · 경쟁적 관계 · 직장동료 등 새로운 사람들과 친밀한 관계를 맺는다.

7) 제7단계 – 생산성: 침체성(generativity vs. stagnation, 24~54세)

성인 중기에 속하는 이 시기의 생산성은 가정적으로는 다음 세대를 낳고 키우고 교육시키는 것에 대한 관심을 의미하며, 사회적으로는 직업적인 성취나 학문적인 또는 예술적인 업적을 통해서 생산성이 발휘된다.

8) 제8단계 – 자아통합: 절망(integrity vs. despair, 54세~사망)

성인 후기 및 노년기에 속하는 이 시기에는 자신의 삶을 돌아본다. 자신의 전 생애가 대단히 유익한 것으로 받아들이면 자기완성을 해 나가면서 인생의 참된 지혜를 획득한다.

〈표 4-1〉 에릭슨 성격발달 8단계

1. 기본신뢰감 대 불신감(유아기, infancy)

기본 신뢰감	불신감
・신뢰감이란 건강한 성격의 초석 또는 또 다른 사람들은 자신감(confidence)과 같은 특성 ・신뢰: 타인을 믿을 수 있고 또는 그들의 행동을 예측할 수 있다는 것을 아는 것. ・엄마의 관심과 자기 확신 ・엄마의 양육 태도와 방법을 통해 획득. ・희망을 위한 유아의 능력. ・제도화된 종교의 양상으로 성인 신념기초.	・거부적이고, 공포, 의식, 우려초래→위기 느낌. ・엄마의 보살핌이 적절하지 못하고 양육하는데 자신감이 부족하면 발생. ・부모의 모호성이 아기에게 내면화

- 프로이트: 구강기에 상응하는 1세까지를 말함.
- 건전한 성장발달을 하려면 신뢰와 불신이 적절하게 조화를 이루어야함.
- 신뢰와 불신이 성공적으로 해결되어 얻어진 덕성을 희망이라고 함.
  갈등의 해결 실패: 공포.
- 희망: 유아에게 최초의 필수적인 덕.
- 신뢰와 불신이 성공적으로 해결되지 못하면 급성 우울증과 편집증 발생.

2. 자율성 대 수치심과 의심(초기 아동기)

자율성	수치심과 의심
・사회적 양식 선택 시기.근육의 성숙은 양면적 사회양식 단계 설정. ・내부에서 발생. ・신체 및 지적인 면을 발달. 자아존중상실 않는 자기 조절감 → 자율성. 부모는 아동의 늘어나는 선택 행사능력에 자유정도 유지→ 심리사회적 위기를 만족스럽게 극복함.	・수치심: 아동이 자율성을 행사하는 것을 허용 안함. ・사회의 기대와 압력을 의식함으로써 발생. ・타인에게 자기모습이 좋지 않을까 하는 두려움에서도 발생. ・비교의식을 통해 발생. ・부모의 과잉보호 또는 무관심은 수치감을 갖게 함. 또는 외부와 자기 통제능력에 의심 가짐. 발달- * 대처능력저하. * 무기력한 존재가 됨. * 강박적 행동이나 편집증이 나타남.

- Freud의 항문기 해당(2～3세)
- 성공적 해결: 의지력
- 기본 신뢰감 획득 → 자기 조절과 자율성 획득 가능.
- 각 심리적 단계는 그 앞의 단계를 기초로 세워짐.

- Freud의 항문기 해당(2～3세)
- 성공적 해결: 의지력
- 기본 신뢰감 획득→ 자기 조절과 자율성 획득 가능.
- 각 심리적 단계는 그 앞의 단계를 기초로 세워짐.

3. 솔선성 대 죄악감(유희기, 후기 아동기)

솔선성	죄악감
・자신의 죄의식을 바람직하게 극복할 때 발생.	・부모의 꾸지람과 체벌 때문에 발생

· 솔선적 행동은 부모의 반응에 달려 있음. · 부모가 자녀의 호기심을 인식할 때 더 발전.	발달-잘 체념, 자신에 대해서 무가치함 목적의식과 용기 의식이 부족해짐. 소극적, 성적 무기력, 불감증, 정신 병리적 행동이 나타남.
· 학령 전 아동이 마지막으로 경험하는 심리 사회적 갈등 단계 · 아동이 활동적이 되고, 새로운 과업과 기술을 익히도록, 생산적이 되어 인정을 받도록 고무 · 아동이 자기와 자기세계를 구성하는 것에 대해 부가적인 책임 의식을 갖는 시기이다. · 프로이트: 4세~학령전기→ 남근기 · 주된 활동: 놀이(사회성 발달) · 성공적 발달: 목표지향성.	

4. 근면성 대 열등감

근면성	열등감
· 학교생활을 통해 문화기술을 이해할 때 발달. · 학교의 주변 사람들이 가르치고 함께 일함으로써 강화되고 촉진 됨. · 일에 몰두, 과업완수→ 근로정신 발달. · 인간관계적 능력감.	· 이 시기의 위험은 열등감 또는 무능감 발달 가능성. · 원인- 열등의식으로 인한 학습저하. 심부름 수행 못할 때. 학습추구에 용기를 잃게 될 때 · 고아원의 아동→ 소망의지가 저하됨.
· 학동기: 6세~12세 · 자아 성장이 가장 확실한 단계 · 형식적 교육을 통해서 문화의 기초 기능을 배우게 됨. · 인지적, 사회적인 기술 배움 · 연역적 추리, 자기통제, 자아 발달 능력이 향상 됨. · 성공적 해결: 능력.	

5. 자아정체감 대 정체감 혼미

자아정체감	정체감 혼미
· 촉진: 내적 작용자는 자아 · 자신을 지각, 일관성과 동일성을 지각, 자신감을 가짐으로써 발달 됨. · 동일시하는 사회집단 혹은 개인에 의해서 영향 · 정체감 형성은 초기 아동기에 유래	· 가치를 인정받지 못하고 자신이 중요한 결정을 해야 한다고 생각하지만 그렇게 할 수 없기 때문에 정체감 혼미로 고통을 받게 됨. · 이 시기의 정체감 혼미로 인해 고통과 고민들은 다른 사람의 눈에 좋게 보이지 못하거나 기대에 어긋날지 모른다는 생각, 그리고 자신의 앞날에 대한 사회에서의 역할 때문임.
· 촉진: 내적 작용자는 자아 · 자신을 지각, 일관성과 동일성을 지각, 자신감을 가짐으로써 발달 됨. · 동일시하는 사회집단 혹은 개인에 의해서 영향 · 정체감 형성은 초기 아동기에 유래	· 가치를 인정받지 못하고 자신이 중요한 결정을 해야 한다고 생각하지만 그렇게 할 수 없기 때문에 정체감 혼미로 고통을 받게 됨. · 이 시기의 정체감 혼미로 인해 고통과 고민들은 다른 사람의 눈에 좋게 보이지 못하거나 기대에 어긋날지 모른다는 생각, 그리고 자신의 앞날에 대한 사회에서의 역할 때문임.
* 자아 정체감은 일생을 통한 투쟁임. · 성실성은 자아정체감의 적절한 해결을 통해 나타남.	

자아 정체감의 초석: 성실성
-성실성: 사회적 습관, 윤리, 사회적 이데올로기를 지각하고 이를 지켜 보는 젊은이의 능력을 나타냄
· 12,13~20세. 주변인.
· 5단계로서 개인의 심리·사회적 발달상 가장 중요.
· 이 시기의 과업: 자신이 누구인지 또는 거대한 사회질서 속에서 자 신의 위치에 대한 느낌 확립
· 이성에 대한 매력이 고조되어 이성과 동일시하려는 경향이 나타남
· 남성과 여성에 대한 적절한 동일시가 필요· 성적 정체감이 발달하지 못하면 양성 혼란을 초래
· 어떤 부류의 청소년 집단에서는 성인의 역할과 책임을 지연시킴. 청소년기와 성인기의 간격을 심리사회적 집행유예(moratorium)→ 이 기간은 사회적, 직업적 역할 탐색기.

6. 친밀성 대 고립성

친밀성	고립성
· 친구, 배우자, 형제, 자매와 부모 혹은 다른 친척과 관계를 나누어 갖는 것으로 생각함. 또 자신에 대한 친밀감이란 자아정체감을 누군가와 연합하는 능력 성공적인 결혼을 성취하는 요건	· 자아도취 된 사람은 공식적이고 피상적인 인간관계 추구 · 고립: 자기도취나 친밀감이나 사회적 관계를 맺게 해주는 관계를 회피 · 극심한 고립은 반사회적이거나 정신병리적 성격유형을 갖는데 이들은 남을 조정하거나 착취하고도 양심의 가책을 모름.

· 성인생활이 시작되는 시기로 21세~40세까지 해당
· 성인: 구혼, 결혼을 하고 활동적으로 일함으로 정착을 지향함
· 프로이트와 에릭슨: 성적 친밀감과 사회적 친밀감을 갖게 되는 시기.
· 진정한 친밀감은 합리적 자아정체감이 형성될 때만 가능
· 친밀감 대 고립위기를 건전하게 해결할 경우 사랑이 발생.

7. 생산성 대 침체성

생산성	침체성
· 자녀의 양육: 보호미덕 발생	· 생산성 왜곡의 권위주의 발생⇒ 자기 탐익 외 관여 안함. · 인간관계 황폐 · 중년위기(절망과 인생의 무의미)

· 40~65세
· 두 사람이 결혼→ 어느 정도 친밀감 형성되면 두 사람에 대한 관심 확대→ 다음 세대의 양육에 관심 가짐.
· 생산성은 다음세대가 일하며 살아갈 사회지침을 확립하는데 관심 나타냄으로 발달.
· 인간은 가르치고 교육시설을 만들고 학습하는 동물. 따라서 구세대의 배려가 생산성.

8. 자아통합 대 절망감

자아통합	절망감
· 자신의 인생을 회고하고, 겸허하고, 확고하게 "나는 만족한다"에서 생김. · 천부적 지혜를 타고난 사람은 단지 노인기에만 진정한 성숙과 실질적인 의미의 노인의 지	· 인생의 실패 연속 · 자신의 결함과 부족함을 외부세계 투사→ 부인함. · 죽음의 두려움 고통받음.

<table>
<tr><td>혜를 실현.</td><td>· 실패에 대한 미련
· 정신병, 우울증(심한 절망감)
· 과대망상</td></tr>
<tr><td colspan="2">· 65세 이후: 완성적 노력과 성취에 대하여 반성하는 시기
· 새로운 심리사회적 위기출현보다는 종합, 통합, 평가로 나타남.
· 지난 인생을 돌이켜 보고 겸허하게 보는 시기.</td></tr>
</table>

2. 프로이트와 에릭슨 이론 비교

프로이트의 첫 번째 단계인 구강기에 해당하는 에릭슨의 심리사회적 발달단계인 유아기는 출생부터 2세까지로 신뢰감 대 불신감의 시기이다.

에릭슨은 이시기에 유아가 평안하게 지낼 수 있고, 마음 놓고 영양을 섭취하고 편안하게 배설할 수 있어야 한다고 보았다. 이 시기에 유아는 생존과 안전 그리고 애정을 위해 일차적인 돌봄을 제공하는 어머니에게 전적으로 의존하게 되며, 신뢰감 형성은 어머니와의 관계의 질에 달려 있다(박아청, 2007). 유아는 자신을 일차적으로 돌봐주는 부모로부터의 배려에 따라 타인에 대한 근본적인 성향이 결정된다. 따라서 이 시기에 부모의 역할은 유아의 신체적·심리적 욕구와 필요를 적절히 충족시켜 주면서 유아를 일관성 있게 돌보아 주어야 한다.

프로이트 단계의 두 번째 단계인 항문기에 해당하는 초기 아동기는 2세~4세로 자율성 대 수치심의 시기이다.

이시기에는 자존감을 상실하지 않고 자아통제를 발휘하거나 타인의 통제에 적응할 수 있게 되면 자율성이 발달하게 된다. 에릭슨은 이 시기에 심리사회적 위기를 제대로 극복하지 못하게 되면 수치심이 내재화되어 자신의 결정을 믿지 못하고 불안해하는 강박적인 행동, 혹은 피해의식 따위가 나타난다고 하였다.

프로이트 단계의 세 번째 단계인 남근기에 해당하는 유희기는 4세~6세로 주도성 대 죄의 식의 심리사회적 위기가 생기는 시기이다.

이 단계에서 아동들은 신체적, 정신적 능력이 성숙되어 매우 대범하고 경쟁적이며 호기심 많은 행동을 보이게 되며, 에릭슨은 이시기의 아동은 성적 관심보다는 놀이와 자신이 선택한 활동에 더 많은 관심을 가지고 있다고 주장하여 전통적인 정신분석적 사고와 다른 관점을 제시하였다.

프로이트 단계의 네 번째 단계인 잠복기, 잠재기에 해당하는 학령기는 6세~12세로 근면성 대 열등감의 인지적, 사회적 기술이 숙달되는 자아성장의 가장 결정적인 시기이다.

아동의 생활반경은 가정에서 이웃, 학교 등의 사회 환경으로 옮겨지며, 공교육을 통하여 문화에 대한 기초기능을 배우게 되고, 심리사회적 위기를 잘 극복하게 되면, 자아는 능력이라는 자아특질을 얻게 되지만, 위기를 잘 극복하지 못하게 되면 생산적인 일을 하지 못하는 사고와 행동의 마비, 즉 무력감을 느끼게 된다고 한다. 아동들이 자신의 능력이나 지위가 동료들과 비교하여 열등하다고 느끼면 학습추구에 용기를 잃게 된다든지, 부모나 교사가 부과한 일들을 수행할 수 없을 때 열등감이 발달할 수 있다.

프로이트 단계의 다섯 번째 단계인 생식기에 해당하는 청소년기는 12세~22세로 자아정체감 대 정체감 혼란을 갖는 시기라고 한다.

이 시기는 아동기와 성인기 사이의 전환이 일어나는 시기로 에릭슨은 이 시기를 개인이 자신의 기본적인 자아정체성에 대한 의문을 갖고 심사숙고하는 시기라는 점에서 특히 중요하다고 보았다. 에릭슨은 청소년기의 중심과제를 자아정체감의 확립이라고 했다. 자아정체감이란 자기 자신의 독특성에 대한 비교적 안정된 느낌으로 내가 누구인가를 아는 것이며 이는 타인이 나를 보는 방식에 있어서 일관된 생각들을 말한다고 한다. 이시기의 청소년들은 자기 자신의 존재감에 대한 의문을 갖고 그에 대한 해답을 찾으려고 애쓰지만, 그 해답은 쉽사리 얻어지지 않기 때문에 고민하고 방황하며, 질풍노도의 시기를 경험한다. 에릭슨은 이 고민과 방황이 길어질 때 정체감의 혼란이 온다고 한다.

여섯 번째 친밀감 대 고립감으로 표현되는 22세~34세, 성인초기 단계로 성인초기의 사람들은 청소년기에 확립한 자아정체감을 바탕으로 타인과 상호관계를 형성하여 타인에 대한 보살핌과 사랑을 넓혀가고 심화시키는 단계를 갖는다고 한다.

이 시기의 심리 사회적 위기는 친밀감 대 심리사회적 위기를 성공적으로 극복하지 못한 사람은 배타성을 발달시키게 되어 고립되게 되며, 타인과의 원만한 관계형성에 어려움을 겪게 된다.

일곱 번째 성인후기인 34세~60세의 생산성 대 침체기로 심리사회적 위기가 존재한다고 하였으며, 이 단계에서 자녀를 양육하는 것을 더 중요한 과업으로 보았다.

생산성에는 자녀를 출산하고 양육하는 것 외에 학생, 동료 또는 친구를 잘 보호하고, 직업이나 여가활동에 참여함으로써 얻게 되는 창조성이 포함되며, 더 나아가 다음 세대로의 사상의 전수까지도 포함한다고 한다.

여덟 번째 60세 이후~사망의 시기로 노년기에 해당한다. 자아통합 대 절망의 에릭슨의 심리사회적 발달단계 중 마지막 단계로 이른 바 성숙기라고도 불리는데, 이 시기에는 심리사회적 위기가 존재한다. 노년기에는 노인들이 신체적인 노쇠와 직업으로부터 은퇴,

친한 친구나 배우자의 죽음 등으로 인하여 인생에 대한 무력감을 느끼게 되는 일이 많다.

〈표 4-2〉 프로이트와 에릭슨이론 비교

Freud	Erikson
폐쇄 에너지 체계에 근거하고 있다	개방체계에 근거하고 있다
강한 성적 및 공격적 충동에 의해 추진된다.	약간의 성적 충동과 사회적 충동에 의해 추진된다.
본능에 의해 지배된다.	자아에 의해 지배 된다.
불안이나 무의식적 욕구에 의해 위협을 받는다.	사회적 상호작용에 기반을 두고 발달한다.
상반된 충동과 사회적 기대사이에 갈등이 일어난다.	역사적 및 민족적인 집단연합에 의해 강화된다.
충동은 통제권 밖에 있다.	자아지배력과 사회적 지지를 통해 형성된다. 사회에 긍정적인 기여를 할 수 있는 건강한 사회성원을 양성하려 한다.
초기 아동기에서 형성되며, 초기 성인기에 끝난다.	전 생애를 통하여 발달한다.
	사회질서의 원칙을 다음 세대로 전달한다.

이 시기의 성패는 신체적, 사회적 퇴보를 어떻게 받아들이는가에 달려 있다고 하였으며 새로운 심리, 사회적 위기의 출현보다는 오히려 자아발달의 전 7단계의 통합과 평가로 나타난다고 하였으며, 인간의 생애발달의 마지막 시간에 어떤 이들은 그들의 성취에 대해 기뻐하고 행복해 하지만, 또 어떤 이들은 너무도 짧은 인생에 후회하고 자신이 계획했던 일들을 이루기에는 부족하였다고 불평하기도 한다고 한다.

3. 정신분석 이론의 평가

정신분석 이론이 보육과정에 시사하는 바를 보면 다음과 같다.

첫째, 정신분석학적 이론을 기초로 한 보육과정의 목표를 살펴보면, 영유아가 자신의 감정을 자유롭게 표현할 수 있도록 하여 건강한 인격을 형성하도록 하는 것이다.

둘째, 에릭슨의 이론을 기초로 한 보육과정의 목표는 건강한 자아발달의 기초를 이룰 수 있도록 하는 것이다.

셋째, 인간은 전생애 발달을 하며 각 발달 시기마다 성취되어야 하는 발달과업이 있으므로 그 발달단계에 존재하는 긍정, 부정의 경험을 적절히 경험하도록 배려해야 하는 것이다.

제5장 학습이론

제1절 학습이론

학습이론(learning theory)이라고도 부르기도 하는 행동주의 이론(behaviorism theory)은 성숙이론과는 달리 발달에 가장 큰 영향을 미치는 것을 환경(nurture)이라고 생각한다. 행동주의자로 파블로프(Pavlov), 왓슨(Watson), 스키너(Skinner) 등이 있으며, 학습이론을 행동주의 이론이라고도 한다. 행동주의 이론은 인간의 모든 행동이 학습과 경험에 의한 것으로서 학습에 의해 새로운 행동을 하게 할 수도 있고, 이제까지의 행동을 하지 않도록 할 수도 있다고 보는 관점에서의 접근이다. 파블로프의 고전적 조건화로부터 시작하여 스키너, 손다이크, 왓슨의 이론과 반두라의 관찰학습이론까지 이어진다. 이들은 발달을 과학적 접근으로 관찰 가능한 행동으로 파악해야 한다는 견해를 가졌다.

제2절 손다이크

손다이크(Edward L. Thorndike, 1874~1949)는 학습의 기본 형식을 시행착오에 의한 연합적 학습으로 시행착오설(trial and error theory)을 설명했는데, 시행착오(trial and error)란 일정한 자극 상태에 놓여 있을 때 문제를 해결하기 위해서 여러 가지 반응을 시도해 보는 가운데 우연히 성공하게 되는 것으로, 이러한 과정을 되풀이하는 동안에 자극(S)과 반응(R) 간에 결합이 이루어져 문제를 해결하는 데 소요되는 시간이 감소되고 그 방법이 개선되어 나가는 것을 말한다.

손다이크

제3절 파블로프

러시아의 가난한 목사의 아들로 태어난 파블로프(Ivan. P. Pavlov, 1849~1936)는 1904년 소화계통에 관한 연구로 노벨상을 수상한 사람으로, 동물을 연구하면서 조건반사설 일명 고전적 조건화(classical conditioning)라고 불리는 원리를 발견하였다.

파블로프는 손다이크(Edward L. Thorndike, 1874~1949)의 연합주의(connectionism)에 영향을 받았는데, 손다이크는 자극-반응이론을 설명하였다. 자극-반응이론(S-R 이론)은 추리적인 사고가 아닌 되풀이되는 행동에서 성공하게 되는 우연한 시행착오적 반응을 통해 자극(stimulus)-반응(response)의 연합이 이루어진다는 것이다. 그래서 학습은 시행과 착오의 과정을 통한 특정한 자극과 특정한 반응의 결합으로 일어난다고 보았다. 고양이 · 쥐 · 개와 같은 동물들이 상자 속에 갇혀 먹이를 찾을 수 있는 출구를 찾는 것은 여러 가지 시도 중 우연히 빗장을 누르고 출구를 찾게 되는 행동이 반복되면서 시행착오적인 행동이 감소되고 그 시간도 감소되었다고 설명하였다.

파블로프

파블로프는 이런 손타이크의 개념을 동물실험인 경험적 실험을 통해 원리들을 밝혀내었다. 보통 개는 자연 상태에서 음식이 혀에 닿으면 침을 분비한다. 이것은 타고난 반사(reflex)이다. 어떤 학습도 하지 않은 무조건자극(Unconditioned Stimulus: US)이라 하였다. 종소리는 중성자극(Neutral Stimulus: NS)이라 하였다. 즉, 자연 상태에서 종소리를 듣고 침을 흘리는 개는 없다는 것이다. 그런데 종소리를 들려주면서 음식을 주었더니 일정 시간 후에는 종소리만 들려주어도 침을 흘린다는 것을 발견하였다.

그런데 조건자극이 무조건 자극보다 먼저 주어져야지 나중에 주어지면 조건형성이 되기가 상당히 어렵다. 조건자극이 무조건 자극보다 0.5초가량 먼저 주어졌을 때 조건형성이 가장 잘 이루어진다는 연구들도 있다. 파블로프는 조건형성과 관련된 몇 가지 원리를 발견했는데, 여기에는 자극일반화, 변별, 소거, 회복 등의 원리가 있다.

파블로프는 자신의 '개 실험'에서 '먹이'인 무조건 자극이 '종소리'의 중립적 자극과 연결될 때 종소리만 듣고도 침을 흘리는 행동처럼 새로운 행동이 학습됨을 확인하고 자극-반응의 이론을 영유아에게 확대하여 적용하였는데 성장과 발달의 결정적 요인은 '환경과 학습기회'임을 증명하였다. 즉, 학습은 연령이나 발달단계보다는 환경 내에서 보상체계를 통해 이루어진다는 이론이다.

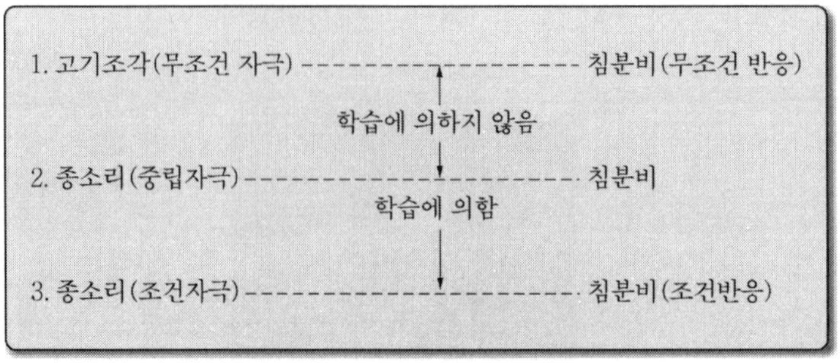

[그림 5-1] 파블로프 고전적 조건화

제4절 왓슨

미국 남쪽 캐롤라이나의 그린빌리 근처에 있는 한 농가에서 태어난 왓슨(John B. Watson, 1878~1958)은 파블로프의 동물실험의 결과를 인간에게 최초로 적용시킨 사람이다. 그는 고전적 조건화의 원리를 '어린 앨버트(Little Albert)의 실험'에서 이론적 근거를 발견하여 유아발달과 학습에 적용시켰다.

왓슨

왓슨은 쥐에 대해 전혀 공포를 느끼지 않았던 11개월 된 앨버트란 남자아이에게 공포를 갖도록 조건형성시킬 수 있는지 알아보는 조건형성 실험을 하였다. 왓슨은 앨버트가 쥐를 두려워하지 않고 쥐를 어루만질 때마다 망치로 쇠막대기를 세게 두드려 커다란 굉음을 내었다. 앨버트는 굉음에 놀라는 반응을 일으켰다. 일주일 후 앨버트는 쥐를 경계하기 시작했고 그 후 몇 차례 더 쥐를 만질 때마다 굉음을 들려주었더니 앨버트는 처음과는 달리 쥐에게 강한 공포를 느꼈다. 즉, 앨버트는 쥐를 두려워하도록 조건형성된 것이다. 앨버트는 무서워해 본 적 없는 흰 토끼나 흰색 가운을 입은 간호사를 두려워하게 되었고, 얼마가지 않아 개·모피 외투·목화솜·산타 할아버지 수염 등에도 일반화되어 공포를 나타냈다.

왓슨의 가장 실용적이며 혁신적인 업적은 '탈조건형성(deconditioning)'에 적용되었다는 것이다. 왓슨의 이론과 실험은 동료인 존스(M. C. Jones)의 실험에 많은 조언을 하게 되어 '탈조건형성'을 낳게 되었다. 그는 모든 면에서 적극적이고 건강한 아이였지만 흰쥐·토끼·모피 외투·깃털·목화솜·개구리·생선 등을 무서워했던 3세경의 피터(Petter)에게 '체계적 둔감법(systematic desensitization)'으로 이미 형성되었던 공포를 둔감시켰는데, 그 절차는 다음과 같았다. 피터를 높은 의자에 앉혀 놓고 오후 간식을 준 후 피터가 무서워하지 않을 만큼 멀리서 우리에 들어 있는 흰 토끼를 제시하였다. 그 다음날에는 피터가 경미한 두려움을 느낄 정도까지만 토끼를 점점 더 가까이 접근시켰다. 그 날의 치료는 여기에서 끝났다. 이와 똑같은 일을 매일 반복하였는데, 이때 실험자는 피터가 결코 너무 두려워하지 않도록 주의를 하면서 토끼를 점점 가까이 접근시켰다. 마침내 피터는 한 손으로는 과자를 먹으면서 다른 한 손으로는 토끼와 놀 수 있게 되었다는 것이다. 이와 유사한 방법으로 존스는 다른 공포들도 거의 제거했는데, 이러한 존스의 기법은 오늘날 행동수정(behavior modification)기법으로 발전되었다.

제5절 스키너

미국 펜실베이니아 주의 조그만 마을에서 태어난 스키너(Burrhus Frederi Skinner, 1904~1990)는 손다이크가 언급한 결과의 법칙에 영향을 받는다. 즉, 반응이 유쾌한 결과를 초래하면 강화되고, 불쾌한 결과를 초래하면 약화된다는 것이다. 스키너는 쥐의 실험으로 조작적 조건형성(operant conditioning)에 기초한 학습을 연구하여 행동주의 이론을 더욱 발전시켰다.

스키너는 먹이통과 연결되어 있는 지렛대와 먹이접시가 장치된 일명 '스키너 상자(Skinner box)'에서 주로 실험을 하였다. 스키너 상자에는 한쪽 구석에 지렛대가 있고 이것을 누르면 자동적으로 먹이 조각이나 물이 나오게 되어 있었다. 스키너 상자에서 쥐와 같은 동물은 처음에는 이리저리 돌아다니다가 마침내 지렛대를 누르게 되고 그럼으로써 보상을 받게 되었다. 시간이 흐름에 따라 동물은 지렛대를 더 자주 눌렀다. 스키너는 먹이를 찾기 위한 쥐의 이러한 행동은 어떤 자극에 의해 유발되는 행동으로 반응적 행동(respondent behavior)이기보다는 자발적으로 선택한 조작적 행동(operant behavior)으로 해석하였다. 즉, 우연히 지렛대를 누르게 되고 먹이접시에 먹이가 나와 먹이를 먹게 되는 반응 결과는 여러 번 반복되면서 학습하게 되고, 그 관계를 학습한 쥐는 지렛대를 누르는 행동을 반복하게 된다는 것이다. 다시 말해 조작적 조건형성이 이루어진다는 것이다.

스키너

조작적 조건형성은 강화(reinforcement)의 개념이 중요하다. 강화는 특정 반응 및 행동이 나타나는 빈도를 증가시키는 것으로, 정적 강화와 부적 강화가 있다. 정적 강화(positive reinforcement)는 행동 증가의 목적으로 어떤 즐거움이나 쾌 자극을 제공하여 어떤 행동이 계속 일어나도록 하는 것이다. 여기에는 음식 · 관심 · 격려 · 칭찬 · 물질적 보상 등이 있다. 부적 강화(negative reinforcement)도 바람직한 행동을 강화하기 위해 혐오자극을 제거하는 것이다. 이는 어떤 행동을 하고 나면 싫어하는 대상이나 자극이 제거되므로 그 행동을 다시 할 확률이 증가하는 것을 의미한다. 그런데 부적 강화는 벌과는 구별된다. 벌(punishment)은 원하지 않는 행동을 감소시키고자 하는 목적으로 바람직하지 못한 행동을 억누르는 것이다. 벌에는 수여성 벌과 박탈성 벌이 있다. 수여성 벌은 부적 자극이 주어지는 것으로 꾸중 · 욕설 · 비난 · 처벌 등이 제공되는 것을 말한다. 박탈성 벌은 부적 자극을 제시하지 않고 긍정적인 자극만을 빼앗는 것으로 좋아하는 TV 프로그램을 보지 못하게 한다든지 놀이 상황에서 타임아웃(time out)시키는 것 등이 속한다. 스키너는 벌은 일시적인 효과에 불과하며 불쾌한 상황을 만들어 내어 효과적이지 못하며 오히려 부작용이 나타날 수 있다고 설명하였다.

스키너의 고전적 조건화 부모역할과 학교생활에 행동주의 이론을 적용한 스키너는 적절한 행동이 보상받으면 그 행동은 강화 받게 되고 그 행동을 반복 학습할 기회가 주어진다면 더욱 그 행동이 증가할 것이므로 벌과 같은 것은 일시적으로만 사용해야 할 것을 주장하였으므로 영유아의 적절한 행동이 있었다면 부모와 교사는 긍정적 강화를 사용하는 것이 필요하다.

제6절 학습이론의 평가

학습이론의 특징은 기본 개념의 의미가 명확할 뿐만 아니라 과학적 연구에 중요성을 강조하는 데 있다. 학습이론은 프로그램에 광범위하게 적용되고 있다. 학습이론에서 강화의 모델링은 유아의 바람직하지 못한 행동을 제거하고 사회적으로 수용되는 바람직한 행동으로 형성시키는 주요 기제이다. 이러한 원리를 통해 학습이론은 유아 행동형성 및 문제행동 수정을 위한 교육 프로그램에 지대한 영향을 미쳤다. 또한 외현적 행동의 즉각적인 원인에 동물사육사들이 동물에게 사람이 원하는 어떤 행동을 형성시키는 데에도 사용되고 있다.

그러나 학습이론은 다음 몇 가지 한계점을 가지고 있다. 첫째, 동물실험에서 얻어진 원리를 인간에게 적용하였다. 따라서 고전적 조건화 이론은 반사반응과 같은 단순한 행위는 설명할 수 있으나 인간의 복잡한 행위는 설명할 수 없다. 둘째, 인간을 보는 관점이 적극적이고 주도적인 존재가 아니라 환경에 의해 통제되는 소극적 존재로 보고 있다. 발달에 있어서 환경을 강조하는 나머지 생물학적 영향을 무시한 것이다. 셋째, 학습이론은 아동을 환경적 자극에 단순히 반응하는 피동적인 존재로 보고 아동의 사고나 정서발달을 간과한다는 비판을 받고 있다.

제6장 인지이론

제1절 피아제

피아제는 '학습이 일어날 때의 영유아의 사고과정'에 강조점을 두며 영유아가 접하게 되는 정보와 경험이 많아지게 되면 영유아의 지식은 점차 확장되고 동화와 조절이라는 적응과정을 통해 새로운 지식을 획득할 기회를 갖는다고 하였다. 또 그러한 과정에 자신의 사고 틀을 재구조화시키기도 하면서 지식을 구성해 나간다는 것이다.

피아제

1. 피아제의 인지발달 단계

Piaget(1971)는 정해진 순서대로 발달이 진행되며 단계가 높아질수록 복잡성이 증가한다고 하여 발달단계를 감각운동기(0~2세), 전조작기(2~7세), 구체적 조작기(7~11세), 형식적 조작기(11세 이후)로 나누었다.

이 단계 중 전조작기는 우리나라 유치원 유아와 초등학교 저학년 아동에 해당하는 시기이며, 이 시기의 유아들의 특징은 사고의 중심화(centration)로 사물이나 사건의 여러 측면을 고려하지 못하는 특성이 나타나며(김정희 외, 2007:169), 모든 사물은 살아있다고 생각하는 물활론적 사고로 인해 이들의 사고영역은 매우 광범위하고 허구적이며 '되돌려 놓지 못하는' 비가역성(irreversibility)의 특성이 강하여 비논리적 사고하는 것이 특징이라고 하였다.

1) 감각운동기(sensory-motor period: 0~2세)

감각운동기의 유아는 자신의 감각과 운동반사를 통해 세계에 대한 개념을 형성한다. 눈·귀·손 등의 감각기관을 통하여 사건과 사물을 탐색하고 인식하며 그들의 세계에서 행동하면서 사고한다. 타고난 감각과 반사행동을 통하여 눈을 뜨고 감으며, 입으로 빨고, 손으로 잡는 행동을 하다가 뮤직상자의 소리를 듣고 레버를 당길 수 있고, 감추어진 장난감을 찾고, 물건들을 상자 안에 넣을 수도 꺼낼 수도 있는 능력이 생기게 된다. 이 시기 동안은 문제해결을 감각운동적으로 한다.

2) 전조작기(preoperational period: 2~7세)

전조작기의 유아는 표상적인 사고(representational thought)를 하기 시작한다. 실제로 어떤 실체가 없지만 마음속에 어떤 사물을 머릿속으로 그 모습을 떠올릴 수 있는 능력이 생기면서 유아들의 사고는 이전과는 질적으로 다른 도약을 하게 된다. 유아들은 환경의 여러 가지 측면을 표상하기 위해 상징(symbol)을 사용하기 시작한다. 따라서 가상놀이(make-believe play)도 가능하게 된다.

이 시기의 유아들은 질량·수·길이·면적·무게·부피 등에 대한 보존과제를 제대로 해결하지 못하며, 유목화 개념 및 유목포함의 이해도 부족하다. 보존(conservation)과제를 할 수 없는 것은 가역성이 없기 때문이다. 가역성(reversibility)이란 처음의 상태로 돌아갈 수 있는 사고의 능력을 말하며, 유목화(classification)란 사물이 지니고 있는 유사성에 따라 공통적인 범주를 고려하여 분류할 수 있는 것을 말하며, 유목포함은 여러 개의 하위 유목들이 하나의 상위 유목에 포함된다는 원리를 이해하는 것이다.

물활론적 사고란 생명이 없는 대상에게 생명과 감정을 부여하여 모두 살아 있는 생명체라고 여기는 것을 말하며, 실재론적 사고(realism)는 정신적 현상에 물리적 속성을 부여하여 물질적 실재로 그려내는 현상 개념을 뜻한다. 유아의 실재론적 사고가 가장 잘 나타나는 것이 '꿈'에 대한 생각이다. 유아들은 꿈이 실재한다고 믿는데, 이를 '꿈의 실재론'이라 한다.

3) 구체적 조작기(concrete operational period: 7~11세)

구체적 조작기의 아동들은 사고에 급격한 진전을 보이게 되어 여러 면으로 관점을 넓히게 되고 사물의 속성을 다룰 때 그들 사이의 관계성을 고려하여 체계적으로 사고할 수 있게 된다. 전조작기의 자기중심성과 직관적 사고는 7~8세에 접어들면서 동시에 극복되며, 실재론적 사고에서 벗어나 정신적 현상과 물리적 현상을 구별할 수 있게 된다. 이 시기의 아동은 가역성과 보존 개념이 획득되고, 탈중심화(deceintration) 사고를 한다. 여러 사물이나 현상들을 특정 속성에 따라 순서대로 배열할 수 있는 서열화(seriation) 능력과 유목화 능력도 발달한다.

4) 형식적 조작기(formal operational period: 11세 이상)

형식적 조작기의 아동은 사물 뿐 아니라 관념적인 것에 대해서도 사고하게 된다. 현실세계의 시간성·공간성의 한계를 벗어나 가능성(possibilities)까지 논리적으로 생각할 수 있게 된다. 상징적이고 추상적이며 가설적인 수준에서도 체계적으로 사고할 수 있는 능력을 발달시킨다. 가설의 생성에 있어서 가설적-연역적 사고(hypothetic deductive thinking)를 한다.

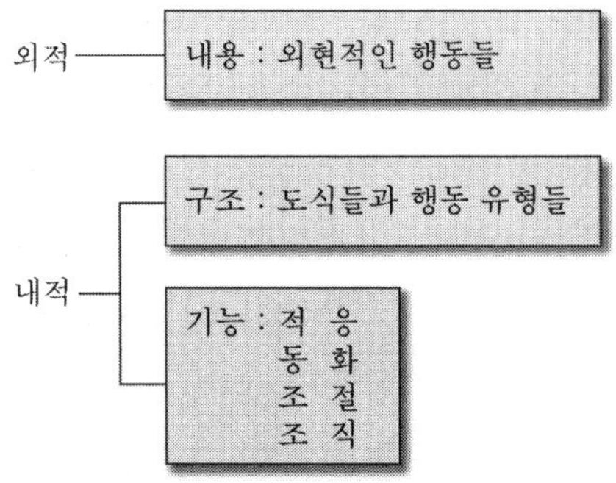

[그림 6-1] 피아제의 발달모형

피아제가 전 언어시대(출생~2세까지)를 감각 운동기라 명명한 것은 이 시기의 영아가 자신의 감각이나 손가락을 입에 넣고 빠는 등의 운동을 통해서 자신의 주변 세계를 탐색한다는 사실에 연유한 것이다.

다시 말하면, 이 시기의 영아는 새로운 정보를 얻기 위해 자신의 감각을 사용하고 새로운 경험을 찾기 위해 운동능력을 사용하고자 애쓰는 시기라는 뜻이다. 그 결과 반사활동에서부터 제법 잘 조직된 활동을 할 수 있기까지 간단한 지각능력이나 운동능력이 이 시기에 발달한다. 이 시기의 주요 발달과업이다.

〈표 6-1〉 피아제의 인지발달 단계

	피아제의 인지발달 단계	
인지발달 단계	연 령	특 징
감각운동기	0~2세	▪감각운동적 도식의 상호 통합에 의해 점진적으로 발달 ▪대상영속성 개념 획득
전조작기	2~7세	▪표상적 상징이 가능 ▪자아중심적 사고, 직관적 사고
구체적 조작기	7~11세	▪가역적 조작의 획득 ▪논리적인 문제해결 가능
형식적 조작기	11세 이상	▪논리적, 연역적 추론 가능 ▪가능성과 실제 간의 가설적 문제해결 가능

제2절 비고츠키의 사회문화적 인지이론

사회문화적 이론(sociocultural theory)은 사회와 문화적 맥락에서 발달을 설명한 것이다. 유아는 사회적 상호작용과 문화적 환경과의 끊임없는 상호작용을 통하여 자신의 내적 구조 변화에 따른 활동결과를 능동적으로 생산해 나가면서 발달한다고 보는 관점이다. 이에 대표적 학자로 러시아의 심리학자인 비고츠키(Vygotsky)가 있다.

비고츠키(Lev Semenovich Vygotsky, 1896~1934)는 37세의 짧은 생을 살고 결핵으로 사망하였는데, 피아제와 함께 대표적인 인지주의자였다. 유아의 의미 있는 인지 발달은 그들이 속한 환경과의 사회적 상호작용을 통하여 인지구조가 확장되고, 사물과 사건의 논리적인 내적 조작에 의해 영향을 받게 된다는 것이다.

Vygotsky(1978)는 어린이의 언어발달이 출생에서부터 7~8세에 이르는 동안 비개념적 언어에서 내적언어의 발달단계를 거치며 비개념적 언어를 사용하는 단계에서 문제해결을 위해 언어를 사용하는 논리적 사고를 할 수 있는 단계에 이른다고 한다. 또 사회·문화적 맥락 'ZPD(Zone of Proximal Development)'를 강조하고 독립적으로 문제를 해결할 수 있는 실제적 발달수준(actual development level)과 교사나 유능한 또래의 도움을 받아 문제를 해결할 수 있는 잠재적 발달수준(level of potential development) 내에서 '비계'(scaffolding)를 통해 발달단계를 촉진시킬 수 있다고 하였다.

비고츠키

〈표 6-2〉 피아제와 비고츠키 이론 비교

	피아제	비고츠키
아동에 대한 관점	스스로 세계에 대한 이해를 발달시키는 개별적 존재	타인과의 관계에서 영향을 받으며 성장하는 사회적 존재
발달의 주요 동인	개인 내부에 존재하므로 학습자가 발달에서 주체적인 역할을 수행	사회, 문화, 역사적 환경과의 관계 속에서 능동적 역할 수행
언어와 사고의 관계	언어는 사고의 도구	언어는 사고발달의 핵심 역할 수행
혼잣말의 발달적 중요성	다른 사람의 관점을 수용하거나 상호 의사교환에 참여하기 어려움을 의미함	외재화된 사고이며 이는 자기 스스로 방향을 찾기 위한 자기와의 의사교환행위임
아동-성인의 관계	아동은 성인보다 또래 아동과의 상호작용을 통해 더 발달함	성인이나 유능한 동료와의 상호작용을 통해 발달이 촉진됨
주요 수업전략	불균형의 상태를 경험하게 하는 전략	근접발달영역 내에서 지적 발판과 의미 있는 상호작용의 제공

제3절 인지이론의 평가

피아제의 이론은 인지발달에 관한 이론 중 가장 포괄적이며 독창적인 이론으로 바람직한 유아 교수 학습방법을 구성하기 위한 하나의 틀로 인정받아 왔다. 피아제의 인지이론이 유아교육에 주는 시사점은 다음과 같다.

첫째, 피아제는 아동 개개인의 사고작용에서 지식의 구성이 내적으로 유도된다는 것에 초점을 둔다. 아동은 성인이 가르치는 대로 배우는 것이 아니라 스스로 자발적인 학습을 한다는 것이다. 즉, 아동은 자발적으로 환경을 탐색하므로 지적발달을 이룬다.

둘째, 피아제의 인지발달이론에서 아동은 성인의 사고 방식과 달리 각 발달단계에 따라 독특하게 사고한다. 인지발달의 단계별 진전은 보편적이며, 예측가능하다 유아의 사전 경험이나 개인 아동의 흥미 등을 고려하여 학습자인 아동의 발달 수준에 적합한지를 고려하여야 할 것이다.

셋째, 아동 개개인이 지식을 구성할 때, 분별된 지식이나 개념을 전달하는 교사 주도적인 방법에서 벗어나 아동들이 직접 사물을 조작해 보는 구체적인 활동과 직접적인 경험을 통해 질문하고 결과를 비교하는 학습자 주도적인 적극적인 방법으로 변화되어야 할 것이다. 그러나 피아제의 몇 가지 점에서 비판도 제기되었다. 첫째, 발달단계에서 각 단계에 도달하는 연령은 개인의 경험과 문화에 따라 다를 수 있다는 점이 그 한계로 지적되고 있다. 둘째, 각 발달단계의 인지적 발달 특징이 그 단계에 속한 유아의 모든 행동 면에서 나타나지 않을 수도 있다. 셋째, 피아제 인지발달이론의 주요 개념인 도식, 동화와 조절, 평형화 등은 학습이론의 강화와 모방처럼 증명되기 어렵다(조복희 · 정옥분 · 유가효, 2001).

비고츠키의 이론이 유아교육에 주는 시사점은 다음과 같다. 첫째, 아동이 사회문화적 맥락과 분리된 개체가 아닌 일상생활 속에서 아동과 사회문화적 맥락 간의 상호작용을 발달한다고 보았다.

둘째, 근접발달영역과 비계설정은 교수, 학습방법에 많은 시사점을 주었다. 셋째, 비고츠키는 학습과 발달의 관계에 새로운 관점을 제공했다. 비고츠키는 이론의 한계점을 지적하면 다음과 같다. 첫째, 비고츠키의 이론은 사회문화적 맥락을 강조하였지만, 생물학적 영향력을 간과하였다는 점이다. 둘째, 비고츠키 이론에 대한 근본적인 의문으로 과연 이 이론이 인지발달이론에 대한 점이다(성현란 외 2004). 셋째, 언어가 인지발달에 미치는 영향을 지나치게 강조하고 있다는 점이다(권민균 외, 2006).

제 7 장 생태학적 이론

제 1 절 브론펜브레너의 생애와 이론의 배경

생태학적 이론(ecological theory)은 인간이 생물로서 다양한 환경에 적응해 가는 모습으로 발달한다는 관점이다. 인간도 다른 생물과 마찬가지로 환경의 일부로 보는 것이다. 명백하고 세밀한 환경적 요인은 발달에 직접적으로 영향을 미친다고 가정한다. 그러나 인간은 다른 생물과는 달리 환경에 순응할 뿐만 아니라 환경을 재구성하는 능력을 가지고 있으므로 자연환경과 물리적 환경뿐만 아니라 인공적 환경과 사회적 환경도 영향을 받아 발달한다는 입장이다. 생태학 이론의 주창자는 브론펜브레너(Bronfenbrenner)이다. 브론펜브레너(1917~2005)는 유아를 둘러싼 생태계 내에서의 발달에 중점을 둔다. 즉, 유아의 행동은 유아가 속해 있는 환경 속에서만 설명 가능한 것으로 본다. 유기체와 여러 가지 생태계 환경체계 간의 관계를 중시한 것이다.

브론펜브레너는 개인을 위해서는 그의 가족, 지역사회, 나아가서는 국가나 세계까지 총체적인 맥락에서 상호관계를 조명해야 한다고 주장하였다. 유아는 상태계의 발달과 함께 전인으로 성장 발달할 수 있다고 하였는데, 유아를 둘러싼 생태계의 체계를 다섯 가지의 조직으로 설명하였다. 이를 브론펜브레너의 생태학적 체계이론(ecological system theory)이라고도 한다.

브론펜브레너

제2절 생태학적 이론

브론펜브레너는 영유아의 발달은 영유아를 둘러싼 환경들 간에 끊임없이 얽혀 있는 상호관계의 영향을 받아 이루어지는 것이라고 하였으며, 유아가 접하고 있는 환경을 여러 수준의 체계로 구분하고 이러한 체계들의 복잡한 관계 속에서 유아의 발달이 직접적이거나 간접적으로 영향을 받을 수 있다고 보았다.

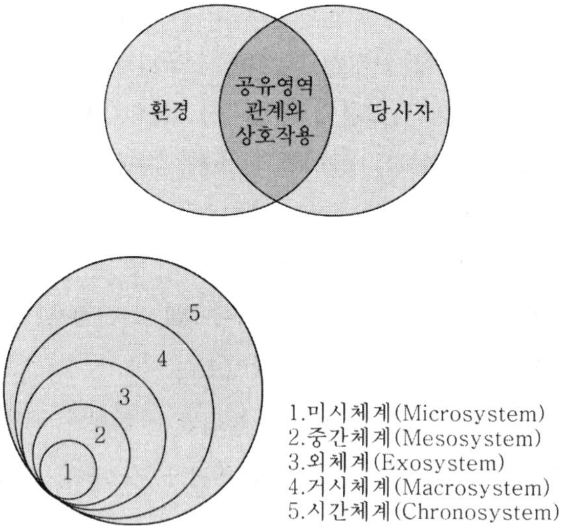

[그림 7-1] 생태체계

브론펜브레너의 생태학적 이론체계는 작은 크기부터 점점 크게 만들어 겹겹이 쌓을 수 있도록 만든 러시아의 인형 세트처럼 영유아를 겹겹이 둘러싸고 있는 구조로 설명할 수 있으며 유아를 중심으로 미시체계, 중간체계, 외체계, 거시체계, 시간체계로 5개로 이루어져 있다.

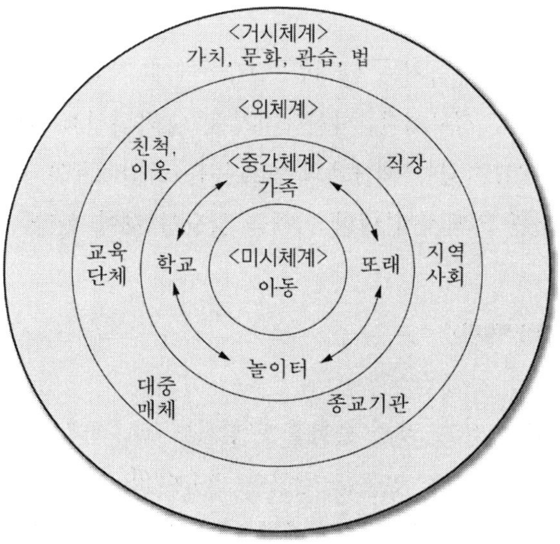

[그림 7-2] 브론펜브레너의 생태학적 체계이론

1. 미시체계(Microsystem)

브론펜브레너의 생태학적 이론체계 중 미시체계는 영유아의 가정, 친구, 이웃, 학교관련 환경이 포함되며 영유아 개인의 생활과 가장 가까운 환경이다. 브론펜브레너는 사회문화적 영향에 대한 많은 연구가 미시체계에 초점을 두고 있다는 것을 발견하고 이는 영유아의 삶을 이해하고 지원하는데 미시체계에 대한 이해가 매우 중요하고 필요하기 때문이라고 볼 수 있으며 영유아 개개인은 이러한 환경에서의 경험을 수동적으로 받아들이는 존재가 아니라 환경을 구성하는 능동적 존재임을 강조하였다.

2. 중간체계(Mesosystem)

가족 간의 경험이 유아교육기관에서의 경험과 그 경험이 교회 등의 종교단체에서의 경험과, 가족 간의 경험이 또래 간의 경험과 관계가 있다는 것이다. 중간체계는 미시체계 간의 상호관계를 포함한다. 부모로부터 거절을 많이 경험한 영유아의 경우 보육교사와의 관계에서 긍정적인 관계를 맺는데 어려움을 갖게 될 것이라고 주장하였다.

3. 외체계(Exosystem)

영유아가 주도적으로 활동하지는 않지만 영유아에게 직접적인 관련이 있는 사회적 환경과의 경험을 포함하며, 정부기관, 사회복지기관, 교육위원회, 대중매체, 직업분야 등이 포함된다(서영숙 외, 2012:51). 외체계의 요소들은 중간체계와 미시체계에 영향을 주게 되므로 영유아를 둘러싼 외체계에 대한 이해를 갖도록 해야 한다.

4. 거시체계(Macrosystem)

거시체계는 각 개인이 살고 있는 문화를 포함하며 한 세대에서 다음 세대로 전수되는 인간집단의 행동양식이나 신념, 전통을 말하며 영유아의 삶에 직접적으로 개입하지는 않지만 영유아가 속해 있는 사회문화적 배경에 따라 부모의 양육태도나 가치관 등이 영유아에게 매우 강력한 영향을 미치게 된다. 그러므로 영유아의 문화적 배경을 이해하면서 영유아의 행동과 발달을 관찰하고 이해해야 한다.

5. 시간체계(Chronosystem)

전 생애와 사회역사적인 환경에 걸쳐서 일어나는 환경적 결과와 변화의 양상을 포함한다. 일생 동안의 개인과 환경의 변화를 시간의 흐름으로 나타내고 있다(서영숙 외, 2012:52).

제3절 생태학적 관점에서 기여

1. 생태학 기여

생태학은 생명체의 행태, 즉 유기체와 환경 간의 상호관계를 이해, 연구하는 생물과학이다. 환경과 유기체가 역동적인 평형상태를 유지하면서 성장하는 과정에 관심을 둔다. 즉 종들이 어떻게 환경에 적응해 가며, 종들이 어떻게 환경을 활용하며 그것을 파괴하지 않고 자신의 요구에 맞게 변형시킴으로써 자신을 유지하는가, 그리고 그러한 적응과정이 환경의 다양성을 어떻게 증진시키며, 생명을 지지하는 환경의 속성을 어떻게 향상시키는지를 이해하고자 하는 것이다(장인협, 1996:82)

생태학에서 기본개념은 첫째, 인간과 환경 간에 일어나는 상호교류(transaction)에 관한 것으로서 적응, 호혜성, 상호관련성, 적응적 적합성, 스트레스, 대처 등이다. 둘째, 인간의 특별한 속성에 관한 것으로서, 연관성, 능력, 자존감(정체감)과 자기조절(자율성, 자기규제능력) 등이다.

셋째, 환경의 특징에 관한 것으로 인간의 성장발달을 촉진하는 자극으로 인간에게 적응을 위해 자양분을 제공하는 환경들이다.

2. 생태학의 사회복지실천에 대한 기여

생태학적 사실들, 즉 결국 생물학적 종은 생존을 위해 환경체계와 상호작용하게 되고, 그 과정에서 최대한 적응적 적합성을 이끌어 내고자 노력하고, 사회복지실천현장에서도 이러한 생물학적 종들의 생존활동이 클라이언트들의 삶에서 구체적으로 적용되기 때문에 클라이언트의 삶을 분석하고, 사정하는 데 개인과 환경의 상호작용(상호교류) 측면 또는 체계 간 공유영역에 대한 고려가 전제되어야 한다. 생태학은 생물학적 종들이 환경에 적응해 가는 과정 또는 상호교류하는 과정에서 긴장이나 스트레스가 유발되고, 이에 대처해 가는 측면을 통해 사회복지실천의 방향 및 다양한 개입의 가능성을 확보해야 한다는 점을 부각시키고 있다.

또한 생태학은 사회복지실천에 있어서 단선적인 사고에서 벗어나 생태학적 사고를 할 수 있도록 해 주었다. 사회복지실천이 발전을 거듭하는 동안 두 가지 역사적 전통, 즉 개인의 변화에 영향을 미치는 지식, 기술의 강조와 환경의 변화에 영향을 미치는 지식, 기술의 강조를 통합하는 어려움을 겪어 왔다. 이러한 어려움을 극복하고자 사회복지 실천에 대한 공식과 기술적 개입을 재검토하기에 이르렀고, 사회복지 실천의 공통적인 지식기반을 확보하기 위해 노력해 왔다(통합적 접근).

이러한 역사적 상황에서 도입한 생태학은 사회복지실천에 대해 단선적이고, 일 대 일적인 세계관에서 도출된 과거의 의료-질병모델보다 훨씬 유용하고, 두 가지 경향의 지식, 기술을 통합하는 데 더 유리한 관점을 제시했다고 볼 수 있다. 의료-질병모델은 인간의 문제와 요구를 인간 내부에 두어 그 인간이 속해 있는 사회적 과정을 모호하게 하는 경향을 가져 왔었다.

생태학적 사고는 사회복지사가 고통의 원인을 단지 심리적인 과정이나 외부환경에만 돌리는 극단적인 사고를 배제시킨다. 저메인과 지터맨(Germain & Gitterman, 1987)은 생태학적 관점으로부터 "인간의 욕구와 문제 등은 인간 혹은 환경 자체의 산물이 아니라 상호교환의 산물로서 보는 것"을 강조한다(이영분 외, 2001:89)

3. 생태체계론적 관점의 유용성

생태체계론적 관점에서 '체계들'과 '생태학'이 통합되는 것은 사람들을 '체계'로, 그 사람의 환경들도 '체계'로, 그리고 사람과 환경 사이의 순응과 상호작용을 '생태학적으로' 간주하기 때문이다(McMahon, 오창순 외, 2001).

생태체계론적 관점은 사회복지실천에 있어서 일반적으로 적용될 수 있는 관점을 제공해 주고, 문제현상을 사정, 평가하기 위한 이론적 준거틀을 제공해 준다. 일반체계론적 관점처럼 역시 생태체계론적 관점도 특정 개입방법이나 기술을 제시해 주지는 않는다. 그렇지만 일반체계론적 관점보다는 구체적이고, 인간주의적이고, 더욱 실천적이라고 볼 수 있다.

생태체계론적 관점은 문제에 대한 총체적인 이해를 가능하게 해 준다. 문제사정 시 문제와 관련된 거의 모든 체계들과 접촉하여 정보를 얻어내므로 깊이 있는 사정과 평가를 가능케 한다. 그리고 생태체계론적 관점은 일반체계론적 관점이 체계 간의 상호 연관성과 교류작용을 매우 중요시하면서도 사회복지실천의 장이 되는 체계 간의 공유영역에 대해 충분한 설명이 없는데 비해 체계 간의 공유영역(예 : 개인의 요구와 가족의 개인에 대한 요구가 이루어지는 지점에서 궁극적으로 사회복지실천이 이루어진다)에 대해 적응과 상호교류라는 개념으로 그 중요성을 강조하고 있다. 특정체계의 속성과 체계 간의 상호 연관성 및 총체성의 틀 내에서 사정이 이루어지기 때문에 개입할 때도 어느 한 부분만이 아니라 전체 관련체계에 개입하여 체계적인 변화를 가져올 수 있는 가능성을 담보하고 있다.

제 4 절 생태체계 이론의 평가

생태학적 이론체계이론은 첫째, 보육과정에 직접적으로 적용되기보다는 보육과정이 우리 사회의 현상과 사회적 정책에 의해 매우 많은 영향을 받고 있음을 시사한다.

둘째, 보육과정을 실천하는 과정에서 교사는 영유아에게 질 좋은 환경과 상호작용을 제공할 뿐만 아니라 영유아를 둘러싼 가정환경, 지역사회, 문화적 환경까지 고려하여야 함을 시사한다.

셋째, 보육과정에서는 어린이집에서 제공되는 환경 외에 영유아의 가정, 지역사회가 영유아의 발달을 위해 서로 협력적으로 지원하고 참여해야 함을 강조하고 있다.

제8장 동물행동학적 이론

제1절 로렌츠

동물행동학(ethology)은 진화론적 관점에서 동물과 인간의 행동을 생존·적응·진화의 맥락에서 연구하는 것으로 생물학적 요인을 강조하였다. 모든 종은 진화의 산물이며 생물학적으로 프로그램화된 생존기제 행동들을 가지고 태어난다는 입장이다. 동물학의 기원은 다윈의 진화론에서 시작해서 로렌츠(Lorenz)의 각인이론, 보울비(Bowlby)의 애착이론이 있다.

로렌츠

1. 로렌츠의 생애

로렌츠는 1903년 오스트리아에서 의사의 아들로 태어났다. 그 동물에 관심을 보였으며, 어류와 조류, 개, 고양이, 토끼 등 동물들을 집으로 데리고 와서 길렀다. 젊었을 때는 집 근처에 있는 동물원에서 병든 동물을 간호해 주었고, 일기형태로 조류의 행동을 자세히 기록하기도 했다. 로렌츠는 아버지의 희망에 따라 의학을 공부한 후 의사자격증을 획득했지만, 야생동물 연구에 대한 미련을 버리지 못하고 빈 대학에서 동물학을 연구하여 1933년에 동물학 박사학위를 취득했다. 1973년 틴버겐, 프리츠와 함께 노벨생물학상을 공동 수상하였다. 말년에 그는 인간이 사회를 구성하는 동물의 하나라고 생각하고 그러한 생각을 인간행동 연구에 적용시켜 철학적, 사회학적인 논쟁을 불러일으켰다.

로렌츠는 1903년 오스트리아에서 의사의 아들로 태어나 어려서부터 동물에 관심을 보여 동물들을 집으로 데리고 와서 길렀다.

로렌츠는 아버지의 희망에 따라 의학을 공부한 후 의사자격증을 획득했으나 빈 대학에서 동물학을 연구하여 1993년 동물학 박사를 취득하여 갈마귀와 회색기러기와 같은 조류를 관찰한 논문들을 발표하여 명성을 얻었다.

1937년 창간된 〈동물심리학회지〉의 공동편집장이 되어 동물행동학의 선구자 역할을 했으며 빈 대학의 비교해부학과 동물심리학의 강사로 임명되고 1948년 오스트리아의 알텐베르크의 비교 행동학연구소 소장이 되었다. 그는 인간이 사회를 구성하는 동물의 하나라고 생각하고 그러한 생각을 인간행동연구소에 적용시켰다.

저서로는 『본능적 개념의 확립』, 『진화와 행동수정(1965)』 등이 있다. 로렌츠는 환경 속의 특정 자극이 종 특유의 행동을 유발한다는 것을 입증하는 사례를 밝혀냈으며, 청둥오리들의 각인과 관련된 것이 가장 유명한 사례이다.

각인이란 어떤 동물들이 생후 초기의 특정한 시기 동안 어떤 대상에게 노출되어 그 대상에 애착하게 되는 것으로 새끼들의 추종행동은 이에 해당된다(Crain, 1980, 서봉연 역, 1983: 70).

로렌츠는 각인 현상이 출생 후 일정기간 내의 결정적 시기(critical period)에만 일어나며 각인된 행동은 나머지 생애 동안 지속된다는 것을 밝혀낸다. 만약 이 기간 동안에 각인이 되지 않으면 이후에는 그 행동을 습득할 수 없다.

후에 인간의 발달에 동물행동학적 이론을 적용한 학자들은 이를 발전시켜 모든 행동에는 결정적 시기가 있다고 주장한다(김정희 등, 2003: 75).

2. 로렌츠의 각인이론

(1) 로렌츠의 천둥오리 실험

한 어미 오리가 낳은 알을 둘로 나누어서 한쪽 알들은 어미 오리가 부화하게 하고 다른 쪽은 로렌츠 자신이 직접 부화를 시켰다. 그 결과 로렌츠가 부화시킨 천둥오리 새끼들은 그를 어미를 따르듯이 졸졸 따라 다니는 행동을 보였다. 로렌츠는 이런 새끼 오리의 어미 오리에 대한 추종 행동을 각인(impringting)이라 명명하였다.

3. 각인

어린 동물이 생후 조치의 특정한 시기 동안 어떤 대상에 노출되어 그 뒤를 따르게 되면 그 대상에 애착하게 되는 것으로 청둥오리의 어미 추종행동은 이에 해당된다.

로렌츠는 각인현상이 결정적 시기(critical period)에만 일어난다는 것을 밝혀냈다. 그리하여 각인은 출생 후 일정기간 내에만 이루어진 후 나머지 생애동안 지속된다. 만약 이 기간 동안에 각인이 되지 않으면 그 이후에는 그 행동을 습득하기가 불가능하다 인간의 발달에 동물행동학 이론을 적용한 학자들은 이를 발전시켜 모든 행동에는 결정적 시기가 있다고 주장한다.

4. 공헌점

로렌츠의 이론은 발달을 설명하는데 진화론적인 견해를 더함으로써 인간의 행동을 해석하는 새로운 접근 방식을 제시하며, 결정적 시기와 각인이라고 새롭고 흥미 있는 개념을 제안하였다는 점이 아동의 연구방법에 있어서 관찰법을 적용하는데 영향을 미쳤다.

5. 비판점

로렌츠의 이론은 비교적 최근에 대두된 학문적인 접근인 만큼 이 이론에 대한 검증과 비판이 다른 고전적 발달이론들에 비하여 축적되지 못하였다. 그의 이론이 인간의 발달에서 학습과 경험의 역할을 무시하였다는 점에서 학습 이론가들의 비판을 받았다. 그러나 한편으로는 각인도 궁극적으로는 결정적 시기동안 일어나는 매우 영구적인 학습이라는 견해도 있다.

오스트리아의 동물학자 · 동물심리학자, 도시에서 떨어진 자연 속에서 동물과 함께 생활하며 유형별 동물의 고유한 행동을 상세히 관찰하고 기술하였다. 비교행동학의 확립에 지도적 역할을 담당하였으며 공격성의 견지에서 행동을 관찰한 점이 주목할 만하다. 1973년 N. 틴베르겐과 함께 노벨심리 · 의학상을 수상하였다.

1903년 11월 7일 빈에서 출생하였다. 빈대학교와 뮌스터대학교 등을 거쳐 바이에른의 막스플랑크연구소 행동생리학 부문의 부장을 지냈다. 도시에서 떨어진 자연 속에서 동물과 함께 생활하며 유형별 동물의 고유한 행동을 상세히 관찰하고 기술하여, 그 성과로 비교행동학의 확립에 지도적 역할을 담당하였다.

비교동작연구의 입장에서 조류의 행동습성을 연구하여 본능적 행동의 해명에 공헌하였고, 특히 공격성의 견지에서 행동을 관찰한 것은 주목할 만하다. 또, 행동 억제의 관찰로부터 생체의 특수활동에너지(action-specific energy)의 수력학적 모형을 상정(想定)하였다. 1973년 N. 틴베르겐과 함께 노벨생리 · 의학상을 수상하였다. 주요 저서에는 『행동문제의 연구법(*Methoden der Behaltensforschung*, 1957)』 『공격행위에 관하여(1963)』 등이 있다.

제2절 보울비

동물행동학적 접근을 인간에게 적용시킨 사람은 영국의 심리학자 보울비(John Bowlby, 1907~1990)이다. 런던에서 태어나 의학과 정신분석학적 훈련을 받은 그는 제2차 세계대전 후 고아원에서 성장한 아이들에게 타인과 친밀하고 지속적인 관계를 형성하지 못하는 여러 가지 정서적 문제가 있음을 발견하고는 그러한 아이들은 생의 초기에 어머니에 대한 확고한 애착을 형성할 기회를 놓쳐 버렸기 때문에 친밀한 인간관계를 맺지 못하는 것으로 해석하였다.

보울비

1. 영아애착 단계

아기의 애착 대상은 따로 고정되어 있지 않다. 아기는 누구에게나 미소를 지으며 누구든지 곁에서 떠나면 운다.

1) 제2단계(생후 3~6개월)

낯익은 사람에게 초점을 맞추고 애착행동은 몇몇 익숙한 사람에게만 한정되고 낯선 사람은 경계한다.

2) 제3단계(6~3세)

아기는 보다 활동적이 되어 이리저리 기어다니며 애착 대상을 가까이 하려고 적극적인 자세를 보이며 부모가 갑자기 떠나려 하면 뒤따라 가려고 한다.

3) 제4단계(3세 이후)

아동은 보호자의 목표 감정 입장을 이해하여 자기 행동을 그에 맞추기 시작하고 복잡하고 풍부한 관계가 성립된다. 아이가 부모와 헤어지는 과정을 통해 발견하였다.

2. 관계에서 분리

배우자를 잃었을 때 보이나 일반적인 관계에서는 보이지 않는다. 사랑의 결합은 애착적인 결합이다. 현재 성인의 사랑을 이해하는데 가장 적절 애착의 중요성 초기 유아생존에 결정적 전 생애에 걸쳐 작동 사랑과 결혼 생활의 헌신에 중요한 역할 결혼의 일차적 이유(안정감 확보, 애착)이다.

3. 보울비의 이론

보울비의 연구가 경험이 많은 정신분석 이론가와 소아 정신과 의사의 업적들을 낳게 했고 또한 숙련된 연구원-동물행동학적 발견들과 인지, 통제 이론을 인간관계의 심리학을 개념화하는 데에 독창적으로 포함시킨 사람의 업적들을 낳게 했다.

발달에 대한 고전적인 정신분석 모델은 유아와 그의 부모들 사이에 적대 관계가 있다고 본다. 즉 유아 행동의 일차적인 동기는, 생리적 욕구의 만족을 통해 본능적인 긴장을 해소하며 유아를 인간화하려는 부모의 간섭에 대해 분개하는, 최적의(optimal) 편안한 상태를 얻는 것이다. 이와는 대조적으로, 유아 연구를 통해 확증된 보울비의 견해는, 자극을 추구하는 것과 그를 보호하고 지지해 줄 중요한 대상에게 애착을 갖는 것이, 유아에게 선천적으로 주어져 있다는 것이다. 그러므로 애착은 유아와 어머니와의 관계에서는 본질적인 것이며, 애착 행동은 이 관계를 표현하는 유아의 반응들을 말하는 것이다. 보울비는 애착 행동을 빨기, 매달리기, 따라다니기, 울기, 미소 짓기 등의 본능적인 반응들과 동일시하는 한편, 대상과의 관계성을 더욱 강조했다. 사실상 보울비는 늘 자신의 애착 이론을 또 다른 하나의 대상관계이론으로 보았다. 그러므로 애착 행동 또는 애착 속박이 생리적 욕구(배고픔이나 성적인 것)의 만족을 위한 전제 조건이 될 수 있는 반면에 선택한 대상에게 계속적으로 접근하는 것이 애착 행동의 목적이다.

어머니에 대한 유아의 초기 관계성에 대하여 이안 슈티, 멜라니 클라인, 도날드 윗니캇, 안나 프로이트, 마가렛 리블, 해리 스탁 셜리반, 레너 스피츠, 페어베언, 헤르만, 앨리스, 마이클 발린트 등에 의해 발전된 사고들을 재검토하면서 보울비는 그들이 연구한 것 중 몇몇에 주의를 기울였고 그것들이 자신의 생각과 매우 비슷한 것임을 알게 되었다. 그러나 보울비는 헝가리 학파가 내놓은 것이 가장 정확하다고 결론지었다. 헝가리 학파의 대표적인 사람은, 사람들에게 매달려 생존하는 것이 일차적인 본능이라고 주장한 헤르만과, 유아는 처음부터 돌보아주는 대상과 적극적이면서도 충분히 발달하지 않은 대상 관계를 갖는다고 주장한 발린트의 사람들이다. 동물행동학자들의 연구가 보울비의 애착 행동의 개념화에 영향을 주었는데, 동물학자들은 새끼일 때에 대상들에게 애착하는 새들이나 짐승들에게 다양한 형태의 패턴화된 행동들이 있음을 발견하였다. 보울비는 인간이라는 유기체와 인간의 본능적 반응들이 더 복잡하다는 것을 인식하면서도 동물행동학적 모델이 어린 아이의 애착 행동을 이해하는데 도움이 된다고 주장했다. 이는 애착 행동이, 인간이나 동물 모두에게 개체의 생존이라는 같은 목적을 부여하고 있기 때문이며 또한 내적 욕구를 갖고 있는 상태에 의해서 그리고 각각의 종들이 갖고 있는 특정행동을 유발하는 자극이나 억제 유전자에 의해 실재하거나 없거나 또는 특별한 행동에 의해 애착 행동이 통제되기 때문이라고 하였다.

보울비가 전통적인 정신분석모델을 탈피한 것은 인성발달에서 어머니의 상실이 주는 영향에 대하여 연구한 것에도 영향을 받았다. 그 결과 애착 관계의 분열이 어머니의 상실과 관련된 정신병리학의 본질적인 결정 요인이라고 생각하게 되었다. 우리가 애착이론과 자기 심리학의 명제들을 비교해 보면 인간이 서로 관계를 맺는 본질적인 부분에 대해 매우 유사한 점들이 있음을 보게 된다. 그러나 먼저 보울비의 이론적인 틀을 좀더 자세히 보도록 하자.

애착이론은 정신분석의 생각에 많은 영향을 받았다. 그러나 병리상의 증후군의 이해로부터, 또는 정신분석이나 심리요법에 환자들의 연합으로부터 얻었다기보다는 주로 유아들과 어린 아이들의 직접적 관찰을 기초로, 어린 영장류와 새들의 외관상 비슷한 활동의 관찰에 관한 행동학자들의 개념들을 기초로, 그리고 확실한 어린시절의 상처(분리 그리고 상실)의 결과를 기초로 애써 만들어진 것이다. Margaret Mahler is the only other author considered in this book whose theories were also elaborated largely on the basis of infant and child observation(관찰).

보울비는 애착이론을 "특별한 타인에 대한 강한 애정적 bond(유착)로 만들어진 인간 being(본성)의 개념화하는 경향의 방식 그리고 감정의 고뇌와 걱정, 노여움, 억압을 포함한 인간 근심의 많은 형식으로 설명되어지는 방식으로, 그리고 내키지 않는 분리와 상실을 일으키는 감정적 분리"로 정의내렸다. He has defined attachment behavior as "any from of behavior that results in a person attaining or retaining proximity to some other differentiated and preferred individual who is usually conceived as stronger and/or wiser" 그런 개인은 그러므로 세상에 더 대항할만하다고 여기는 사람이다.

보올비에 따르면 애착행동에 대한 동기부여는 궁극적으로 보호를 공급할 수 있는 사람을 근접해서 찾는 사람을 지각되는 것이다. 이것의 dynamics(원동력)는 결국 그들 각각의 영향 촉진과 생식에 의해 동기화된 것과 동등한 음식물을 먹는 것과 성적활동들과는 성질이 다른 것으로 간주되어진다. 보울비에 따르면 상황의 확신아래, 애착은 행동에 대한 더 강한 동기부여를 구성하기 위해 나타난다.

애착의 행동에 관한 관점에 초점을 두는 동안 보울비는 애착관계의 달성, 유지, 또는 분열(두절)로 동시에 일어나는 감정을 소홀히 하지 않았다. 애착의 구성은 사랑에 빠지는 감정과 관계된다, 그리고 그 bond(유착)의 유지는 누군가를 사랑하는 것과 관계된다. 유착의 disruption(붕괴, 두절)은 한 가지 양상보다 더 많은 것을 가진다. 상실의 위협은 불안과 관계되어진다. 슬픔과 함께 하는 실제상의 상실 둘다 anger(노여움, 성)를 자극할 것 같다. 그 반면, 유착의 유지에 도전받지 않는 것은 안전의 근원으로서 설명되어지고 기쁨의 근원으로서 유착의 재생이다.

그래서 보울비가 "대상 관계들"의 것들과 감정적인 삶의 변화를 동등하게 생각하는 동안, 그는 후에 더 명확하게 애정적 유착이라도 부른다. 그런 감정은 대게 사람의 애정적 유착의 상태의 반영이기 때문에, 감정의 심리학과 정신병리학은 애정적 유착의 심리학과 정신병리학의 큰 부분까지 기초를 세운다.

Attachment Theory(애착이론)과 internal world(내면세계)

제3절 동물행동학적 이론의 평가

로렌츠의 이론은 발달을 설명하는 데 있어 진화론적인 견해를 첨가함으로써 인간행동을 해석하는 새로운 접근방식을 제시하였다는 점에서 기존의 발달이론과 차별화된다. 특히 결정적 시기와 각인이라는 새롭고 흥미 있는 개념을 제안하였다.

로렌츠는 지극히 자연스러운 일상생활 환경에서 대상을 관찰하여 연구함으로써 아동연구에 관찰법을 적용하는데 영향을 미쳤다.

로렌츠의 이론은 비교적 최근에 대두된 학문적 접근방법인 만큼 이 이론에 대한 검증과 비판이 다른 고전적 발달이론들에 비해 축적되지 못하였다.

로렌츠의 이론은 인간의 발달에서 학습과 경험의 역할을 무시하였다는 점에서 학습이론가들이 주로 비판하였다. 한편으로 각인도 궁극적으로는 결정적 시기 동안 일어나는 영구적인 학습이라는 견해도 있다.

제9장 개인심리학 아들러

제1절 개인심리

"인간이 된다는 것은 자신이 열등하다는 것을 느끼는 것을 의미한다" 이와 같은 아들러(Alfred Adler)의 말에서 알 수 있듯이, 아들러는 열등감과 그를 극복하기 위한 보상을 개인심리학의 주요 개념으로 보았다. 아들러는 프로이트와 약 9년간(1902-1911) 교류하다가 관점의 차이로 정신분석학회에서 이탈하여 1912년에 자신의 추종자들과 함께 '개인심리학회'를 만들었다. 프로이트의 생물학적 결정론에 의한 심리사회적 발달에 동조하지 않고, 성충동과 남성성 추구와 같은 프로이트의 핵심 개념을 심리적, 내적, 주관적인 원인 설명으로 대체하였다.

아들러는 인간을 사회적이며, 목적론적인 존재로 보고 이해하려 하였으며 사회적 관심을 강조하였다. 상담을 통해 개인이 보다 나은 생활양식을 개발하고, 잘못된 생활양식을 긍정적인 관점으로 대치하며 사회적 관심을 발달시킬 것을 강조하였다. 앞으로 아들러의 생애를 살펴보고, 그가 연구한 개인심리학의 주요개념에 대해 알아보며 아들러의 관점에서 본 인간의 성격에 대해 탐구하고자 한다. 또한 아들러의 성격 이론을 교육적으로 어떻게 적용할 수 있는지 그 시사점을 찾아보고자 한다.

제2절 아들러의 생애

아들러의 어린 시절은 한마디로 많은 역경과 고통의 시절이었다. 그는 1870년 2월 오스트리아 비엔나에서 6형제 중 둘째 아들로 태어났다. 그는 어려서부터 병약했으며, 죽음에 직면하는 경험을 하였기 때문에 어린 시절은 행복하지 못했다. 이러한 신체적 허약함으로 어머니의 과잉보호를 받다가 동생들의 출생으로 인해 어머니의 보호를 더 이상 받지 못하여 아버지와는 신뢰 관계를 쌓았으나 어머니와는 별로 친하지 않았다. 이때 아들러는 '폐위된 왕'이라는 표현으로 이때의 박탈감을 나타냈다.

제3절 개인심리학의 의미와 주요 개념

여기에서는 아들러가 주창한 개인심리학이란 어떤 것이며, 그 주요개념인 생활양식, 인생과제, 허구적 최종목적론, 열등감과 보상, 우월성 추구, 가족구도 및 출생 순위 등에 대해서 살펴보고자 한다.

1. 개인심리학(Individual psychology)

아들러는 사람의 사고와 행동의 주된 동기가 우월성과 권력에 대한 욕구에 있으며, 이러한 욕구는 부분적으로는 열등감을 보상하려는 데에서 오는 것이라고 주장했다. 이 관점에서 보면 모든 개인은 독특하며, 독특한 목표와 그것을 추구하는 방식을 포함한 개인의 성격구조는 생활양식으로 표현되는데, 이는 자기 자신의 창조성의 산물이다. 그러나 전반적인 인간관계·직업·사랑 등을 포함하여 모든 중요한 문제들은 사회적이기 때문에 개인을 사회와 분리하여 생각할 수는 없다.

개인심리학에서의 인간행동에 대한 가장 중요한 가정은 인간이 총체적 존재이며, 성장지향적 동기를 지니고 있다는 점이다. 즉, 전체적 인간의 모든 행동은 미완성을 극복하여 완성에 도달하려는 과정에 의해 동기화된다고 본다. 아들러는 이와 같은 인간행동에 있어서의 완성추구의 동기는 내적 요인이나 외적 요인에 의해 뒤에서 밀리는 것이 아니라, 앞으로부터 당겨지는 것이라고 생각했다. 즉, 인간은 유전이나 환경적 영향에 의해 어쩔 수 없이 행동하는 것이 아니라 자신이 선택한 인생목표 즉, 완성을 추구하기 위해 자신의 행동과 운명을 자유롭고 의식적으로 선택하여 행동한다고 보고 있다. 그러므로 아들러는 인간의 모든 행동은 개인의 주관적 의사결정에 의해 동기화된다고 보고 있다.

아들러

2. 주요 개념

1) 생활양식

생활양식은 인간 성격의 다양한 측면으로 정의된다. 생활양식은 개인의 성격을 움직이는 체계적 원리로서 부분에 명령을 내리는 전체의 역할을 한다. 개인의 독특성, 즉 삶의 목적, 자아개념, 가치, 태도 등을 포함하는 것으로 삶의 목적을 달성하는 독특한 방법들이다. 이러한 생활양식은 우리의 독특한 열등감을 극복하기 위한 노력을 나타내며, 4-5세경에 그 틀이 형성되어 그 후에는 거의 변화하지 않는다. 따라서 우리의 모든 심리적 과정의 의미는 개인의 생활양식의 내용을 보아야만 비로소 알 수 있다. 아들러는 생활양식의 진정한 형태는 생활과제에 접근하고 이를 해결하는 태도에 따라 구별된다고 하였다. 아들러는 생활양식을 사회적 관심과 활동수준이라는 두 가지 차원을 중심으로 다음과 같은 네 가지 유형으로 구분하였다.

〈표 9-1〉 사회적 관심

		사회적 관심	
		고	저
활동수준	고	*사회적 유용형(the socially useful type) - 심리적으로 건강한 사람의 표본이 된다. 활동수준과 사회적 관심이 높아 자신의 욕구는 물론 다른 사람의 복지를 위해서 협력하려는 의지를 가진다.	*지배형(the ruling type) - 사회적 관심이 거의 없으면서 활동수준이 높아 공격적이고 주장적인 형
	저		*기생형(the getting type) - 이러한 사람들은 기생적인 방법으로 외부세계와 관계를 맺으며, 다른 사람에게 의존하여 욕구를 충족하는 형 *회피형(the avoiding type) - 사회적 관심도 적고 활동도 적다. 이들의 목표는 인생의 모든 문제를 회피함으로써 한치의 실패 가능성도 모면하려는 것이다.

3. 허구적 최종목적론

인간은 현재를 바탕으로 미래 지향적인 삶의 목적을 향해 노력하는 존재로 보았으며, 삶의 목적은 유용한 생활양식을 바탕으로 설정되는 것이 필요하다고 주장하였다. 개인심리학에서 모든 인간 행동은 목적을 갖는다고 가정하였다. 아들러는 인간의 행동이 과거 경험에 의해 좌우되기보다는 미래에 대한 기대에 의해서 더 좌우된다고 생각하였다. 허구적 최종목적론은 미래에 실재하는 것이기보다 주관적으로 또는 정신적으로 현재의 행동에 영향을 주는 이상으로 현재에 존재하는 것이다. 인간의 모든 심리현상이 허구적 최종목적을 이해함으로써 설명될 수 있다고 주장하였다. 인간의 궁극적 목적은 허구로서, 실현이 불가능할지도 모르나 행동의 원인, 충동, 본능, 힘 등을 넘어서 행위의 최종 설명이 될 수 있다.

4. 열등감과 보상

열등감은 자기가 남보다 열등하다는 감정이다. 아들러는 사람은 출생 직후 누구나 무력감을 갖는데 불행한 환경에 놓이거나 부적당한 취급을 받거나 신체장애 때문에 그 무력감이 증가되어 열등감이 생겼다고 주장했다. 인간은 현재보다 나은 상태인 완전성을 실현하기 위해 노력하는 존재이기 때문에 누구나 열등감을 갖고 있다. 또 사회적 존재로서 다른 사람들과 비교하여 자신을 평가하기 때문이다. 더불어 아들러는 우리 각자가 자기완성을 이루기 위해 자신이 느끼는 열등감을 극복해야 한다는 것을 강조하였다. 아들러는 자기완성을 위한 필수요인으로 열등감을 제시함으로써 열등감을 긍정적인 측면에서 보았다.

심리적 건강을 위해 열등감을 지배하는 것이 필요하며 열등감을 개인적 우월성 추구에 집착하면 파괴적 생활양식을 갖게 되어 신경증에 빠지게 된다. 또한 열등감에 사로잡히면 열등감 콤플렉스에 빠질 수도 있다.

아들러는 열등감 콤플렉스를 '주어진 문제를 사회에 유용한 방식으로 해결하기에 충분히 강하지 않는 사람'이 갖는 특성이라고 말했다. 이러한 콤플렉스는 아동기 때 어른들이 그들의 아이들을 다루는 방식에 의해 나타나는 것임을 발견했다. 아들러는 열등감 콤플렉스의 세 가지 원천으로서 기관열등감, 과잉보호, 양육태만을 제시하였다.

가. 기관 열등감(organ inferiority)

이 열등감 원천은 개인의 신체와 관련된 것이다. 신체적으로 불완전하거나 만성적으로 아픈 아이들은 다른 아이들과 성공적으로 경쟁할 수 없다. 그래서 이런 아이는 열등감에 움츠러든다.

나. 과잉보호(spoiling)

이 원천은 부모의 자녀교육과 관련된 것이다. 자녀를 얼마나 독립적으로 키우느냐 의존적으로 키우느냐는 부모의 교육방식에 따라 달라진다. 가족이 핵가족화됨으로써 '내 자식 위주'의 사고를 가진 부모들이 많아졌다. 과잉보호로 자란 아이들은 다른 사람들이 항상 그를 위해 모든 것을 해주기 때문에 자신감이 부족하게 된다. 그 결과로 그들 자신이 인생의 어려운 고비에 부딪쳤을 경우 해결할 능력이 없다고 믿고 깊은 열등감에 빠지게 된다.

다. 양육태만(neglecting)

이 원천은 부모가 자녀에 대한 최소한의 도리를 하지 않는 것과 관련된다. 아이들의 성장에 있어서 부모의 사랑과 관심은 매우 중요한 요소이다. 이 아이들은 근본적으로 자신이 필요하지 않다고 느끼고 있기 때문에 열등감을 극복하기보다는 오히려 문제에 대해 도피한다. 즉 이러한 아이들은 자신의 능력을 인정받고 애정을 얻거나 남으로부터 존경을 받을 수 있다는 자신감을 잃고 세상을 살아간다.

5. 우월성 추구

프로이트의 남성성 추구와 힘의 추구가 우월성의 추구(striving for superiority)로 대치되고 나중에는 우월성의 추구에 자기존중감과 완벽성의 개념이 포함되었다. 우월성의 추구가 취하는 방향은 의도된 목표에 의해 영향을 받는다. 우월성의 추구는 또한 열등감과 밀접하게 관련되어 있다. 그러나 종종 아들러 심리학에서 혼동의 원천이 되는 한 가지 사실을 분명하게 이해해야 한다. 즉 우월성의 추구가 우선이다. 왜냐하면 이것은 타고났기 때문이다. 우월성의 추구는 간접적으로는 열등감으로부터 유래한다. 여기서 우리는 열등감을 극복하려는 추구가 우리를 밀고, 또한 우월성의 추구가 우리를 당기는 상황에 있다. 왜냐하면 모든 사람들이 이 두 가지 측면을 다 가지고 있기에 이들을 분리하는 것은 어렵기 때문이다.

6. 가족 구도 · 출생 순위

가정에서 부모를 중심으로 자녀와의 가족관계가 어떠한 가족구도를 형성하고 있는가는 자녀의 생활양식을 형성하는데 중요하다. 출생순위와 가족 내 위치에 대한 해석은 어른이 되었을 때 세상과 상호작용하는 방식에 큰 영향을 미친다. 개인을 어떤 유목으로 전형화하는 것은 피해야할 일이지만 아동기에 형제간의 경쟁의 결과로 생겨난 성격 경향이 개인의 남은 삶을 통해서 어떻게 재현되는가를 살피는 것도 도움이 될 것이다. 아들러는 가족 구도에서의 연대적 위치, 주요 출생 순위를 첫째 아이, 둘째 아이(중간 아이), 막내, 독자 등 네 가지로 구분하였다.

1) 첫째 아이

첫째 아이는 부모의 모든 사랑과 관심을 받다가 둘째가 태어나면 "폐위된 왕"이 되어 열등감을 심화시킨다. 잃어버린 제국을 다시 찾으려는 투쟁에 따라 공격성, 자만심 등 다양한 방식으로 힘의 추구를 낳을 수 있으며, 신경증, 알코올 중독, 범죄 또는 성적 일탈자의 위험이 있다. 그러나 어린 동생을 이끄는 리더가 되기도 하며 생애 초기의 권력을 되찾기 위한 노력으로 사회적 유용형이 될 수도 있다.

2) 둘째 아이(중간 아이)

경쟁은 둘째의 가장 큰 특성이다. 삶은 끊임없는 경주이며 이들은 달리는 꿈을 꾼다고 하였다. 이길 수 없다면 한 편이 되라는 강한 협력의 태도를 발전시킬 수 있으며 경쟁이 강하면 혁명가가 될 수도 있다.

3) 막내

막내는 과잉보호될 가능성이 가장 크다. 과잉보호로 인해 과하게 의존적이며 문제아가 될 가능성이 높다고 생각하였으나, 긍정적으로는 막내가 영웅이 되는 경우를 들기도 하였다.

4) 독자

가족 내에서 경쟁할 사람이 없으므로 경쟁에 약하며, 부모의 지나친 관심으로 인해 자신의 중요성에 대해 과장된 견해를 가지고 있으나 전형적으로 소심하고 의존적이라고 하였다.

7. 성격평가 기법

성격평가는 개인의 생활양식을 파악하는 것이다. 아들러 학파 학자들은 생활양식에 대한 정보를 수집하고 파악하기 위한 다양한 방법과 질문지를 발달시켰다. 전형적인 생활양식조사에 들어가는 주요한 내용은 다음과 같다.

1) 초기 회상

초기 회상에 대한 정보는 개인의 생활양식을 파악하는데 필수적이며 이는 내담자가 회상하는 실제적인 사건에 대한 기억이다. 정보 수집에 있어 세부적인 것을 많이 얻는 것이 중요하며 이를 위해 몇 가지 질문을 한다. 기억은 우연히 발생하는 것이 아니며 자신의 삶 속에서 내재되어 있는 사건을 기억하는 것이다. 이는 기본적인 인생관들을 강화하거나 반영하는 것이다.

2) 꿈 분석

아들러는 생활양식 평가에 있어 어린 시절의 꿈과 최근에 재현한 꿈에 대한 관심을 가지고 있었다. 치료과정에서 상담자는 내담자에게 꿈에 대해 말하도록 격려한다. 꿈은 삶의 양식을 표현하는 하나의 방법이기 때문에 꿈에서 우리는 어느 개인의 삶의 양식의 원형을 발견할 수 있다. 치료에 있어서 꿈은 고정된 의미를 가지고 있지 않으며 현재의 변화와 발달을 평가하는데 사용될 수 있다.

3) 출생순위 분석

생활양식을 평가하기 위해서 내담자의 가족관계와 친구와 선생님과의 관계를 파악하는 것이 중요하다. 가정은 사회의 축소판이라 볼 수 있으므로 가정에서 사회적 관심이 발달되어지고 좌절되어지거나 방해 받는다. 치료 시 출생순위에 관한 몇 가지 상이한 유형의 질문이 요구된다. 내담자는 형제자매에 대한 기억을 기술하도록 요구받는다. 치료자는 내담자가 가정에서 다른 구성원들을 어떻게 보고 있는지 가정 내에서 내담자의 생활양식이 어떻게 발달되어졌는지 알게 된다.

4) 기본적 오류

개인의 생활양식의 자기 패배적인 측면에 관한 것으로 다른 사람으로부터의 철회나 회피, 이기심 또는 권력에 대한 열망을 반영한다. 이는 아들러가 강조한 사회적 관심의 개념과 대립된다. 기본적 오류는 개인에게 다양하게 나타날지라도 Mosak은 오류에 대한 범주를 과일반화, 안전추구를 위한 그릇되었거나 불가능한 목표, 인생과 인생의 요구들에 대한 잘못된 지각, 개인 가치의 최소화 또는 부인, 그릇된 가치의 다섯 가지로 분류하였다. 개인들은 많은 방어를 가지고 있으므로 정확한 오류는 다소 차이가 있다. 사적 논리란 자신만의 개인적 상식으로써 적응적인 것일 수도 있고, 부적응적인 것일 수도 있다. 상식은 개인이 소속된 지역사회가 공유하는 가치, 지식인데 사적논리와 상식이 항상 일치하는 것은 아니기 때문에 사적 논리와 상식 간의 일치 정도에 의해서 여러 도전거리들에 성공적으로 적응할 가능성이 점쳐지기도 한다. 사적 논리에는 보다 완벽하고 안전한 느낌을 갖기 위해 개인이 지니는 결론적 생각이 포함된다.

5) 자질

가족구도, 초기회상, 꿈, 기본적 오류는 문제를 개인을 발견하도록 이끈다. 개인의 생활양식의 분석은 몇 시간이 걸리며, 환자의 자질에 관해서 토론하면서 낙담과 직면하는 것은 유용한 것이다. 일부 상담사계에서 자질은 명백하게 드러난다. 일부 상담사례에서 자질은 명백하게 드러나며 다른 사례에서 내담자는 자신의 자질을 알지 못한다(자질-정직,

학문적이거나 직업적인 기술, 가족에 대한 배려). 또한 상담사는 내담자의 자질을 찾아가면서 상담이 이루어져야 한다.

8. 성격이론의 적용

아들러의 상담이론을 체계화한 Dreikurs(1967)는 "상담은 생활양식의 변화를 목표로 하는 것이고, 상담의 목표는 현존하는 생활양식 내에서 행동이 변화하는 것"이라고 하였다. 상담 초기와 종결에 있어서 초기 회상에 대한 의미 있는 변화가 일어나면 이는 생활양식의 변화를 반영하는 것이라고 말했다. Dreikurs, Dinkmeyer와 Sperry(2000)가 제안한 상담과정은 네 단계로 설명할 수 있다.

1) 좋은 상담관계 형성은 협동적인 관계의 유지가 필수일 뿐 아니라 상담자의 주의집중이 요구된다.

2) 통찰은 치료적 통찰이라고도 하며, 내담자가 자신의 잘못과 그러한 잘못을 수정하는데 무엇을 해야 할 것인가를 발견할 능력을 의미한다. 생활양식과 관련되고 삶의 방향과 목표에 대한 자각을 일깨우고 사적 논리를 각성시키며 그것이 어떻게 현재 행동에 작용하는지 알게 해준다.

3) 재정향은 내담자가 새로운 방향을 갖도록 조력하는 것으로써, 내담자가 목표를 성취할 신념과 행동에 있어 변화를 만들도록 한다. 초기 회상, 가족역동성, 꿈 등에서 도출된 통찰을 바탕으로 이전에 가졌던 비효율적인 신념과 행동에 대해 대안적인 방향을 찾도록 도와준다.

상담기법에는 마치~처럼 행동하기(삶 속에서 다른 역할을 하는 것), 과제 설정, 이미지 창조(적절하고 긍정적이며 작동할 일을 상상하는 것), 단추 누르기 기법(상황은 마치 개인이 자신의 손안에 단추를 가지고 갈망하는 어떤 정서 창조를 위해 단추를 누르는 것), '아하'경험(문제처리 작업을 하면서 갑작스럽게 해결을 발견하는 것) 등이 있다.

4) 교육의 시사점

여기에서는 아들러 이론을 학교교육 현장에 적용했을 때의 시사점을 살펴보고자 한다. 아들러의 개인심리학 개념 중 특히 열등감과 보상과 관련하여 그 교육적 시사점을 찾고자 한다. 또한 가정과의 연계 교육을 통하여 아동이 올바른 생활양식을 배워야 한다고 강조하고 있다.

(1) 열등감의 교육적 의의

아동은 환경의 영향과 변화에 크게 좌우된다. 아동은 어려움을 가져오는 환경적 원인을 스스로 제거하거나 예방할 만한 힘이 없다. 즉 아동은 부모를 혹은 학교와 또래를 변화시킬 수 없으며 단지 그들의 변화에 수동적으로 반응할 뿐이다. 이처럼 아동은 주변 환경에 의존해 있기 때문에 아동 상담에서는 아동의 환경에 있는 사람들이 상담에 협력하거나 참여하는 것이 중요하다. 그 중에서도 부모의 참여는 필수적이다. 아동의 문제는 많은 경우 부모 환경과 관련된다. 부모들의 무지나 부모 자신의 심리적 문제로 인해 아동의 기본적인 발달 욕구가 충족되지 못해 문제가 야기될 수 있다. 혹은 부모가 아동의 훈육과 교육에 필요한 기본적인 양육 기술을 갖추지 못했거나 부적절한 양육 방식이 아동의 문제로 이어지는 경우를 쉽게 찾아볼 수 있다. 그러므로 아동 상담 과정에서는 부모 자신의 문제를 해결하기 위한 부모 상담이나 아동 발달 단계의 적합한 양육 기술이나 방법을 구체적으로 가르치는 부모 교육을 병행하는 것이 일반적이다.

가정 다음으로 학교는 사회생활 발달에 있어서 가장 중요하다. 아들러는 "학교는 가정의 연장된 팔이다. 우리의 희망은 모든 교사들이 잘 훈련되어 심리학자가 불필요하게 되는 것이다."라고 말했다. 각 가정의 부모가 체계적인 자녀 교육 훈련으로 잘 다듬어져 있다면 학교와 교사의 의미는 한층 덜할 것이나 환경마다 다른 부모의 역할로 인해 우리의 학교 교육은 아동기에 부모 역할 이상의 교육을 요구한다.

아들러의 개인심리학에 따르면 인간의 가장 중요한 동기인 완성을 위한 노력은 곧 우월감을 위한 노력이 될 수 있으며 따라서 열등감을 과도하게 보상하려고 한다는 것이다. 인간의 사회화는 타고난 사회적 본능의 발달을 통해 이루어진다. 개인의 독특한 목표와 이를 추구하는 방법 등을 포함한 개인의 독특한 성격 구조가 생활양식을 구성하는데 이것은 어느 정도 그의 의식 밖에 있다. 스스로 하나의 일관된 단위인 개인은 특정한 충동과 감정을 그의 생활양식에 복종시킨다. 이 생활양식은 아동기 초기에 형성되는데 중요한 요소들은 출생 순서, 육체적인 열등감, 자랄 때 방치되었는지 또는 응석받이로 자랐는지 등이다.

이 관점에서 보면 모든 개인은 독특하며 독특한 목표와 그것을 추구하는 방식을 포함한 개인의 성격 구조는 생활양식으로 표현되며 이는 자기 자신의 창조성의 산물이다. 그러나 전반적인 인간관계, 직업, 사랑 등을 포함하여 모든 중요한 문제들은 사회적이기 때문에 개인을 사회와 분리하여 생각할 수는 없다.

제4절 아들러의 평가

초기 회상, 가족구도, 기본적 오류, 꿈 등을 통해 이루어지며 내담자의 역동성을 탐색하여 신념과 감정, 동기와 목표를 이해한다. 이 이론을 통해 심리학적 정상과 비정상을 설명할 수 있다. 잘 개발된 사회적 관심을 가진 정상인은 생활의 유용한 측면에 노력을 기울여 보상을 하는 반면 신경증이 있는 사람은 열등감 증대, 사회적 관심 저하, 과장되고 비 협동적인 우월감 등을 특징으로 하며 이러한 증상들은 불안과 다소간의 공격성으로 나타난다. 따라서 그런 사람은 문제를 과제 중심적이고 상식적인 방식에 의하지 않고 해결하려 하기 때문에 결국 문제 해결에 실패하게 된다. 모든 형태의 적응 장애는 이런 특징을 가지고 있다.

아들러가 열등감과 보상을 설명함에 있어 인간이 갖고 있는 결함 자체보다는 그 결함에 대한 개인의 태도에 더 관심이 많은 까닭이 여기에 있고 자라나는 아동의 인생 성장에 조력을 담당하는 부모와 학교의 입장으로써 열등감을 보상하는데 온 힘을 기울여야 하는 교육적 의의가 여기에 있다.

제10장 출산

제 1 절 출산의 개념

인간의 생명은 정자와 난자가 만나 결합되는 순간 시작되어 이후 자궁속에서 40주가 지나면서 하나의 생명체로 이 세상에 태어나게 된다. 수정은 성숙한 난자와 성숙한 정자가 결합하여 수정하게 된다. 이때 난자는 2개의 난소와 2개의 나팔관 및 자궁으로 구성, 2개의 난소 중 하나가 파열되고, 한 개의 난자를 배출, 자궁으로 이동하는 중에 정자를 만나 결합되어 수정을 이루어진다. 정자는 하루에 수백만 개의 정자가 만들어지고 하나의 정자만이 난자와 수정된다. 또한 태내기 발달과 태내 환경을 태내기 임신, 태내기 미치는 요인을 세 단계로 나누어 보고자 한다.

1. 태내기

태내기는 여성의 모체에서 난자와 정자가 만나 수정되는 순간부터 출산에 이르기까지 소요되는 약 280일의 임신기간을 의미한다. 태내기를 거치면서 유전정보를 지닌 수정란은 인간으로의 완전한 모습을 갖추기 위해 체계적으로 분화하고 일생에서 가장 빠른 속도로 발달한다. 태내기는 발아기, 착상, 태반과 탯줄, 배아기, 임신 1개월, 임신 2개월 태아기는 임신에서 시작하여 분만하기까지의 기간이다.

1) 발아기(germinal period: 수정~2주)

정자와 난자가 결합한 수정란이 나팔관을 따라 이동하여 자궁벽에 착상하기까지의 2주간을 발아기 또는 배종기, 정착기라고 하며, 이 시기에는 모체가 신체적 변화를 거의 지각하지 못한다.

2) 착상

착상(implantation)이란 수정된 배아가 자궁벽에 붙어 태아가 모체로부터 산소 및 영양분을 받을 수 있는 상태를 말한다. 난자와 정자가 결합된 수정란은 2일 후에는 약 4개, 3일 후에는 32개, 수정 후 일주일이 지나면 약 100~150개로 급격한 세포분열을 한다. 수정란은 자궁관의 섬모운동과 연동운동으로 약 3일에 걸쳐 자궁 쪽으로 이동하며, 이동하는 동안 난할이 이루어져 분할세포가 되고 자궁 안으로 들어갈 때에는 배아 상태가 된다. 세포들 사이에 액체가 고이면서 주머니배(포배)가 된다.

3) 태반과 탯줄

영양포는 2~3주경에 양막으로 둘러싸여 있는 융모막을 형성한다. 융모막에는 가는 융모, 즉 혈관이 나타나며 융모가 자궁벽으로 파고들면서 태반이 생긴다. 자궁 벽의 반 정도를 차지하게 되는 태반은 한쪽으로는 어머니의 자궁과 연결되고 다른 한 쪽은 태아의 탯줄과 연결된다. 탯줄은 영양분을 갖고 있는 혈액을 전달하는 큰 정맥 하나와 노폐물을 배출하는 두 개의 동맥으로 구성되어 태아에게 양분과 산소를 공급하고 노폐물을 배출하도록 해준다. 또한, 어머니와 배아의 혈액이 직접적으로 섞이지는 않게 하고 교환될 수 있도록 막이 형성된다.

4) 배아기(embryo: 2~8주)

배아기는 발아기 이후 약 6주간, 수정란이 착상한 후부터 임신 약 8주까지의 기간을 말한다. 배아기 동안 배부분의 중요 기관과 생리계통이 분화되고 생성되며, 배아기 말에는 인간의 형체를 갖추게 된다. 또한 태내환경으로부터 가장 민감한 영향을 받는 시기로서, 이 시기에 발달을 저해하는 사건이 발생하면 영구적인 손상을 입을 수 있으므로 태내환경에 대해 각별한 주의가 필요하다.

5) 태아기(fetus: 9주~출산)

태아기는 수정 후 9주부터 출생까지의 과정을 말하며 태내기 발달의 마지막 단계로 기간이 가장 길다. 성숙한 배아는 수정 후 8주경에 뼈세포가 처음 나타나면서 태아가 된다. 기본적으로 형성된 여러 신체조직은 급격히 성장하고 기능하기 시작한다. 이 시기에 태아는 자극에 대해 반응을 하며 운동기능은 점차 분화되고 복잡해진다(권민균 외, 2005; 정옥분, 2002).

2. 임신

생명의 시작은 정자와 난자가 결합하여 이루어지며, 이를 임신이라고 한다.

1) 임신 1개월

수정 8일경부터 배아 원형은 세포분열을 통해 바깥쪽의 외배엽과 안쪽의 내배엽으로 구분되며, 16일째가 되면 외배엽과 내배엽 사이에 중배엽이 생긴다. 이렇게 분화한 외배엽(ectoderm), 중배엽(mesoderm), 내배엽(endoderm)의 세포단은 향후 각각의 신체 모든 부분의 근원이 된다. 외배엽은 피부기관, 머리카락, 인체의 털, 손톱, 발톱, 머리카락, 신경계, 감각기관들을 구성하며, 중배엽은 근육, 골격, 순환기, 생식기, 배설기관, 호르몬기관을 만들고, 내배엽은 소화기관, 간, 췌장, 호흡기 등으로 발달한다(Berk, 2005).

2) 임신 2개월

임신 2개월에는 급속한 성장이 이어진다. 초기에는 꼬리와 아가미를 닮은 원시적인 형태의 배아를 관찰할 수 있으나, 배아기가 끝날 무렵인 8주경이 되면 얼굴에서 눈, 귀, 코, 턱, 목이 분화되고, 팔, 다리, 손발 등과 같은 근육이나 연골조직과 함께 형성 되며, 성기가 생기는 등 인간의 기본적인 신체기관이 관찰된다. 내부기관은 더욱 분명히 분화하여 창자가 자라고 심장은 심실이 분리되고 발달되며, 간장, 폐, 신장, 췌장과 같은 내부기관이 뚜렷하게 형성되어 혈액세포의 생성을 이어받으면서 기능이 시작된다. 신체 구성 부분의 변화로 구부러져 있던 배아의 자세가 똑바로 되며, 배아기 초에는 6mm였던 배아의 크기가 배아기 말기가 되면 약 2.5cm에 14g 정도 된다(Berk, 2005).

3) 임신 초기(9~12주)

임신 3개월경이 되면 태아는 약 7.6cm, 몸무게는 28g 정도 크기로 자란다. 근육체계, 장기기관, 신경계가 형태를 갖추고 유기적으로 연결되어 뇌의 신호에 의해 태아는 주먹 쥐기, 발로 차기, 팔 굽히기, 발가락 비틀기, 입 벌리기, 손가락 빨기 등의 행동을 한다. 소화계와 배설체계가 함께 작용하면서 태아는 영양분을 소화하고 배설한다.

4) 임신 중기(13~24주)

임신 4~6개월경 태아는 모체가 태아의 움직임을 느낄 수 있을 만큼 성장한다. 4개월경 태아의 크기는 약 20.3cm~25.4cm, 170g 정도이며 외형적으로 인간의 모습을 갖추게 된다. 청진기를 통해 태아의 심장박동소리를 들을 수 있고 뇌 발달에 따라 외부자극에 대한 좋은 감정과 나쁜 감정을 느끼기 시작한다. 5개월 경의 태아는 30.5cm, 340~453g 정도로 성장하며, 태아의 몸에는 솜털이 나고 눈썹과 속눈썹, 머리카락이 자란다. 피부층은 조금 두꺼워지는데 하얀 점액의 태지가 피부를 덮어 피부가 트는 것을 막아 준다. 임산부의 배에 귀를 대면 태아의 심장박동소리를 들을 수 있고 호흡도 점차 규칙적이다.

5) 임신 말기(13~24주)

임신 말기인 7~9개월이 되면 태아의 모든 신체기관은 급격히 성숙하여 태어날 준비를 하고 임신 말기에 출생한 태아는 조기출산이라도 생존이 가능하다. 7개월 된 태아는 약 40.6cm, 1.4~2.3kg 정도로 성장하며, 밤과 낮을 구분하고 반사행동을 완전히 발달시킨다. 8개월경 태아는 약 45.7~50.8cm, 2.3~3.2kg으로 자궁이 꽉 찰 만큼 성장한다. 태아는 일반적으로 머리를 아래로 하고 엉덩이와 발을 위로 하는 자세를 취한다.

3. 태내 발달에 영향을 미치는 요인

수정된 순간부터 출생에 이르기까지 태아는 유전인자와 환경의 영향을 받으며 발달한다. 태내 발달에 영향을 미치는 유전인자는 염색체에 포함되어 있는 선천적 유정정보를 말한다. 환경에는 모체의 연령, 영양, 질병, 음주, 흡연, 환경오염, 약물, 정서 등 다양한 요인들이 포함되며, 태내환경에 문제가 있을 경우 손상 시기와 강도에 따라 태아에게 각기 다른 영향을 준다. 태내 발달에 영향을 미치는 요인은 약물, 태내기 진단 태아발달의 3단계이다.

1) 약물

탈리도 마이드는 입덧완화제, 임신초에 복용 후 사지 발달이 안 된 기형아 낳을 확률이 높다. 아스피린은 지능, 주의력, 운동 능력손상이 높다. 피임약은 유산이나 심장혈관 결함 생긴다. 유산방지제 DES는 유산이나, 미숙아, 여아는 자궁암에 걸릴 확률이 높고, 불임 가능성이 높다.

코카인은 호흡 장애를 입을 수 있다. 알코올, 흡연은 음주는 지능이 낮고 공간·추리능력의 정확도가 떨어짐, 태아알코올 중독 증후군, 심장 손상 입게 되며, 흡연은 산소 공급 저해, 유산 가능성과 유아기 사망률이 높으며, 성장 지체, 인지적 손상을 입게 된다.

질병은 홍역은 시각장애, 청각장애, 심장결함, 성기 기형, 정신지체아 출산이 가능하며, AIDS는 태아가 감염, 두뇌 기형, 영유아 사망하게 되며, 임질이나 매독은 실명, 선천적 기형아를 낳게 된다.

환경오염은 상수도 오염, 수은, 납이 있고, 독성물질은 미숙아, 저체중아, 두뇌 손상, 신체적 기형아를 출산하게 된다. 임신부의 영양 상태는 좋은 영양 상태는 건강한 성공적인 임신과 출산되어야 하겠으며, 영양부족은 사산, 저체중아, 뇌성마비, 발작 등 질병 높으며, 태내 영양실조는 영아의 사회적, 정서적 발달장애 입는다. 임신부의 정서 상태는 스트레스는 조산, 저체중 및 태아의 호흡기 장애, 혈액이 모체에 집중, 태아로 오는 혈류 감소로 산소나 영양 공급 부족하다. 임신부의 연령은 10대는 저체중아, 조산아 출산하고, 20-35세는 정상적인 아기를 낳을 확률 높으며, 고 연령은 염색체 이상을 가진 아이를 출산할 확률이 높으며, 태반 기능이 약해져 임신 합병증, 유산, 조산, 난산위험 증가한다. 아버지와 관련된 요인은 알코올 중독, 흡연 영향, 다운증후군은 아버지의 고 연령과 관련이 있다.

2) 태내기 진단

임신 전 유전검사는 가계에 어떤 유전적인 결함이 있는 경우, 열성유전인자의 보유를 알게 해주는 중요한 검사이며, 태내 진단 검사는 AFT검사는 임신 16-18주에 검사, 두뇌나 척추검사하고, 초음파는 태아의 신체적 이상이나 신경계 결함 밝혀내며, 양수검사와 융모막 체취법은 염색체 이상, 유전적 질환탐지검사이다.

3) 태아발달의 3단계

(1) 발아기(1-2주) 수정된 난자가 세포분열을 통해서 자궁벽에 착상하기까지 시간이며, 배낭형성, 배아판 및 영양세포층이 형성한다.
(2) 배아기(2-4주) 원시적 중추신경 발달, 심장, 근육, 등뼈, 소화기관 형성 시작하고 (5-8주) 얼굴 부위 발달, 촉각발달, 작은 인형 모습이다.
(3) 태아기는(9-12주) 팔다리 형성, 신체 기관조직화 되며, 초보적 기능 가능(13-24주) 태동이 느껴진다. 소리에 반응하며, 7개월은 태아가 생존능력을 갖는 시기이며, 8개월은 체온유지를 위해 피부에 지방이 발달하며, 9개월은 지방이 저장, 신체 내 기관이 활성화 된다.

제2절 출산

출산은 어머니와 아기 모두에게 놀랍고 획기적인 경험이기도 하나, 모두에게 생명의 위협을 주는 충격적인 경험이다. 지금까지 출산과정에서의 산모의 고통이 주된 관심사였으나, 태아 역시 출산과정에서 스트레스를 많이 받는 사건으로 알려지고 있다.

1. 출산 및 신생아기 발달

모체의 자궁 안에서 보호받고 탯줄을 통해 영양분을 공급받으며 의존하여 살아오던 태아는 출산을 통해 독립된 인간으로서의 삶을 시작한다. 출산 시 태아는 뇌출혈, 산소결핍, 감염 등 다양한 위험 상황에 놓일 수 있으며 산모는 고통과 공포를 경험하게 되므로 분만과정은 편안하고 안전해야 한다. 이와 관련하여 본 장에서는 분만단계와 분만방법, 조산아와 저체중아에 대해 살펴보고자 한다.

출산 예정일은 임신 후 280일경이며, 일반적으로는 예정일을 기준으로 하여 약 2주 전후로 출산한다. 출산의 진행과정은 태아가 나올 수 있도록 자궁이 벌어지는 개구기를 시작으로 태아가 나오는 만출기, 태반과 탯줄이 나오고 산모의 몸이 회복되는 산후기의 3단계로 구분된다.

〈표 10-1〉 개구기의 3단계 특징

	개구기의 3단계 특징
단 계	특 징
잠재기	· 진통이 5분 간격으로 느껴지며 1회당 약 20～30초 정도 진행됨 · 자궁경부가 점차 얇아지고 서서히 열리기 시작하여 자궁문이 3cm 열릴 때까지의 준비시기
활동기	· 진통이 3～4분 간격으로 진행되며 1회당 약 30～40초 정도로 지속됨 · 자궁경부가 3～8cm까지 열리며 이슬이 점차 진하게 나오고 진통의 강도가 강해지는 시기
이행기	· 진통이 1～2분 간격으로 약 50～70초 정도로 나타남 · 자궁경부는 9～10cm까지 정도로 거의 다 열린 상태로 자연스럽게 배변감이 느껴지며 힘이 주어져서 태아의 하강을 촉진함

1) 1단계: 개구기

출생 단계 중 가장 오랜 시간이 걸리는 개구기는 산모의 상태에 따라 조금씩 차이는 있지만 초산부의 경우 평균 12～14시간, 분만을 경험한 경산부의 경우에는 평균 4～6시간 동안 진통이 진행된다. 진통이 진행되는 동안 태아의 머리가 나올 수 있을 만큼의 크기(10～12cm)로 자궁경부의 팽창과 확대가 지속된다. 이에 따라 자궁은 수축되고 자궁경부는 지속적으로 열려서 태아를 자궁에서 질로 유도하여 분만될 수 있는 산도가 만들어진다. 초기에는 진통이 불규칙적으로 진행되다가 15～20분 간격으로 규칙적으로 진행되며, 점차 15～20초 간격으로 진통시간이 짧아진다. 그 후 진통의 간격은 점차 좁아져 2～3초 간격의 전이(transition)라고 불리는 최고조의 진통이 진행되면서 태아가 안전하게 나올 수 있도록 자궁경부가 완전히 열린다.

2) 2단계: 만출기

만출기는 자궁문이 약 10cm 정도로 완전히 열린 상태에서 태아가 산도를 통해 자궁 밖으로 나올 때까지의 분만단계이다. 초산부의 경우는 50～60분 정도, 경산부의 경우는 15～30분 정도의 시간이 소요된다. 태아가 출산하는 과정에서 산도에 오래 머무르게 되면 산소 결핍으로 인하여 뇌손상을 입게 되고, 심한 경우에는 질식사에 이를 수 있으므로 주의를 기울여 출산을 진행해야 한다. 간혹 3～4% 정도는 다리나 엉덩이 즉, 하반신이 먼저 나오는 경우가 있는데 이때는 제왕절개 등의 방법으로 출산을 진행해야 한다. 태아가 몸 밖으로 나오면 신생아의 입 안에 있는 이물질을 제거하고, 신생아의 울음을 확인하는데, 울음은 폐에 공기가 잘 들어가서 호흡하는가를 알아보는 기준이 된다.

3) 3단계: 산후기

초산부와 경산부 모두 약 15~20분 정도의 시간이 소요되며 20분 이상 경과해도 잔여물이 배출되지 않으면 자궁의 유착 가능성이 있으므로 빠른 조치가 필요하다. 태반과 탯줄이 만출된 후 1~2시간의 회복기를 말한다. 분만 이후 산모의 자궁이 원래 크기로 수축되기 위해서는 평균적으로 6주간의 시간이 소요되며 이때 약한 진통이 지속된다.

제3절 분만방법

분만방법은 자궁이 열리고 아기가 나올 때까지를 말한다. 일반적으로 초반부는 1~3시간, 경산부는 초산부의 절반 정도인 30분~1시간 30분 정도 소유된다. 산모는 자궁이 수축될 때마다 복부에 힘을 주어 아기가 스스로 몸 밖으로 나올 수 있도록 도와주어야 한다. 분만의 여러 가지를 살펴보고자 한다.

1. 분만의 종류

자연분만, 라마즈 분만, 르봐이예 분만, 분소프롤로지 분만, 수중 분만, 그네분만, 무통분만, 제왕절개 분만, 조산아와 저체중아분만이 있다.

1) 자연분만

자연분만(normal delivery)은 산모의 몸에 특별한 이상이 없고 태아도 건강할 때 모체의 질을 통해 아이를 낳는 일반적인 분만방법이다. 출산 체위와 장소에 따라서 여러 가지 방법이 있으며 대부분 많은 사람들은 침대 위에서 누운 자세로 낳는 체위를 자연스럽게 여긴다. 산모가 겪는 고통과 공포는 다른 분만법에 비해 크지만 산모는 의식이 있어서 분만에 능동적으로 참여하여 탄생의 기쁨을 경험할 수 있고 약물을 사용하지 않기 때문에 태아가 약물로부터 안전하게 나올 수 있는 장점이 있다.

2) 라마즈 분만

임신 7개월부터 분만교실에 참여하여 진통과 출산과정에 대한 이해와 자궁 수축 시 진통에 대처하는 이완법, 연상법, 호흡법, 산모를 지지하고 돕는 법 등을 교육을 받는다. 그 후 남편도 분만과정에 참여하여 산모를 정서적으로 지원하고 호흡을 도와 피드백을 해주는 역할을 한다.

3) 르봐이예 분만

분만환경은 태아의 시력을 보호하고 안정감을 주기 위하여 분만실의 조명을 어둡게 하고(태아의 시각에 대한 배려) 공기를 따뜻하게 하여 조용하게(태아의 청각에 대한 배려) 유지한다. 태아가 나오면 바로 탯줄을 자르지 않고(태아의 촉각에 대한 배려) 안정과 모자 간 유대를 형성하기 위해 엄마의 가슴 위에 올려 두었다가(태아의 감정에 대한 배려) 탯줄호흡에서 폐호흡으로 원활하게 전환되도록 분만 5분 후에 탯줄의 박동이 그친 후 탯줄을 자른다.

4) 소프롤로지 분만

소프롤로지 분만(Sophrology birth)은 1960년대부터 유럽에서 시작되어 서양의 근육이완과 동양의 요가, 불교적 요소를 혼합한 무통분만법의 한 가지이다. 임신기간 중 출산은 곧 기쁨이라는 자기최면의 정신훈련을 통해 통증을 감소시키는 분만법으로 영상훈련, 호흡법, 소프롤로지 훈련의 훈련을 통해 이루어진다. 영상훈련은 임신 14주경부터 시작하여 28~32주경이 되면 호흡법과 근육이완훈련을 연계하여 진행한다.

5) 수중 분만

수중 분만법(water birth)은 프랑스와 영국에서 활발하게 진행되는 분만법으로 양수에서 약 10개월 동안 자란 태아가 자궁 내 환경과 유사한 환경에서 태어날 수 있도록 산모가 따뜻한 물이 담긴 욕조에 앉아 출산하는 방법이다. 따뜻한 물로 산모의 몸이 이완되어 평소보다 진통에 대한 감각이 감소되어 신체적·정신적 긴장감이 줄어 안정을 가져오며, 진통과 분만시간이 감소된다는 장점이 있다. 그러나 수중분만 시 사용되는 물의 상태가 청결하지 못하거나 출산과정에서 모체에서 배출되는 각종 분비물로 인해 태아와 산모가 병균에 감염될 위험이 있다.

6) 그네분만

그네분만(wheel birth)은 산모가 특수하게 고안된 둥근 고리 모양의 철봉에 달려 있는 그네에 앉아 출산하는 분만법으로 산모가 원하는 다양한 자세를 취할 수 있다. 머리가 나오기가 쉬워 분만시간을 단축시킬 수 있다. 또한 자궁과 태반에 혈액 공급이 원활해지며 골반근육의 이완에도 도움이 된다. 산모가 진통이 올 때는 몸을 자유롭게 움직이거나 그네를 흔들어 분만에 능동적으로 참여함으로써 진통시간과 산모의 통증을 줄이고 심리학적으로 편안함을 느끼도록 할 수 있다(네이버백과사전, 2011).

7) 무통 분만

무통 분만(anodinia)은 분만 시 산모가 겪는 진통을 경감시키기 위해 척추를 감싸고 있는 경막외강에 국소마취제를 투여하여 감각신경을 마취시켜 분만을 유도하는 방법이다. 의사는 산모의 하반신 감각신경만을 마취시킴으로써 산모는 의식이 있는 상태로 분만을 하게 되며, 소량의 약이 사용되기 때문에 태아에게 미치는 영향이 거의 없다. 또한 분만 시 산모의 근육이완이 잘 이루어지고 출혈이 적어 혈액 손실이 적다. 이 분만법은 산모가 심장이 약하거나 폐에 이상이 있을 때, 당뇨병, 임신중독증, 임신성 고혈압, 갑상선 등의 질병을 앓고 있을 때 주로 권장되어 사용된다.

8) 제왕절개 분만

제왕절개 분만(cesarean delivery)은 산모의 복부를 절개한 후 자궁을 절개하고 태아를 분만하는 수술법이다. 산모의 골반에 이상이 있거나 경관이 넓어지기 힘든 경우, 태아의 탯줄이 압박되기 쉬운 골반위로서 어떤 합병증이 있는 경우, 태아의 자궁 내 위치 이상, 태아 곤란증, 난산, 산모의 노산, 선천적 헤르페스(포진)와 같은 모체감염, 선천적 질병, 이전 임신에서 제왕절개 분만을 한 경우 등 자연분만으로 출산하면 난산이 될 가능성이 큰 경우 제왕절개를 시행한다. 수술 시의 마취제가 산모와 태아의 호흡곤란을 야기할 수 있고, 수술 후 수술 부위의 감염이나 후유증이 있으며, 자연분만에 비해 비용이 많이 들며 출산 후 회복기가 길다.

제 4 절 조산아와 저체중아

임신 28~37주 사이에 태어나는 아기를 조산아라고 하는데 임신 28주는 생존 가능성을 가름하는 결정적 시기이다. 조산아는 대부분 2.5kg 미만의 미숙아로 태어나는데 1.5kg 미만의 경우 생존 가능성이 낮으며, 임신 정상 범주 내에 출생을 한 아기도 2.5kg 미만으로 태아나면 미숙아에 포함된다. 조산의 원인은 다양하나 주요 원인은 산모의 영양부족이 많으며, 또 다른 원인으로는 산모의 흡연, 음주, 약물복용 및 십대 임신에서 발견되는 생식기관의 미숙, 쌍생아 임신, 전치태반, 자궁경관의 근육이 느슨해져 태아의 무게를 지탱하지 못해 양수가 터지면서 조산하는 자궁경관 무력증이 있다. 조산의 증상은 조기파수, 아랫배 당김, 혈액성 점액의 출혈이 있다. 조산아에게서 나타나는 후유증에는 호흡장애 증후군과 뇌출혈이 대표적이다.

1) 저체중아

출생 시 몸무게가 2.5kg 이하인 경우를 저체중아라고 하며 출산예정일에 비해 3주 이상 조기 출생된 조산아와 임신 정상범주 내에 출생되었지만 태아의 성장이 지연되어 체중이 미달된 미숙아로 나눌 수 있다. 성장과정에서 조산아에 비해 발달장애, 학습장애, 행동장애를 보일 가능성이 높다. 저체중아가 출생하는 원인으로는 일반적으로 산모의 음주, 흡연, 약물오남용의 영향이 대부분이다. 또한 산모의 영양결핍도 영향을 미치며, 산전관리의 소홀과 지나친 스트레스 노출도 영향을 받는다.

2) 분만증후

진통 시작은 불규칙적이고 점차 간격이 짧아지고 강도가 강해지며, 이슬은 자궁경부의 확장으로 양막의 일부가 자궁벽에서 떨어져 피가 섞인 점액질은 파수의 양수막이 파열되어 양수가 나오며, 분만의 시작한다.

3) 분만 단계

1단계는 개구기는 규칙적인 자궁 수축으로 시작하여 자궁경부가 완전히 넓어질 때까지이며, 가장 긴 시간 요구는 초산 6~14시간, 길게는 24시간이다. 전반부는 자궁 수축이

10-20분 간격으로 15~20초 동안 일어남, 별 고통 못 느낌, 5-8시간 지속하고, 중반부는 2~3분 간격으로 자궁이 수축, 45초~1분 정도 지속, 산모의 고통 심해짐, 자궁이 3cm~8cm까지 열리며, 후반부는 자궁경부가 10cm까지 열림, 수축이 자주 강하게 일어남, 견디기 힘들 정도의 고통이 오며, 지속시간은 30~60분 정도로 짧음, 이 시기에 태아의 머리가 아래쪽으로 밀리고 자궁경부는 완전히 열린다.

4) 조산아와 저체중아

조산아는 36주 미만에 태어난 아기들이며, 임신 기간을 다 채운 아기들에 비해 처음에는 발달영역이 뒤지나 2, 3세가 되면 정상적으로 발달하며, 모체 내에서 받지 못한 다양한 자극을 주는 것이 바람직하다.

저체중아는 임신 기간에 비해 훨씬 작은 경우이며, 조산아는 정상적으로 자라는 것에 비해 저체중 아이는 그렇지 않다. 원인은 임신 중 잦은 흡연이나 알코올 섭취한 경우, 충분한 영양섭취는 못한 경우, 40세 이상의 고령인 경우, 스트레스를 많이 받는 경우이며, 보호는 의료적인 지원, 환경적인 자극, 부모의 역할이다.

제5절 신생아의 특징

출생부터 2주간의 아기는 자궁 속에서 의존적으로 보호받던 생활에서 독립적으로 적응하는 시기에 신생아가 변화되는 환경에 적응하도록 특별한 관리가 필요한 시기에 출산 평균 신장 50cm, 평균 체중 3.4kg, 머리 둘레가 가슴둘레보다 크며, 연골이 많고 백혈구가 많아 병에 대한 저항력이 강하다.

1. 신생아의 생리적인 적응

체온 조절은 피하 지방이 적어 체온 조절미숙, 성인의 4배 정도 열손실이고, 적절한 체온유지환경이 필요하다. 순환기계는 모체로부터 완전 독립하여 자신의 순환기계로 신체의 각 부분에 혈액순환하고, 심장박동이 빠르고 불규칙하며, 혈압은 생후 10일 후 안정이 필요하다.

호흡: 성인 호흡횟수의 2배, 불규칙적이다.

소화: 출생 직후 소화기능 충분히 발달되지 않아 첫 2주는 체중 감소하며, 초유는 신생아에게 필요한 영양분 갖춰져 있으며, 배변은 처음에 불규칙하다가 차츰 하루에 1~2번 정도로 감소하고, 간의 기능이 불완전하여 생리적 황달 현상보일 수 있다.

신생아의 일상생활: 수면은 대부분의 시간을 잠, 15~20시간, 수면중 절반을 불규칙적인 수면(빠른 안구 운동 수면(REM-rapideyemovemenleep)) 울기는 배고픔, 불편함, 분노 등 양육자에게 어떤 신호를 보내기 위한 방법, 울음을 구별하여 반응하는 부모의 민감한 양육 행동이 필요하며, 수유는 하루에 10번 정도, 횟수나 시간을 제한하지 말 것, 모유는 영양, 건강, 두뇌 발달, 정서적 측면에서 우수하다.

2. 영아기의 반사

1) 적응적 반사: 인간의 생존과 보호와 관련된 반사

- 먹이 찾기 반사: 손가락, 고무꼭지로 뺨을 자극하면 머리를 돌려 입을 벌려 빨기 시작
- 빨기 반사: 물체를 입에 대면 자동적으로 빨기 시작하는 반응
- 파악반사: 손바닥 자극하면 세게 움켜쥐려는 현상
- 그 외: 동공반사, 위축반사, 눈 깜박이는 반응, 재채기, 기침

2) 원시적 반사: 신생아의 신경 발달 상태를 반영

- 모로 반사: 큰소리나 갑작스런 충격에 깜짝 놀람, 머리를 뒤로 젖힘, 두 팔을 폈다가 활처럼 오므리는 반응
- 바빈스키 반사: 발바닥 자극시 발을 폈다가 오므리는 현상

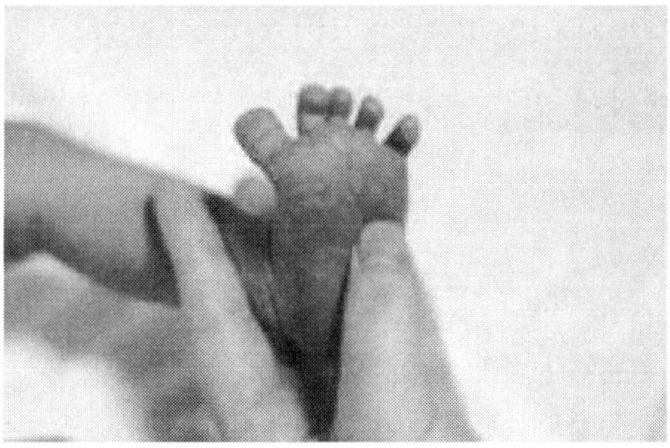

• 걸음마 반사는 바닥에 발이 닿게 하면 걷는 것처럼 다리를 움직이는 반응이다.
• 목 강직 반사는 등을 대고 눕히면 양손을 움켜잡고 머리를 대개 오른쪽으로 돌리는 현상이다.

〈표 10-2〉 신생아기의 주요 반사 운동

근원반사 (rooting reflex)	입 주위에 자극을 주면 자극이 있는 쪽으로 고개를 돌려 빨려고 함.
빨기반사 (sucking reflex)	입에 닿는 것은 무엇이든지 빨려 함.
파악반사 (grasping reflex)	손에 잡히는 것은 꽉 쥐고 놓지 않으려고 한다. 생후 8주까지 지속되다가 눈과 손의 움직임이 조화가 이루어짐에 따라 능동적인 잡기 동작으로 발달.
모로반사 (moro reflex)	갑자기 큰 소리를 내거나 신생아를 안고 있다가 갑자기 2~3인치 아래로 내려놓으면 팔을 활모양으로 휜다. 껴안는 반사운동을 함.
바빈스키반사 (babinski reflex)	발가락을 펴고 오므리는 반사운동으로 생후 1년경에 사라짐.

3. 신생아의 감각 기능

• 촉각 및 움직임에 대한 감각이며, 가장 잘 발달된 감각하고 배고픈 아기의 입 주변을 자극하면 아기는 젖꼭지는 찾는 반사한다.
• 미각과 후각은 잘 발달되어 있으며, 단맛, 신맛, 쓴맛에 대해 어른들과 비슷한 표정으로 반응하고, 신선한 과일냄새에 행복한 표정을 한다.
• 청각은 출생 이전부터 들음, 출생 후 2일 동안 귀속에 점액이 차 있어 듣지 못한다.
• 시각은 36시간 후 동공이 반응, 출생 시 가장 덜 발달된 감각, 초점을 맞추기 힘들고 시력의 정확성이 떨어진다. 15일 경부터 명암과 색깔을 구별한다.
• 온도 감각은 온도 변화에 민감하며, 호흡이 불규칙해지거나 울음으로 표현한다.

1) 신생아 검진

(1) 아프가 척도(Apgar scale) 분만 후 1분, 5분 후에 아프가 척도 이용하여 2회 검사하고 피부색, 맥박, 자극에 대한 반응, 근육상태, 호흡을 측정하며, 각 측정에서 최고 10점, 대부분은 7점 이상, 4점 이하인 경우에는 의학적인 조치 필요하다.
(2) Brezelton 신생아 행동 평가척도는 출생 후 수일 내에 실시하며 신생아의 상태

조절능력, 반응능력, 운동 능력 및 사람과의 상호작용능력 평가를 통해 주위 환경에 대한 신생아의 반응을 측정하는 신경 및 행동검사 한다.

2) 유전요인

인간의 염색체는 선천적인 유전정보를 지니고 있으며, 염색체의 특정 부위에 서로 다른 표현인자가 위치하면서 태아 발달에 영향을 미치게 된다. 태내발달에 영향을 미치는 유전요인에는 유전인자 이상과 염색체 이상이 있다.

(1) 유전인자 이상

열성인자에 의한 결함은 양쪽 부모로부터 같은 열성인자를 물려받아서 발생한다. 열성인자에 의한 유전병 중 대표적인 것으로는 페닐케톤뇨증, 적혈구성 빈혈, 테이삭스병, 낭포성섬유종, 혈우병 등이 있다(Berk, 2005).

〈표 10-3〉 열성인자로 인한 대표적인 결함

	열성인자로 인한 대표적인 결함
증 상	특 징
페닐케톤뇨증	아미노산 대사 장애로 인해 지능장애와 신경계의 손상됨. 생후 1개월 이내에 선별검사를 통해 진단이 이루어져 낮은 알리닌식(食)을 투여함으로써 정신지체 예방에 효과를 나타냄
적혈구성 빈혈	적혈구 수나 혈색소 양의 부족으로 폐렴이나 호흡기 질환, 심장병, 신장병이 발생할 수 있음
테이삭스	뇌세포의 지방을 분해하는 효소 결핍에 따른 중추신경계 질환으로 뇌세포가 급속히 파괴되고, 경련성 발작이나 시각·청각장애가 발생함. 생후 6개월경부터 발달지체 현상이 나타나며, 대부분 초등학교 입학 이전에 사망함
낭포성 섬유종	너무 많은 점액, 침, 땀이 생산되어 폐, 간, 췌장 등의 소화기관에 쌓여 호흡기 질환이나 탈수 현상이 발생함
혈우병	혈액응고인자의 결핍으로 의한 질병으로 경미한 외상에 의해서도 쉽게 출혈되며, 지혈이 잘 되지 않음. 거의 남아에게서 출생 직후부터 발생하고, 보행을 시작할 무렵에 타박상 등 외상이 실마리가 되어 발견되는 경우도 많으며, 관절의 기형이나 기능장애를 남김

(2) 염색체 이상

염색체 이상은 대표적으로 성염색체 이상과 상염색체의 이상으로 구분할 수 있다. 성염색체 이상은 태아의 성을 결정하는데 주요한 역할을 하는 성염색체의 수와 형태, 조합에 의한 문제로 선천적 이상 질환이 나타나게 된다.

〈표 10-4〉 성염색체에 의한 대표적인 결함

	성염색체에 의한 대표적인 결함	
증상	대표성	특징
클라인 펠터 증후군	남성	남성이 X염색체를 하나 더 갖게 되는 질환으로 성적 발달에 지장을 초래함. 성염색체 이상의 가장 흔한 유형으로 정상적인 남성의 성염색체는 XY인데 비해, 클라인펠터 증후군 남성은 XXY 배열을 갖고 있음. 고환이 미성숙하고 무정자증으로 인해 생식능력이 결여됨. X염색체가 두 개이므로 남성적 특징이 약하고 여성과 같이 유방과 엉덩이가 발달하여 유방암에 걸릴 확률이 높음
초웅성 증후군	남성	정자의 형성과정에서 Y염색체가 하나의 세포를 형성하고 난자와 만나 형성되는 것으로, XYY, XYYYY, XYYYYY 등으로 표현됨. 정상 남성보다 키와 치아가 크고, 사춘기에 여드름이 심하게 남. 적은 수의 정자를 생산하지만 생식능력은 있음
터너 증후군	여성	세포분열 시 X염색체의 분리가 안 일어나서 발생함. 여성 호르몬이 부족하고, 사춘기가 되어도 2차 성징인 월경이 없으며, 가슴·난소·난관·자궁이 작고 미성숙하여 생식능력이 없음. 적의 체모의 숱, 당뇨병, 연소자형 관절염, 작은 키가 대표적 증상임
초자성 증후군	여성	X염색체를 추가로 갖게 되어 XXX, XXXX 등으로 표현되며 외형적으로는 일반적인 여성의 외모를 갖추고 있음. 지능, 특히 언어적 추론능력이 낮으며, 2세경에 증상이 발견됨
프래자일 엑스 증후군	남성, 여성	정상으로 태어났으나 성장하면서 언어와 보행이 더디어지는 증세가 나타나며, 학습부진과 저지능을 동반함. 외관상의 대표적인 증세는 큰 귀, 길고 뾰족한 얼굴, 사춘기 이후의 거대고환임. 정신지체, 언어장애, 자폐증 등의 장애가 발생하며 여성보다는 남성에게서 더 많이 발병함

성염색체는 인간의 23쌍 염색체 중에서 1쌍의 성염색체 이외에 22쌍 염색체의 총칭이다. 성염색체의 결함에 따른 가장 흔한 염색체 질환은 21번째 염색체가 한 쌍, 즉 2개가 아니라 3개가 되는 다운증후군(Down syndrome)이다. 다운 증후군은 정신지체, 신체 기형, 전신 기능 이상, 성장 장애 등을 일으키는 유전 질환으로 신체 전반에 걸쳐 이상이 나타나며 특징적인 얼굴 모습을 관찰할 수 있고, 지능이 낮다. 출생 전에 기형이 발생하고, 출생 후에도 여러 장기의 기능 이상이 나타나는 질환으로서 일반인에 비교하여 수명이 짧다.

4. 환경

모체의 연령, 영양 상태, 질병 유무와 약물복용, 음주 및 흡연, 환경호르몬, 전자파, 전염병 등 같은 요인들이 있으며 근래에는 아버지 관련 요인들도 강조되고 있다.

1) 출산 연령

여성이 출산할 수 있는 기간은 개인차가 있으나 평균적으로 13세경에 월경을 시작한 후부터 50세 전후의 폐경기까지이다. 임신과 출산의 최적 연령은 25~29세 사이이며, 임신부의 연령이 35세를 넘을 경우 고위험 산모에 속한다.

2) 영양 상태

임신부의 영양 상태는 건강한 임신과 순산, 태아 발달에 결정적인 영향을 준다. 임신 전과 임신 중 영양 상태가 지속적으로 좋지 않은 임신부는 임신과 출산 과정에서 복합적인 문제로 고생할 가능성이 많다. 태내에서 충분한 영양을 공급받지 못한 태아는 사산 및 유산의 가능성이 높고 미숙아나 조산아로 태어날 가능성이 증가한다. 또한, 출생 후에도 태아는 감기, 기관지염, 폐렴 등의 호흡기 질환에 감염될 확률이 높고(Berk, 2005), 태아의 중추신경계 결함을 초래하여 지적 결함, 뇌성마비 등 지적 발달에 영향을 준다(강문희 외, 2004). 임신기간 중 임산부의 하루 음식 섭취량은 임신 전에 비해 약 15~30% 정도 증가시키는 것이 바람직하며, 특히 단백질 30%, 엽산 100%, 칼슘·인·철분은 50% 정도가 평소보다 권장량이 증가한다.

3) 질병

임산부의 약 5% 정도는 임신 중 바이러스에 감염된다. 모체의 질병은 태내 발달을 저해하는 중요한 원인으로 작용한다. 특히 임신 초기에 임신부가 질병에 감염되면 태아는 선천성 심장질환, 백내장, 난청 등의 선천적 이상을 가지고 태아날 수 있다. 또한 임신 초기 풍진은 태아에게 시각장애, 청각장애, 정신지체 등의 심각한 결함을 발생시킨다. 임질이나 매독 등의 성병에 감염된 임산부의 태아 중 약 30%는 출산 이전에 사망하거나 태어나도 기형아가 될 확률이 높다.

4) 약물복용

임신부가 복용한 모든 약물이 태내 발달에 악영향을 주는 것만은 아니다. 그러나 임신부에게는 안전한 약물이라 할지라도 태반을 통해 태아에게 전달되는 경우에는 위험할 수 있다.

5) 음주

임신부가 음주를 하면 알코올이 태반을 통해 태아에게 장시간 영향을 준다. 태아는 알코올 분해능력이 매우 낮고 알코올을 대사하기 위해 뇌와 신체기관의 세포 성장에 필요한 산소를 태아에게서 빼앗기 때문에 소량의 알코올이라 할지라도 태아를 비정상적인 발달로 이끌 수 있다. 임신 중에 산모가 캔맥주 세 개를 매일 마시면 태아 알코올 증후군(Fetal Alcohol Syndrome: FAS)을 초래할 가능성이 있다.

6) 흡연

임신부의 흡연은 태아의 건강한 성장과 발육을 위협한다. 임신기간 동안 지속적으로 흡연을 한 임신부는 흡연을 하지 않은 임신부에 비해 자연유산할 가능성이 20~80% 정도 높으며 조산, 사산, 영아돌연사증후군, 아동암을 야기하기도 한다.

7) 유해물질(환경호르몬, 방사능)

환경호르몬이란 사람의 몸속에 들어가서 호르몬의 작용을 방해하거나 혼란시키는 등 내분비계를 교란시키는 물질이다. 산업활동을 통해 생산된 화학물질이 인체 안에 들어가 진짜 호르몬인 것처럼 역할을 한다고 하여 환경호르몬이라 불린다.

임산부가 방사능에 노출될 경우 유산, 뇌 발육 부전, 신체적 기형, 느린 신체 발육, 소아기 암, 비정상적 EEG 뇌파 활동, 언어장애, 감정적 불균형 비율, 낮은 지능이 나타날 확률이 높다(Berk, 2005). 방사선에 노출되었다고 모두 문제를 가지고 출산하는 것은 아니다. 방사선의 종류, 조사량, 방사선 촬영의 횟수에 따라 피해가 다를 수 있다.

8) 정서상태

우리나라에서 예로부터 태교의 중요성을 강조하고 임신부가 몸과 마음가짐을 바르게 하여 건강한 아기를 출산하고자 하였다. 태아는 태내에서도 모체의 감정 상태를 감지하고 그것에 반응한다. 어머니가 느끼는 분노, 공포, 불안과 같은 정서적 스트레스는 자율신경계를 자극하여 아드레날린 분비를 촉진시키게 되고 이는 태반을 통해 태아에게 영향을 준다. 임신기간 동안 어머니의 정서가 지속적으로 불안정한 경우 태아의 움직임이 임신기간 내내 높게 나타났으며, 출생 후에도 잘 놀라고 잘 울었다. 또한 지나치게 활동적인 경향을 보이거나 잠을 잘 자지 않고 젖을 잘 먹지 않는 등의 다양한 부적응 문제가 나타나기도 한다(강문희 · 정정희 · 김승겸, 2006).

9) 아버지 관련 요인

아버지의 약물과 환경인자의 노출은 태아에게 나쁜 영향을 준다. 아버지와 관련된 요인으로 흡연, 음주, 유해물질에의 노출이 대표적이다. 흡연을 하는 아버지의 자녀가 비흡연 남성의 자녀에 비해 뇌수종, 안면마비, 뇌암, 임파종, 백혈병의 증상이 나타날 확률이 더 높다고 보고되고 있다. 아버지가 특정한 화학약품에 노출된 직업을 가진 경우에도 사산, 조산, 저체중아를 출산하는 비율이 높은 것으로 나타나고 있다(Brooks, 1992).

신생아기는 출산 후 새로운 환경에 적응하는 시기로 학자들에 따라 출산 후 약 10일~2주 정도로 보기도 하고, 약 1~2개월까지 정하는 등 의견이 분분하다. 신생아의 발달은 출생 전 발달의 연속이며 신생아마다 개인차가 심하다. 본 장에는 신생아의 발달을 이해하기 위해 신생아기 발달적 특징, 반사행동, 신생아 정상성 판단 검사에 대해 살펴보고자 한다.

제 6 절 신체적 생리적 발달적 특징

출생 직후 신생아의 피부는 분홍빛의 주름이 있고, 외부 세균으로부터의 감염을 막기 위해 흰 빛의 끈적한 태지(vernix caseosa)로 덮여 있으며, 눈꺼풀은 부은 것처럼 보인다. 신생아의 몸 전체는 라누고(lanugo)라고 하는 솜털로 덮여 있다. 생후 일주일경에는 솜털부터 빠지기 시작하며, 희고 끈적한 태지는 목욕하면서 없어지며 피부도 점차적으로 건조해진다. 피부 및 흰 눈동자가 노랗게 변하는 신생아 황달은 생후 3~4일경에 신생아의 간 기능이 활성화되지 못할 때 나타나는데 평균적으로 생후 일주일이 지나면 사라진다. 또한 신체 중 주로 엉덩이에 보이는 푸른색의 몽고반점은 10세 전후에 사라진다.

신생아는 아직 뼈가 덜 성장하여 두개골이 경골화되지 않아 연한 조직의 숫구멍(fontanel)들이 있는데, 그중 이마 위 중앙에 위치한 대천문과 이마 뒷부분 쪽에 있는 소천문을 관찰할 수 있다.

1. 생리적 기능

1) 수면

신생아는 하루 평균 15~20시간 잠을 자며 생후 24개월경이 되어서야 12시간으로 수면시간이 줄어들며, 생후 4개월경이 되어야 밤에 지속적인 수면을 취할게 된다. 신생아의 수면은 안구의 움직임을 기준으로 렘(Rapid Eye Movement: REM)수면과 비렘(non-REM)으로 구분한다. 렘수면은 신생아의 수면에 절반 이상 차지하며 불규칙적인 수면 상태로 눈은 감겨 있으나 빠른 안구의 움직임과 더불어 신체를 움직이며 불규칙적인 호흡과 맥박이 나타난다. 비렘수면은 규칙적인 수면 상태로 몸의 움직임이 없이 조용하고 깊은 수면이며 눈은 감겨 있고 호흡과 맥박이 규칙적으로 나타난다. 뇌기능의 문제는 신생아의 수면주기를 불규칙하게 만들며 이는 영아돌연사 증후군(Sudden Infant Death Syndrome: SIDS)을 유발하기도 한다.

2) 울음

울음은 성인에게 자신의 배고픔, 안전의 위협, 불편함 등 자신의 필요를 알리는 의사소통의 수단이다. 또한 의미 없는 흐느낌으로부터 스트레스에 대응하는 강력하고 다양한 신호에 이르기까지 생존에 필요한 양육과 보호를 받을 수 있도록 돕는다(Gustafson, Wood & Green, 2000).

비정상적인 울음의 형태는 신생아가 처한 문제를 찾을 수 있도록 단서를 제공한다. 뇌에 손상을 입었거나 분만 시 문제가 있었던 신생아의 울음은 건강한 신생아에 비해 짧고 찢어질 듯 날카로운 소리를 낸다(Boukydis & Lester, 1998: Green, Irwin, & Gustafson, 2000). 복통이 있는 신생아는 고음의 거친 소리로 끊임없이 울며 불편함을 표현한다.

3) 호흡 · 맥박

호흡은 신생아의 첫 울음을 통해 확인할 수 있다. 출생 직후 울음을 보이지 않는 신생아는 출생 후 2분 이내에 신체에 통증을 가해 울음을 터뜨려 호흡할 수 있도록 도와야 한다. 신생아의 맥박은 1분에 120~160회 정도로 빠르고 불규칙하게 나타난다.

4) 체온

신생아의 체온은 평균 37~37.5℃로 성인보다 조금 높다. 출생 직후에는 체온이 평균보다 떨어져 4~9시간 정도 저체온을 유지하나 점차적으로 평균 체온으로 상승된다. 신생아기는 옷을 덧입히거나 벗겨서 체온을 조절하기보다는 실내 온도를 조절한다.

5) 대 · 소변

신생아는 출생 후 8~24시간 사이에 검은 녹색 혹은 검은 황색의 첫 변을 보는데, 이를 태변이라고 한다. 신생아의 변은 수유에 따라 조금 차이가 있다. 모유 수유의 경우에는 노란색의 부드러운 변을 1일 3~4회 배변하고, 분유 수유 신생아의 경우는 노란색의 단단한 변을 1일에 1~2회 배변한다. 신생아는 하루에 10회 이상 소변을 자주 보는데 신생아의 수분 섭취량에 따라 그 양이 조금씩 달라진다.

제11장 영아 · 유아 · 아동 발달특성

영유아를 올바르게 보육하기 위해서는 그들의 발달특성 및 양상에 대한 이해가 필수적이며, 또한 영유아는 그들의 발달수준과 개인차에 의한 개별적인 보육을 받을 권리가 있다. 영아와 유아 · 아동의 시기별 발달특성을 발달영역에 따라 살펴보고자 한다.

제 1 절 영아기의 발달특성

태어나면서부터 24개월까지를 영아기라고 하며 그 중에서도 출생후 첫 1개월을 신생아기라고 한다. 영아기는 발달의 여러 영역에서 급속한 성장이 이루어지는 시기다. 신체 및 운동발달에 있어서는 "성장 급등기"라고 불릴 만큼 빠른 발달이 이루어지며 언어발달에 있어서도 다른 사람과의 의사소통이 이루어질 수 있을 정도로 발달한다.

사회성발달에서는 다른 사람과 원만한 관계를 맺기 위한 기초로 부모와의 안정된 애착형성이 필요한 시기다. 전반적으로 이 시기는 인지발달을 포함한 모든 영역에서 균형적이고 긍정적인 발달을 위해서 새로운 것을 많이 접하고 경험하는 것이 중요하다.

1. 신체 및 운동영역

태어나서 2세까지의 영아기는 일생에서 신체적 성장이 가장 빠른 속도로 이루어지는 시기다.

1) 키와 몸무게

신생아기의 키는 남아가 평균 50.8㎝이고 여아가 평균 50.1cm이다. 첫돌이 되면 건강한 영아의 경우 신장은 1.5배 정도 증가하여 76~78㎝가 되며 두 돌 무렵에는 88cm정도로 성인키의 절반가량이 된다. 신생아의 체중은 출생시 남아가 평균 3.4kg, 여아가 3.2kg이다. 첫돌 무렵에는 출생시 체중의 약 3배인 10kg, 돌이 되면 12kg 정도로 급성장을 보인다(대한소아과학회, 1998).

2) 운동기능의 발달

운동기능에는 팔 움직이기나 걷기와 같이 큰 근육을 사용하는 대근육운동과 손 움직임과 같이 작은 근육을 사용하는 소근육운동이 있다.

(1) 대근육운동

1개월이 되면 머리를 앞으로 올릴 수 있다.
3개월이 되면 가슴을 올리고 균형을 잡기 위해 팔을 사용할 수 있다.
3~4개월에는 몸을 뒤집을 수 있다.
6개월경에는 도움없이 앉을 수 있다.
7~8개월경에는 기어 다니며 도움 없이 설수 있다.
8개월에는 혼자 일어설 수 있다.
10~11개월경에는 가구 등을 붙잡고 걸을 수 있다.
12~13개월경에는 도움없이 걸을 수 있다.
이러한 양상은 대략적인 것이며 영아마다 개인차가 있다.

(2) 소근육운동

대근육 발달이 세상을 탐색할 수 있는 영역을 확장하는 역할을 한다면, 소근육 발달은 직접 탐색을 지원하는 역할을 한다. 그래서 소근육 발달은 '손을 활용하는 능력'이라고 말할 수 있다. 특히, 2세부터 손가락의 움직임을 발달시켜 주는 소근육운동은 두뇌 발달에 더 없이 좋은 자극이 된다. 아이들은 돌이 지나면서부터 제법 손을 사용할 줄 알게 되는데, 이때, 손의 기능이 점점 분화되면서 아이들마다 뚜렷한 차이를 드러내게 된다. 따라서 일상생활은 물론 다양한 놀이로 소근육운동을 촉진시켜 주는 것이 필요하다.

영아의 소근육 발달의 예 〈표 11-1〉을 살펴보자.

〈표 11-1〉 영아의 소근육 운동

출생~6개월	
2개월	딸랑이를 거칠게 잡는다.
2개월 반	한 물체에서 다른 물체를 볼 수 있다.
3~4개월	단순한 방법으로 딸랑이를 가지고 놀고 누르고 움직이는 공을 따라갈 수 있다.
4개월	입으로 물건을 가져갈 수 있다.
4~5개월	두 개의 사물을 잡을 수 있다.
5개월	한 손에서 다른 손으로 물체를 옮길 수 있다.
5~6개월	앉아 있는 동안 눈으로 물체를 좇을 수 있다.
6~12개월	
6개월	어른의 움직임을 눈으로 쫒는다. 딸랑이를 계속 잡고 있다.
6개월 반	사물을 조작하고 탐구한다. 딸랑이를 손을 뻗어 잡는다.
7개월	물건을 잡으려고 줄을 당길 수 있다.
7개월 반~8개월 반	엄지와 다른 손가락으로 물건을 잡는다.
8개월~9개월	테이블의 장난감을 잡기 위해 손을 계속 뻗는다. 숟가락을 두드린다. 컵 속에 숨겨진 장난감을 찾는다.
10개월	숟가락으로 컵을 두드린다.
10개월 반~11개월	엄지와 다른 네 손가락으로 콩을 잡는다. 장난감 차를 민다.
11~12개월	용기에 3개 이상의 물건을 넣는다.
12~18개월	
	블록을 쌓는다. 큰 종이에 커다란 크레용으로 끄적거리기를 한다. 어른의 무릎에 앉아 책을 2~3페이지씩 넘긴다. 연필을 쥐고 종이에 그리기를 한다.
18~24개월	
	연필로 곡선을 그린다. 양손으로 문손잡이를 돌린다. 병마개를 돌린다. 큰 지퍼를 열고 닫을 수 있다.

(3) 감각과 지각의 발달

영아는 선천적으로 타고난 감각기관을 토대로 여러 가지 자극에 반응하는 감각활동을 할 수 있다. 이러한 감각활동에 근거하여 지각경험을 하게 된다. 지각능력은 인지능력의 기초가 되며 영아기에 급속하게 발달하는 능력이다. 지각발달의 특징 중 하나는 감각기관의 감수성이 증가하는 것이고 다른 하나는 정보를 기억하고 해석하는 능력이 증가한다는 것이다. 특히 지각정보에 기초가 되는 지각경험은 생후 6개월부터 중요한 역할을 한다(유안진, 1990. 김혜선, 1995).

3) 인지영역

영아기는 피아제의 인지발달단계 중 감각운동기에 해당한다.

감각운동기는 출생 후 2세까지를 말한다. 이 기간 동안 영아는 감각과 운동을 사용하고 지각한 활동에 의해 세상을 이해한다. 감각운동기는 연령에 따라 6개의 하위단계로 나누어 2세까지의 영아발달의 특징을 나타낸다.

(1) 반사운동기(출생~1개월)

빨기나 잡기와 같은 반사적 행동에 의존하며 다양한 반사 능력을 가지고 태어나며 이를 통해 세상에 대해 이해하고 사물의 크기에 따라 잡거가 빠는 방식을 조절함으로써 감각 운동적 도식을 정교화시킨다. 이 기간의 영아들은 깨어 있는 대부분의 시간을 빨고, 쳐다보고 잡고 우는 데 시간을 다 보낸다. 영아는 처음 한 달 동안 하는 빨고 뻗히고 쳐다보는 활동은 모두 중요한 과정이다. 이러한 단순한 반사활동이 지능발달의 기초가 된다.

이 시기에는 아직 행동사이의 협응력이 부족하며 물체를 영아에게 보여주면 영아는 그 물체를 쳐다는 보지만 그 물체가 있는 곳에는 가지 못한다. 또 영아는 눈과 운동능력을 협응할 수 없는 시기이다.

(2) 1차 순환반응기(1~4개월)

영아는 물건을 잡거나 보거나 입으로 가져가서 빠는 등 개별적인 도식을 통합하여 잡기-보기 도식, 잡기-빨기 도식과 같은 일련의 협응 도식을 발달시킨다.

반복을 유도하는 우연한 반응의 결과(조작적 또는 조직적), 즉 순환반응이라고 할 수 있는 현상이 일어난다. 이 단계의 반응은 신체가 중심이 됨으로 제1차 순환반응기라 한다. 가장 잘 알려진 행동은 엄지손가락이나 손 빨기이다.

영아는 우연히 손이나 손가락을 입으로 가져가 빨면서 손의 감각을 느끼게 되고 또 다시 반복의 반응을 가져온다. 즉 순환적 반응을 한다.

(3) 2차 순환반응기(4~8개월)

제1차 순환반응기처럼 제2차 순환반응기도 반복해서 반응을 하는 시기이다. 그러나 영아의 신체가 중심이 아니고 환경에 대한 순환반응이므로 제2차 순환반응기라고 부른다.

6개월이 된 영아의 행동에는 순환반응이 많이 나타난다. 이 순환반응은 다음과 같은 것으로 간단히 해 볼 수 있다. 영아가 누워 있는 침대 위에 색깔 있는 모빌을 달아 놓고 그 줄이 영아가 움직일 수 있는 발, 발가락, 다리, 팔, 부위에 닿게 하여 아이가 움직일 때 모빌이 움직이게 한다. 그리고 계속해서 반복하도록 조작적 조건화를 강화해 준다. 의도성 인과관계의 이해가 시작되며, 이것은 지적활동이라고 할 수 있다.

(4) 2차 순환반응기의 협응기(8~12개월)

이 시기는 주위의 환경과 대상에 있으며 영아가 원하는 것을 얻기 위해 환경에 대해 직접 작용함으로써 효과를 시도하고 두 가지 행동을 협응하기 때문에 이 시기를 제2차 순환반응의 협응기라고 한다. 이 단계에서는 주목할 만한 두 가지 성취가 있는데 첫째는 영아는 바라는 어떤 목적을 성취하기 위해서 행동을 협응하는 능력이 발달한다. 영아는 물체를 쳐다보고 그것에 접근하여 물체를 잡아 빨기 위해 가져온다. 이 단계에서는 의도가 있어서 목적과 수단을 구분할 수 있으며 적당한 활동을 하여 물체에 도달하고 물체의 개념을 획득한다. 물체는 그 기능과는 별개로 존재한다는 것을 안다. 물체의 개념획득과 관련하여 영아가 지각할 수 있는 범주에서 물체를 제거했을 때 영아는 물체개념이 발달하기 전에는 없어진 물체를 '추적'할 수는 없다. 이 개념은 제2차 순환반응기가 될 때까지는 발달하지 않기 때문에 엄마와의 격리 불안은 8~12개월 이전에는 나타나지 않는다. 둘째는 이 단계에서 영아는 기대하는 사건에 신호를 사용할 수 있는 능력이 생기는데 이것은 인과관계를 이해할 수 있는 능력과 밀접한 관계가 있다. 예를 들면 아빠가 양복을 입을 때 직장에 가는 것이라는 사실을 아는 아이는 그 원인이 아빠가 직장을 갈 때에는 양복을 입는 것이라고 생각하고 있기 때문이다. 영아는 관례적인 어떤 행위와 관련되어 있는 것이라는 사실을 안다고 볼 수 있다.

(5) 3차 순환반응기(12~18개월)

환경내의 사물 자체에 강한 호기심을 보이며 여러 가지 형태의 사물의 속성을 탐색하게 된다. 매우 적극적이고 목적 지향적이며 시행착오적인 행동특성을 보여준다. 제1, 2차 순환반응과 제3차 순환반응의 중요한 차이는 순환의 특성이다. 이 단계는 영아는 수정효과가 무엇인지 알기 위해서 반응을 수정하기 시작하며 반응의 효과 때문에 순환반복을 하지만 이는 탐색하기 위한 반복이다. 이 시기는 영아는 적극적으로 환경을 탐색하는 시기이다. 피아제는 영아가 어떤 목적을 획득하기 위해 수단을 사용하는 실험을 했는데 한 실험에서는 영아가 좋아하는 장난감을 아이가 닿을 수 없는 높은 곳에 두었다. 영아는 의

자를 놓고 올라서서 장난감을 가져왔다. 이 실험에서 영아가 장난감을 갖기 위해서는 의자란 수단이 필요하다는 사실을 영아는 알고 있음을 안다.

(6) 정신적 표상(18~24개월)

내면적으로 사고한 후 행동하게 된다. 눈앞에 없는 사물이나 사태들을 상징적으로 표상하며 이를 사용하여 문제를 해결하는 능력을 발달시킨다. 모델이 없어도 내적 표상을 가지게 되어 지연모방이 가능해 진다. 이 시기는 정신적으로 사물과 사건을 묘사하기 시작하며 이 표상은 문제를 감각운동이 아닌 정신적으로 해결하게 한다. 즉, 영아는 활동을 실제로 수행하기 전에 활동에 대한 결과를 예상할 수 있는 능력이 생긴다. 영아가 환경을 개념화할 수 있는 능력은 이 시기에 갑자기 발달하기 시작하는 언어발달에 의해 생기는데 이것은 모방행동을 촉진시키게 된다. 모방의 초기단계에서 영아는 바로 나타나는 물체, 활동, 사람만 모방할 수 있다. 이것은 사물이 자기와 무관하게 계속적으로 존재한다는 것을 깨닫지 못한다는 것과 관계된다.

피아제는 어떤 사물의 내적 표상은 사물과 관계된 내재화와 개념화를 가리킨다고 한다. 어떤 사물이 내재화되고 그 사람의 인지구조의 부분으로 되었을 때 활동은 실물과 연결되는데 이것은 사물에 대한 개인의 표상에 의한다고 한다. 브루너는 이것을 활동적 표상이라고 한다. 영아의 사물에 대한 이해는 사물을 갖고 수행하는 활동과 일치한다. 3세경에 영아는 사물의 기능면에서 사물을 정의한다. 즉, 사물은 '무엇을 의미하는 것'이다. '공은 갖고 노는 것'이다. '자전거는 타는 것'이라고 안다.

4) 언어영역

영아기의 언어발달은 울음소리의 분화로부터 시작된다. 그러다가 옹알이를 하기 시작하며 한 단어 문장과 두 단어 문장을 구사하는 순서로 발달한다.

(1) 울음

자기의 욕구를 표현할 수 있는 유일한 의사소통수단 생후 약 1개월 동안은 울음소리가 분화되지 않는다. 생후 2개월 정도가 되면 울음이 분화되기 시작한다. 울음소리의 음색과 강도에 따라 자신의 의사를 양육자에게 전달한다.

(2) 옹알이

4~5개월에 나타나는 옹알이는 언어와 유사한 최초의 말소리로 8~9개월까지 지속된다.

(3) 한 단어 문장

1세경이 되면 처음으로 유의미한 단어를 말할 수 있으며 단일음절을 단일어로 반복하는 특징을 보인다.

(4) 두 단어 문장

2세경이 되면 단일한 단어의 미분화된 사용이 둘 이상의 단어들로 결합되기 시작한다(250~300개의 단어 이해).

5) 정서 및 사회성영역

영아는 출생 직후부터 각기 다른 기질적 특징을 보이며 영아와 애착자 간에 형성되는 친밀한 정서적 유대감인 애착을 형성하게 된다.

(1) 정서발달

정서적 경험에는 쾌감, 불쾌감, 좋음, 싫음, 애정, 분노 등 포함한다.

(2) 기질

한 개인의 행동양식과 정서적 반응유형을 의미 Chess와 Thomas는 기질적 특성에 따라 영아를 순한 영아, 까다로운 영아, 반응이 느린 영아로 구분하였다.

연구대상 아동의 40%가 순한 영아, 10% 까다로운 영아, 15%정도는 반응이 느린 영아에 속하였으며, 나머지 35%정도는 여러 기질적 특성이 혼합되어 있어 세 가지 중 어느 하나에도 속하지 않았다. 영아 초기의 기질은 이후에도 지속적으로 유지되는 것으로 나타났다.

(3) 애착

영아와 양육자간에 형성되는 친밀한 정서적 유대감으로 초기에 양육자와 어떠한 관계를 형성하였느냐에 따라 안정 애착을 형성하기도 하며 불안정한 애착을 형성하기도 한다.

제 2 절 유아기의 발달특성

만 2세부터 초등학교 취학 전까지인 유아기는 기본운동 능력과 기초 체력이 발달하는 시기이며 또래집단에서 상호작용의 기회도 많아지는 특징을 보인다. 인지 능력이 발달하여 주변 세계에 대한 호기심과 흥미를 기지고 활동적으로 탐구해 나아가며, 상징적 사고의 출현과 전조작기의 시기는 많은 어휘를 습득하고 다른 사람과 원활한 대화가 가능하나 아직 '자기중심적 언어'를 사용한다.

1. 신체 및 운동기능발달

영아는 생후1년 동안 급속한 성장을 하다가 2년째에 성장은 다소 느려지나 대근육발달과 소근육발달은 빠르게 진보한다.

1) 신체발달 치아 발달 및 배뇨의 생리기능

치아는 2.5~3년이면 유치 20개가 모두 돋아나지만, 개인차가 크다. 장기의 발육으로서 유아기에 특징이 있는 것은 림프계조직과 신경계의 발육을 들 수 있다. 따라서, 유아기 후반이 되면 림프선 비대, 아데노이드 증식 등이 많이 보인다. 뇌신경의 발육도 현저해지고, 4세 전후가 되면 뇌의 중량은 성인의 약 80%에 미친다. 뇌중량의 발육과 정신발달과의 관계가 반드시 비례한다고는 할 수 없지만, 뇌신경계의 발육에 따라서 지능이나 운동기능 등이 발달한다. 배뇨의 생리기능도 유아기에 거의 완성되고, 밤의 배뇨도 3, 4세가 되면 70~80%는 스스로 일어나서 변기에 보게 된다. 그러나 4, 5세가 되어도 수면 중에 배뇨하는 아이도 있고, 다음의 아동기에 이르러 비로소 완성하는 아이도 있다.

(1) 3~4세의 신체 발달

성장률이 완만해지면서 식욕도 감소한다.

신체의 움직임이 더욱 안정되고 유연해져서 능숙하게 속도를 조절하여 걷거나 뛸 수 있다.

두 발 모아 점프하기, 균형잡기, 세발자전거 타기 등을 능숙하게 한다.

숟가락 사용이 능숙해지고 젓가락을 서툴게 잡기 시작한다.

소근육 조절 능력이 발달하여 그림 그리기, 쌓기 놀이가 비교적 능숙해진다.

기본 생활을 위한 신체적 기술이 증진되지만 신발의 왼쪽 오른쪽을 구별하지는 못하고, 옷을 벗기는 하지만 바르게 입는 것은 어려워한다(앞 뒤, 위 아래 혼동).

양손을 사용한 신체적 기술이 증진되어 단추 끼우기, 가위질하기 등이 능숙해진다.

(2) 상호작용 방법

성장률이 완만해지는 시기이므로 많이 먹는 것보다는 뼈와 근육의 성장을 돕는 질 높은 음식을 골고루 섭취하도록 지도한다.

달리기, 뛰기, 말뛰기, 자전거 타기, 공차기 같은 대근육 기술을 연습하고 시도해 볼 수 있도록 실내외의 충분한 시설과 넓은 공간을 제공하여 놀이할 기회를 준다.

신체적 움직임이 왕성하여 자신의 능력 범위를 벗어나는 활동을 시도하기도 하므로 안전한 놀이 환경을 제공하고 주의깊게 살펴보도록 한다.

음식 먹기, 옷 입고 벗기, 신발 신고 벗기, 놀잇감 정리 정돈하기 등과 같은 기본생활 관리를 스스로 해 볼 수 있도록 격려하고 힘든 것은 도와준다.

소근육 발달이 좀더 정교해지므로 크기가 작은 끼우기 놀잇감이나 양손 사용이 요구되는 끈 끼우기 놀이, 단추 끼우기 놀이와 가위질을 필요로 하는 놀이 등을 준비해 준다.

(3) 4~6세 신체 발달

두뇌 발달은 영아기보다 급속하지는 않으나 3세경이면 성인의 75%, 5세경이면 성인의 90%까지 이루어진다.

신체 부위 간의 크기 비율이 성인에 가까워진다.

신체적 균형 유지가 가능해지며 대근육이 발달해 빠르게 뛰기, 균형 유지하기, 한 발로 뛰기, 한 발로 균형 잡고 서기 등이 가능해지고 두 발 자전거 타기, 줄넘기도 서툴게 할 수 있다.

신체 관리 기술이 능숙하게 발달하여 신발끈 묶기를 제외하고 거의 혼자서 옷을 입고 벗을 수도 있다.

소근육 조정 능력이 정교해져 작은 물체도 잘 다루고 가위질도 정교해진다.

거의 낮잠을 자지 않고 지내는 유아가 많다.

놀이에 몰두하거나 피곤할 때는 간혹 소변을 실수하기도 한다.

자기 자신이나 다른 사람의 신체와 성기에 관심을 갖게 된다.

(4) 상호작용 방법

신체기술 발달과 자기 표현력 증진을 위해서 안전한 공간에서 매일 달리기, 뛰어오르기, 균형 잡기 등을 할 수 있도록 배려한다.

그림그리기, 가위로 오리기, 퍼즐, 작은 끼우기 놀잇감 등 소근육 발달을 위한 활동을 제공한다.

신체 자조 기술이 발달하므로 스스로 옷입고 벗기, 식사하기, 놀잇감 정리하기 등을 지도한다. 이 때 억압적인 방법보다는 스스로 하는 것에 기쁨을 갖도록 격려한다.

비만 현상(표준 체중의 20% 이상이면 비만으로 봄)을 보이는 유아가 많으므로 적절한 칼로리의 식사를 제공하고 적당한 운동을 하도록 한다.

4~6세 1일 영양 권장량: 1,600 kcal

잘 먹지 않는 유아의 경우 조리법에 변화를 주거나, 식사 분위기를 즐겁게 하여 건강에 지장이 없도록 지도한다. 그러나 억지로 먹도록 강요하면 정서 상태가 불안해져 오히려 해로우므로 주의하고, 무엇보다도 부모가 편식을 하지 않는 것이 필요하다.

일찍 자고 일찍 일어나는 규칙적인 수면 습관을 기르도록 한다. 낮잠은 잘 자지 않으므로 심하게 놀이한 후에는 편안하게 쉬도록 배려한다.

상상력이 풍부하고 자신의 능력을 과시하며 위험 상황을 적절히 파악하지 못하여 안전사고가 자주 발생한다.

베란다, 불안정하게 놓인 가구 등을 점검하기도 한다.

폭력적인 내용의 TV나 비디오 보지 않기도 한다.

위험한 묘기가 나오는 장면을 보았을 때 따라하지 않도록 설명하기도 한다.

소변 실수가 잦은 경우는 원인을 파악하여 지도한다(심리적 원인: 불안, 흥분, 질투 등, 신체적 원인: 신체적 피로, 방광 근육 미성숙, 요로 이상, 자율 신경 미성숙, 피부 감각 둔화).

신체와 성기에 대한 호기심이 왕성하여 자신의 성기를 심하게 만지기도 한다. 이런 경우 지나치게 꾸짖기보다는 건강한 신체 발달과 관련된 지식을 가질 수 있도록 도와준다(신체를 건강하게 유지하려면 함부로 만지지 않아야 한다. 신체 여러 기관들은 각기 중요한 일을 한다. 몸을 깨끗이 관리하는 것이 중요하다. 적당한 운동은 신체 건강에 도움이 된다).

(5) 두뇌발달

출생 시 두뇌의 무게는 체중의 13% 정도를 차지하고, 생후 1년 동안에는 뇌 세포의 크기가 커지면서 뇌의 무게가 2배로 증가한다.

이처럼 두뇌의 성장이 빠르게 진행되어 2세엔 성인의 50%, 4세에는 75%, 6세에는 90%, 10세가 되면 거의 두뇌발달이 완성되어 지적 발달의 기초가 마련되는 시기이다.

신경세포는 일반적인 세포와는 다르게 가늘고 긴 모양을 하고 있는데 이는 세포의 한쪽 끝에서 길게 뻗어나간 축색돌기라는 부분이 잘 발달되어 있기 때문이다. 축색돌기 부분이 수초(myelin sheath)로 둘러싸여지면서 지능이 완성된다. 이 과정을 수초화(myelinatioc)라고 하며, 수초화는 만 2세 전후로 급격히 진행되어, 10세가 되면 거의 완성된다. 그러므로 신체의 기능 조절에 관여하는 중추 신경계의 발달은 2세까지의 영양 상태에 크게 영향을 받게 된다.

수초는 주로 지방과 단백질로 구성되어 있는데, 특히 수초 중량의 78~80%는 지방산으로 되어 있다. 뇌 세포를 구성하는 지방질의 대부분은 콜레스테롤, 세팔린, 세레브로사이드, 스핑고마이엘린, 고도 불포화 지방산 등이다. 이 시기 영양의 불균형은 신경 수초의 생성을 정상적으로 이루어지지 못하게 하므로 중추 신경계에 큰 손상을 초래한다.

(6) 유아기 뇌의 성장

유아기에는 사람들과의 긍정적 상호작용을 통해 두뇌가 발달하며 정서 및 사회성의 발달이 몹시 중요한 시기이다. 이 시기의 건전한 정신적 발달을 통해 충동조절 능력, 타인을 공감하는 능력, 건전한 자아상, 창의력, 지적인 호기심이 발달될 수 있다. 따라서 우리 유아들이 진정으로 유능하고 행복한 사람으로 자랄 수 있는 교육은 바로 전인적 교육임을 부모들에게 널리 알려 조기 인지교육의 피해를 방지하는 것이 필요하다.

우리 인간의 두뇌는 태어날 때부터 어른과 유사한 기능을 할 수 있는 다른 장기와는 달리 자라면서 구조와 기능의 변화가 계속되어 사춘기가 지나야 어른과 유사하게 된다.

즉 두뇌 발달은 적어도 생의 초기 약 만 4~5세까지는 환경의 영향을 많이 받는다는 의미이다. 많은 아동 발달 연구의 결과에 의하면 어린 시절 뇌 발달에 부모를 비롯한 사람과의 상호작용이 필수적이라고 한다. 이런 직접적 상호 작용에 의해 두뇌발달이 촉진되면서 향후 살아가는데 필수적인 사회성 발달, 정서 발달, 인지 발달 등이 이루어지게 된다. 하지만 이 시기에 직접적 사람과의 상호작용 대신 문자를 비롯한 학습 형태의 지적인 자극을 많이 접하게 되었을 때 두뇌 형성에 어떤 영향을 미치는지에 대한 정확한 연구 결과는 없는 실정이다.

사실 아동들은 발달 시기마다 이해를 할 수 있는 지적인 자극이 어느 정도 한정되어 있다. 예를 들어 동그라미, 세모, 네모를 인지하여 그릴 수 있는 능력이 아동의 발달 연령에 따라 가능하므로, 오히려 이런 능력을 이용하여 아동의 지적인 발달 정도를 평가하기도 한다. 정상적인 지능을 지닌 아동이라면 어느 시기에 어느 정도의 지적인 자극을 소화해 낼 수 있다는 연구들은 이미 많이 이루어져 있다.

유아기에는 주로 직접 만지고, 듣고, 탐색하면서 주변 환경에 대한 학습이 일어나는 수준의 지능을 가진다. 특히 Piaget의 인지 이론에 의하면 생후 1세 이전에는 직접적·감각적 경험이 없이는 사고가 불가능하고 2~3세부터 상상력이 가능해진다고 본다. 즉 영유아기에는 직접적 경험이 가장 아동의 발달 수준에 맞는 지적 자극이라는 의미로 해석된다. 학령기에 이르러서야 집합개념 등의 논리적 사고력이 가능하며 만 10~11세가 되어야 완전히 추상적 사고가 가능해진다고 피아제는 밝혔다. 이는 아동의 두뇌 발달이 이루어지면서 아동은 스스로 주변의 자극을 탐색하여 지능이 개발된다는 의미이다. 아무리 주변에서 고난이도의 지적 자극을 미리 주어도 아동은 일정한 수준의 발달 단계에 이르러서야 그 자극을 소화해 낼 수 있다. 요즘 유아의 조기교육이 붐을 이루는데, 부모들은 이런 과학적 사실을 토대로 아동의 발달에 적합한 인지 자극을 주고 있는지 심각하게 고려해야 할 것이다.

어린 시절 아동의 발달보다 훨씬 앞선 인지 자극이 조기에 주어졌을 때 과연 아이의 뇌 발달이 촉진되어 후천적인 영재로 발달할 것인지, 아니면 타고난 잠재 지능을 개발하는데 오히려 방해가 될 것인지에 대해서는 아직 확답을 내릴 수 없다. 하지만 과잉으로 아동의 발달보다 훨씬 앞지른 인지 자극이 조기에 주어지게 되면 그 시기에 적절히 발달해야할 다른 인지 발달, 정서 발달, 사회성 발달 등의 영역이 제대로 발달할 기회가 부족할 가능성이 높다.

최근의 뇌 발달 연구들에 의하면 스트레스를 많이 받으면 기억을 담당하는 해마라는 뇌의 부위가 줄어들고 기억력이 감소한다고 한다. 과잉 조기 교육에 의해 정신적 스트레스를 많이 받게 되면 오히려 기억력이 떨어지는 아이로 자랄 수 있다는 이야기다. 향후 인간의 뇌 기능과 그 발달에 대한 연구들이 진행되면 보다 과학적으로 아동에게 적합한 인지 자극에 대한 논의가 가능할 것이다. 하지만 아직 과학적인 검증이 없이 어린 아동에게 많은 학습 자극을 주는 것이 부작용을 일으킬 가능성이 있다면 오히려 별로 문제가 없었던 예전의 육아 방법을 선택하는 것이 더욱 현명하리라 생각된다.

모든 아기는 태어날 때부터 주변의 새로운 자극에 호기심이 많고 새로운 것을 자기 것으로 만들기 위해 부단히 노력하는 mastery motivation을 타고난다.

어쩌면 우리 인류는 이런 본능을 타고났기 때문에 굳이 누가 가르치지 않아도 스스로 환경을 개척해 나가는 능력이 뛰어나고 다른 종보다 진화를 빨리 이룰 수 있었다고 생각된다. 따라서 아기 때부터 수동적으로 주어지는 지적인 자극들은 아이들의 타고난 mastery motivation을 줄여 향후 배움에 있어 지극히 수동적인 아동으로 자라게 할 가능성이 높다. 주로 수동적 자세로 텔레비전 시청을 많이 한 초등학생들의 읽기 능력이 저하되고 사고력이 떨어진다는 연구 결과들은 이런 생각을 간접적으로 지지한다.

또한 아동기의 인지 특성에 의하면 이 세상을 자기 나름대로 해석하고 사고할 수 있는 능력이 뛰어난데 이런 능력이 창의력과 연관이 된다. 이런 시기에 기존의 틀에 맞추는 암기 위주의 조기교육은 아동의 창의성을 감소시킬 위험이 높다.

또한 이러한 창의성은 아동이 성장하여 각 분야의 전문가가 되었을 때에야 나타나기 때문에 어린 시절에는 눈에 두드러지지 않으므로 많은 부모들이 쉽게 간과를 하게 된다.

대부분의 부모님들은 어린 아이가 글을 읽거나 숫자를 세거나 하면 똑똑한 것으로 생각하지만 사실 어릴수록 상상력과 사고력이 뛰어난 아동이 진정으로 똑똑한 아이로 판단된다.

글을 읽거나 수를 세는 것은 단순한 암기력이 있는 경우 가능하며 특히 사회성 발달이 많이 지연되는 유아들이 주변 사람들보다는 이러한 기호에 관심이 많아 오히려 천재가 아닌가 하고 오해를 받아 영재교육을 받는 경우도 있다. 하지만 이런 아동들은 뜻을 모르고 암기하는 경우가 많아 오히려 언어 이해나 사회적 인지가 떨어져 인지 발달의 불균형으로 인해 나이가 들수록 학습 능력이 저조해질 가능성이 크다.

대뇌는 유아기에 발달한다. 갓 태어난 아기의 대뇌는 450g 정도에 지나지 않아 성인의 3분의 1에도 미치지 못하는 무게지만 하루에 평균 1g씩 월 30g정도가 증가하여 만 1세가 되면 출생 시의 2배로 성인 뇌의 60%정도 크기가 된다.

아기와 성인의 대뇌의 신경세포 수는 놀랍게도 약 1백 40억 개로 동일하다 아기의 대뇌가 급작스럽게 발달하여 무거워지는 것은 신경세포의 수가 늘어나서가 아니다. 뇌세포가 서로 연결고리를 만들어 배선이 복잡하게 되었기 때문이다.

살아가면서 대뇌의 세포 수는 사고 등으로 줄어들기는 하지만 늘어나는 일은 없다고 한다. 뇌세포는 하나하나가 독단적으로 활동하는 것이 아니다. 쉽게 말하면 상호간에 서로 연락이라는 과정을 통하여 합동작전을 펼쳐 지능을 발달시킨다.

몸을 구성하는 세포와는 달리 뇌세포의 세포체 혹은 돌기의 표면과 상호적으로 연결 가능하게 되어 있다. 따라서 뇌세포의 연결방법에 따라 사고하고 생동하게 되는 것이며 이처럼 복잡한 연결 관계에 의해 움직이는 것이 바로 뇌세포이다.

아기와 성인의 대뇌는 뇌세포 수도 성질도 같은데 두뇌 회전에 있어서 커다란 차이를 보이는 것은 뇌세포 돌기에 따른 연결방법의 차이로 얼마만큼 배선이 복잡하고 세밀하게 얽혀 있는가로 결정되기 때문이다.

이러한 복잡한 배선으로 인하여 뇌의 무게는 증가하게 되는 것이다. 아기 주의의 환경으로부터 무엇을 배우고 몸에 익히는 과정에서 뇌세포는 서로의 상호관계를 넓히면서 더욱 복잡한 연결 관계를 만들어가며, 따라서 하루가 다르게 아기의 뇌의 무게도 증가하게 된다.

(7) 대뇌발달의 3단계

대뇌는 인간을 인간답게 만들어 주는 중요한 기능을 담당하고 있으며 우뇌와 좌뇌로 나뉘어져 있다. 좌뇌는 언어적, 분석적, 논리적, 계산적인 사고를 담당하고 있으며 우뇌는 공간적, 회화적, 직감적, 음악적인 사고를 담당하고 있다.

그런데 아기가 태어나면 대뇌의 각 부분에 있는 뇌세포가 스스로 알아서 연결되는 것이 아니라 아기의 발달단계에 의해 뇌세포가 서로 상호작용으로 연결고리를 만들어가게 되는데, 인간의 개성이 천차만별인 것처럼 아기의 발달과정에도 다소 차이를 보이기 때문에 발달하는 뇌의 부분이나 정도에 있어서도 차이를 보이게 마련이다.

한편, 뇌세포의 발달은 3단계에 걸쳐서 이루어진다.

1단계(0-3세)

2단계(4.5세-7세)

3단계(10세 전후)

1, 2단계까지 성인의 뇌 무게의 95%가 된다.

3단계는 10세 전후인데 이렇게 10세 전후가 되면 뇌세포가 서로 복잡한 배선을 만들어가는 일을 마치게 된다. 그 후는 20세까지 서서히 시간을 두고 연결고리를 단단하게 하는 작업을 하게 된다.

1단계에서는 아주 급커브의 성장속선을 그리면서 대뇌가 발달하게 되는데, 이 시기에 보고, 듣고, 경험한 일은 뇌의 새로운 연결고리를 왕성하게 만들어 내는데 한몫을 단단히 하게 된다. 특히 모방하기를 좋아하여 "흉내 내기" 놀이나 "까꿍" 놀이를 할 시기에는 뇌가 대단히 활발하게 발달하여 많은 연결고리를 만들게 된다.

오히려 아이들은 언어의 장벽이 생기기 전에 외국어를 접하면 모국어와 외국어를 혼동하지 않고 자연스럽게 받아들이게 된다.

언젠가 때가 되면 아이는 블록을 갖게 되고, 글씨도 읽고, 수도 셀 수 있게 되고 크레파스로 그림을 그리게 되기 때문에 일찍부터 가르쳐서는 안 된다.

그때가 오면 뭐든지 할 수 있게 된다고 생각하고 있는 것이다. 그러나 많은 학자들의 연구에 의하면 그것은 실제와 다르다는 것을 알 수 있다. 학교에 들어가기 전부터 글자를 읽을 수 있는 아이는 다른 아이보다 성적이 좋고 지식이 많아 공부를 하는데 어려움을 느끼지 못한다는 것이다. 그리고 이것에 관해서 연구가 진행된 결과 3.4세의 아이는 7.8세의 아이보다도 쉽게 그것도 놀면서 즐겁게 글자를 익히지만 연령이 높아짐에 따라 글자를 익히는데 어려움을 느낀다는 사실도 밝혀지게 되었다. 그러면 아이들은 어떻게 글자를 익히게 되는 것일까?

아이들은 태어난 그 때부터 어른들이 이야기하는 것을 듣고, 또 얘기를 걸어주는 엄마의 말에 대답을 하거나 어른들이 말하는 것을 흉내 내면서 배워 3, 4세만 되어도 어느 정도의 의사소통이 가능해지게 된다. 특히 만 2세부터 5세 사이의 아이들은 천재적인 언어감각을 갖고 있다고 한다. 즉 이것은 우뇌(右腦)로 언어를 읽혔기 때문에 가능한 일이다.

우리가 외국어 특히, 영어를 이와 같이 우뇌를 사용해서 익히면 쉽게 익힐 수가 있다. 우리는 영어를 중학교시절부터 배워 적게는 6년 많게는 10년 이상을 접하고 살았지만 막상 외국인을 만나면 영어단어가 입에서만 맴돌 뿐 좀처럼 입 밖으로 나오지 않아 의사소통이 되지 않는 것이 일반적인 현상이다. 지금까지 배웠던 영어가 좌뇌(左腦)식으로 알파벳 한자 한자 쓰면서 이해하듯이 배웠기 때문이다. 만약에 아주 어렸을 때부터 우리말을 배우듯이 영어를 익혔다면 모국어 못지않은 영어실력을 가졌을 것임에 틀림없다.

어떤 사람들은 모국어도 완전히 습득하지 못한 유아기에 외국어를 가르치면 언어에 혼란을 느끼지 않은가 하고 걱정을 하지만 이것은 기우에 불과하다는 것이 1950년대 캐나다에서의 실험에서 입증이 되었다.

현재 캐나다는 2개의 공식용어를 사용하고 있지만 그 방침이 자리를 잡기까지는 상당한 노력과 혼란을 겪어야 했다. 이 실험은 캐나다의 영어사용권에서 시작되었다. 당시 캐나다에서는 영어와 불어가 동시에 사용되고 있었고 영어를 중심축으로 하기에는 불어권의 반발이 심했다. 그래서 정부에서는 두 개의 언어권에 살고 있는 아이들에게 무리 없이 두 개의 언어를 가르치는 방법이 무엇인가에 대해 고민하기 시작했다. 그래서 채택되었던 것이 영어를 사용하는 아이들을 불어학교에 보내는 것이었다. 아이들은 가정에서 철저하게 영어를 사용했지만 일단 학교에 가면 불어로 친구들과 이야기하며 불어로 수업을 받았던 것이다. 이렇게 1, 2년이 지나자 아이들은 불어를 사용하는 불편함을 느끼지 않았고 그제서야 영어로 된 교과서로 공부하게 되었다고 한다. 결과적으로 아이들이 두 언어를 모국어 수준으로 사용할 수 있을 만큼 만족스러운 결과를 얻었다고 한다. 이와 같이 인간은 여러 가지의 재능을 펼치는데 중요한 시기는 어릴수록 좋다는 사실이다. 적절한 시기를 놓치지 말고 부모의 현명한 판단으로 여러 가지 자극을 준다면 그 성과는 놀라울 것이지만 시기를 놓치면 어떤 노력을 해도 기대한 만큼의 지적인 성장은 기대하기 어렵다.

(8) 유전자와 환경의 상호작용

최근 신경과학 연구실에서 발견된 것 중 가장 놀라운 사실은, 뇌세포의 전기적 활동이 뇌의 물리적 구조를 변화시킨다는 점일 것이다. 왜냐하면 뉴런들-신경조직과 뇌를 통하여 전기적 신호를 운반하는 길고 가는 세포들이 규칙적으로 신호를 보내는 것은 뇌형성의 필수적인 것으로서, 태어나기 전부터 시작된다는 것을 과학자들은 입증하였다.

초년기 동안, 뇌는 일련의 이상한 변화를 경험한다. 아기의 뇌는 탄생 직후보다 뉴런들 간에 사용할 수 있는 것보다도 훨씬 많은 연결을 만든다. 그리고 나서, 다윈의 생존경쟁과 유사한 과정을 통해 거의 사용되지 않는 연결을 제거한다.

아기 뇌의 과다한 연결들은 10세 또는 그보다 훨씬 일찍 가혹한 가지치기를 겪게 된다. 어린아이의 뇌는 자극적인 환경을 박탈당하게 되고 병들고 만다.

휴스턴에 있는 베일러 의대의 연구자들은, 놀이경험이 적거나 자극받지 않은 어린이들의 뇌는 정상아보다 20～30% 덜 발달된다는 것을 발견하였다.

이는 자녀를 부모가 직접 돌보는 것, 이야기 하는 것, 그리고 아기에게 자극이 될 만한 것을 경험하도록 해주는 일에 대한 중요성을 강조한다. "뇌가 발달하기까지는 시간상의 척도가 있고, 처음 1년이 가장 중요하다"라고 미국의 교육 위원장 프랭크 뉴먼은 지적한다. 뇌활동과 뇌의 구조 간에는 숨겨진 연결들이 있다는 사실을 발견함으로써, 신경학 연구원들은 환경과 유전자간의 분리된 틈 위에 견고한 다리를 놓기 시작한다. 전문가들은 이제 아기가 자연섭리의 하나로서 유전적으로 미리 프로그램화된 기준에 의해 태어난 것이 아니라, 훨씬 흥미로운 무엇에 의해 태어난다는 사실에 동의한다.

(9) 기회의 창들

몇몇 예외를 제외하고, 사람 뇌의 기회의 창들은 그리 갑자기 닫히지는 않는다. 사람의 뇌에는 언어를 발달시키기 위한 일련의 창들이 있는 것처럼 보인다. 새로운 단어를 추가하기 위한 창은 결코 닫히지 않는 반면, 문법을 익히기 위한 창은 5세 또는 6세에 일찍 닫힐는지 모른다. 제 2외국어를 배우는 능력은 탄생에서 6세 사이에 최고도이고, 점차 서서히 감소한다.

신경학자들은 뇌의 최상의 성장 분출은 연접부의 생성과 퇴화의 균형이 갑자기 바뀌는 약 10세에 닫히도록 되어 있다는 것을 확인하였다. 이후 수년간에 걸쳐, 뇌는 경험에 의해 변화되는 연접부들만을 보존하면서, 약한 연접부들은 무참히 파괴할 것이다. 초년기 3년의 중요성을 강조하는 일에 열심인 비영리 단체 『0세에서 3세』 이사인 메튜멜메드는

"(신경, 연접부의 활동에 대한) 그 결과들을 현미경 아래에서나 PET scan에서 볼 수 있기 때문에 그것은 훨씬 더 믿을 만한 것이 되었다"고 말한다.

(10) 새로운 발견들에서 어떤 교훈을 끌어낼 수 있는가?

교육은 어릴 때 할수록 더 효과적이라는 것이다. 9세나 10세보다 2세나 3세가 더 효과적일 것이다. 취학 전이 안 된다면 늦어도 초등학교 때에는 여러 가지 중 외국어를 가르쳐야 한다는 것은 명확하다.

(11) 뇌의 2극 구조

대뇌생리학의 꾸준히 발달과 함께 1981년도에 캘리포니아공과대학의 로저스페리교수가 〈좌, 우뇌작용의 차이〉라는 제목으로 노벨상을 수상하면서 인간두뇌의 역할에 관한 신비가 벗겨지게 되었고 오늘날까지 두뇌에 관한 연구가 활발히 이루어지고 있다.

(12) 좌, 우뇌 작용의 차이

위에서 살펴봤듯이 좌, 우뇌의 역할은 아주 다르다. 그런데 학습하기에 편리한 것은 우뇌이기 때문에 우뇌가 활발히 작용하는 0-6세 시기를 놓치지 말고 우뇌에 다양한 자극을 주어 아이에게 감추어진 무한한 능력을 개발시켜주고 아울러 좌뇌가 발달하는 3세부터는 말하기와 쓰기 쪽을 신경 써서 창의력과 표현력이 동시에 뛰어난 우수한 아이로 기르시는 것이 바람직하다.

(13) 조기 영어 교육의 필요성

Perskly(1954), Lennerberg(1967), 그리고 Krashen, Long & Scarcella(1979) 등의 학자들은 오래 전부터 외국어의 습득은 사춘기 이전(Critical Period: 대략 6-11세)에 시작하는 것이 가장 바람직하다고 주장을 제기해 왔다. 그리고 이들의 학설에 대해서는 더 이상 반론의 여지가 없는 듯하다.

그동안 외국어 습득 능력에 대한 실험이 성인과 어린이를 대상으로 많이 이루어져 왔다. 그 결과 외국어 학습의 초기 단계에서는 성인이 어린이에 비해 발음을 제외한 구문과 어형을 더 빨리 습득하게 되었다. 왜냐하면 성인은 이미 언어에 대한 두뇌 기능이 발달되어 있기 때문이다. 하지만 어린이의 습득 속도가 다소 늦다 하더라도 궁극적으로는 어릴 때부터 외국어를 습득한 사람만이 외국어의 정확한 발음 구사는 물론 외국어로의 의사소통 능력이 모국어 수준(native-like)에 도달할 수 있다고 한다(Krashen, Long & Scarcella, 1979: McLaughlin, 1984). 이러한 학설은 다른 많은 연구에 의해서 확인되어 왔으며, 심지어 일반인들 사이에서도 보편적 사실로 받아들여져 왔다. 특히 조기 영어 교육 찬성론자들에게 있어서 그들의 주장을 뒷받침하는 가장 중요한 이론적 근거가 되어 왔다.

조기 영어 교육에 대한 반대론자들 역시 어릴 때부터 영어를 습득하는 것이 가장 효과적일 수 있다는 이론에 이의를 제기하지 않는 듯하다. 다만 그들이 조기 영어 교육을 반대하는 핵심적인 이유는 조기 영어 교육의 실시가 민족 의식의 함양에 부정적인 영향을 준다는 것이다. 다시 말해서 조기 영어 교육이 영어 습득에는 바람직할지 모르나 우리의 언어와 문화의 습득에는 막대한 지장을 초래한다는 것이다.

이에 대해 조기 영어 교육 찬성론자들은 주로 반대론자들의 주장이 언어 교육의 내용과 도구를 혼동하는 것으로 폐쇄적인 민족주의나 민족 국가 우월주의에서 나온 우려일 뿐이라고(이옥로, 1982, 배두본, 1990) 대응하고 있다. 이러한 '폐쇄성' 논리는 상당한 설득력을 가질 수 있다.

우리의 언어와 문화는 무조건 외국어 교육을 막음으로써 지킬 수 있는 것은 아니기 때문이다. 그러나 이러한 '폐쇄성' 논리로만 가지고 반대론자들을 설득할 수 없다.

찬성론자들이 반대론자들을 설득하기 위해서는 크게 두 가지 측면에서 이론적 근거를 제시하고 증명해야 할 것이다.

첫째, 조기 영어 교육이 우리말과 문화의 습득에 부정적인 영향을 주지 않는다는 것이다. 둘째, 오히려 효과적인 조기 영어 교육이 궁극적으로 우리말 학습력 강화에 커다란 공헌을 할 수 있다는 것이다. 따라서 이 단원에서는 언어, 교육학적 이론과 이 분야에 대한 연구 결과의 검토를 통하여 조기 영어 교육이 우리말 습득에 저해가 되지 않는다는 사실을 인하고자 한다. 또한 단순히 언어학적인 측면에서뿐만 아니라 한국 영어 교육의 전반적이고 균형적인 발전을 위하여 교과과정(curriculum) 논의 차원에서도 반드시 필요하다는 점을 피력하고자 한다.

2) 운동발달

유아의 이 시기에는 대근육과 소근육의 발달에 따라 미끄럼틀 타기, 정글짐 오르내리기, 공 던지기, 공차기, 훌라후프 돌리기, 자전거 타기, 사다리 오르기, 그네타기, 시소타기 등의 운동놀이를 할 수 있게 되고 이를 즐기게 된다.

(1) 대근육운동

다리를 좀더 자신감 있게 움직이고 목적한 대로 움직이게 되면서 움직이는 것을 자유

자재로 한다.

(2) 소근육운동

3세는 아직 물건을 움직이고 다룰 때 영아기의 능력이 그대로 남아 있다.
4세는 소근육 협응은 놀라울 정도로 향상되고 훨씬 정확해진다.
5세는 손, 팔 그리고 몸 모두가 눈의 명령에 의하여 함께 움직인다.

(3) 자조기능

2세는 대소변 가리기, 혼자서 음식 먹을 수도 있다.
3세는 옷을 벗을 수 있고 숟가락과 젓가락을 효율적으로 사용할 수 있다.
4세는 옷을 입을 수 있다.
5~6세는 신발 벗고 정리, 혼자서 옷을 입고 벗으며 단추나 지퍼를 열고 닫을 수 있다.
6~7세경에는 오른손으로 제대로 식사를 할 수 있다.

3) 인지발달

인지발달을 촉진하기 위해서 유아는 다양한 활동과 경험을 해 보아야 한다. 유아의 타고난 능력과 발달수준을 잘 파악해야 한다. 정서적 자극을 제공하고 적극적으로 창의성을 개발하기 위해서 유아가 스스로 질서와 조화를 탐색할 수 있는 환경을 마련해 준다.

유아기는 피아제의 인지발달단계중 전조작기(2~7세경)에 해당하는 시기이다.

(1) 자아중심적 사고

자기의 입장에서만 사물을 받아들이고 다른 사람의 입장을 이해하지 못하는 것이다.

(2) 상징적 사고

자신의 행동이나 감각계 의존하지 않으며 정신적 표상, 지연모방, 상징놀이 등이 가능해진다. 비언어적 상징행동을 많이 사용한다. 예를 들면 베개를 아기처럼 업고 다니기도 하고 막대기를 칼이나 총으로 생각하며 놀기도 한다.

(3) 직관적 사고

어떤 사물을 볼 때 그 사물의 두드러진 속성을 바탕으로 사고하는 것, 직관적 사고에 의하여 겉으로 드러나는 두드러진 특성만으로 사물을 판단한다.

(4) 물활론적 사고

모든 사물은 살아있고 각자의 의지에 따라 움직인다는 생각을 말한다.

(5) 도덕적 실재론

유아는 규칙이란 지키지 않으면 벌을 받기 때문에 절대적으로 지켜야 되며 규칙은 본래 정해진 것으로 변경될 수 없다는 생각이 지배적이다.

4) 언어발달

(1) 어휘발달 및 문장의 사용

2세에는 두 단어로 문장을 만들어 사용할 수 있다(엄마, 엄마라는 두 단어 문장은 엄마, 배고프니까 "밥 줘"라는 의미의 표현이다.

3세의 유아는 2~4개 정도의 단어로 문장을 만들어 사용하게 된다.

4세는 3~7개 정도의 단어로 문장을 만들기 때문에 거의 완전한 문장을 구사한다.

5세는 6~12개의 단어를 사용하여 문장을 구사하기도 한다.

(2) 단어 의미의 발달

유아는 추상적인 언어 비유나 은유, 유머나 농담 등을 이해하지 못하고 한 가지 어휘가 다양한 의미를 가질 수도 있다는 것을 알지 못한다.

(3) 문법의 발달

세단어로 문장을 만들기 시작하면서부터는 품사의 위치가 정해진다. 접미사나 조사의 사용이 시작된다.

5) 정서발달

정서적으로 안정된 환경을 조성해 주고 정서이해능력을 향상시킬 수 있도록 또래집단과 정서적으로 풍부한 상호작용을 하거나 이야기 나누기를 하도록 지도한다.

(1) 공포

3세경에는 개나 고양이 같은 특정의 대상을 두려워하게 된다(시각적인 것에 공포느낌).

4세경은 이유가 없는 공포심이 심해진다(악몽 등).

6세경은 상상력이 발달, 공포에 대한 반응이 학습되며 경험이 확장되어 공포심이 심하다.

(2) 분노

1세경에는 떼를 쓰게 된다.

4세경은 공격적 행동으로 분노 표시한다.

5세경은 공격적인 언어로 분노 표시한다.

(3) 기쁨

2세경은 웃음이나 동작으로 표현한다.

3세경은 기쁨이 언어로 표현한다.

(4) 호기심

호기심을 갖는 것에 대해서 끊임없이 질문하며 언어발달과 언어적 표현을 통해 호기심을 만족시킨다. 2~3세 사이에 시작되어 6세가 되면 절정에 도달한다.

6) 사회성 발달

사회의 구성원으로서 갖추어야 할 규범이 사회성 발달을 한다.

(1) 우정의 시작

에너지와 활동 정도가 비슷하고 같은 활동에 참여하는 동성의 친구와 친한 경향이 있다.

(2) 사회적 행동

다른 사람과 원만한 관계를 가지며 주변 환경에 잘 대처하는 행동을 말한다. 친사회적 행동이란 긍정적인 사회적 행동, 즉 도움주기, 나누어 갖기 등 사람들 사이의 우호적인 관계를 촉진시키거나 유지시키는 행동을 말한다.

친사회적 행동은 유아기에도 가능한데, 2~3세경의 유아도 다른 유아를 도와주거나 장난감을 나누어 주기도 하고 위안을 주려고 노력하며 연력의 증가와 함께 발달한다. 이 시기는 주도성이 강해지면서 독립심과 자신감을 얻게 된다.

이 시기에는 성역할을 인식하게 되는데, 여아는 여자다운 것을, 남아는 남자다운 것을 선택하고 행동한다. 색에 대한 선호나 놀이유형등에서도 성에 따른 차이가 현저하게 나타나고 친구관계도 동성끼리 더 잘 어울리게 된다.

2. 유아의 운동발달

유아기에는 운동량이 많아지고, 운동능력도 세분화되어 대 근육과 소 근육이 현저하게 발달하여, 팔 · 다리와 눈과의 협응작용이 잘 이루어짐으로써, 가위질이나 젓가락질을 곧잘 하게 된다. 그래서 유아기는 인간이 성장하는 과정에서 환경에 신체적 · 심리적으로 적응하는 능력을 획득하는 운동발달의 적기라고도 한다.

운동기능의 발달은 유아기 동안에 상당히 증가하여 대 근육과 소 근육, 눈과 손의 협응력이 발달된다.

- 유아기는 운동기능을 발달시키기 위한 "이상적인 시기"이다.

그 이유는 뼈가 굳기 전이므로 몸이 유연하며 호기심, 모험심이 강하고 감수성이 예민할 뿐만 아니라, 비교적 충분한 시간적 여유를 가질 수 있어 다양한 기능의 학습이 용이하기 때문이다.

- 출생이후 유아기는 일생 중에서 두뇌발달이 가장 현저한 '지능발달의 결정적 시기'이다.

이 시기의 지능과 신체발달 사이에는 밀접한 관계가 있는 것으로 밝혀졌으며, 이 시기에 운동발달이 지연되면 어린이가 학교생활에서 경험하는 학습장애의 원인이 되며, 말하기, 읽기 등에도 영향을 준다. 이는 운동발달이 단순히 신체적인 동작에 국한된 것이 아니라 시각, 지각발달 및 신경조직의 발달과도 관계가 있기 때문이다.

- 유아기는 자아개념이 형성되기 시작하는 시기이다.

놀이 및 신체활동을 통하여 이어지는 성취감, 만족감 등은 유아의 자아개념 형성에 중요한 역할을 한다.

어릴 때 운동기능이 우수하면 집단에서 리더십을 발휘하게 되고 또 그 역할을 배우게 된다. 운동기능이 발달하면 아동은 신체적 안정감을 으깨게 되고, 이것이 심리적 안정감을 가져온다. 심리적 안정감은 다시 자신감을 불러일으키고 일상생활의 모든 행동에 영향을 미치는 자아개념 형성에 공헌하게 된다.

- 유아기의 체력 및 운동발달은 신체적 건강과 직접적인 관계가 있다.

운동기능이 약하다면 신체활동에서 즐거움과 만족감을 느끼지 못하며 결과적으로 참의욕을 잃게 된다.

1) 운동발달의 원리

인간의 운동 발달은 개인차가 있기는 하나 대개 일정한 단계를 거쳐서 일정한 규칙성을 가지고 발달하게 되는데 유아기의 운동발달 원리는 다음과 같다.

첫째, 운동 발달은 단계적, 연속적으로 이루어진다.

신체 기관이나 운동기능의 발달은 앞 단계의 발달을 토대로 하여 다음 단계로 발달해 가는 단계적이며 연속적인 과정을 거쳐서 이루어진다.

둘째, 신체적, 심리적 발달에는 이상적인 시기가 있다.

운동기능이나 심리적인 발달은 급증하거나 정체하는 시기가 있다. 따라서 이 시기를 놓치면 발달에 장애가 올 수 있다.

셋째, 운동 발달은 개인차가 있다.

운동 발달은 속도뿐만 아니라 발달 유형에도 개인차가 있고 남녀간에도 차이가 있다. 그런데 이러한 개인차는 선천적인 요인보다도 학습기회, 수련방법, 동기유발 등에 의한 차이가 더 크다.

넷째, 운동발달은 다른 영역의 발달과도 관계가 깊다.

유아기의 운동발달은 사회성, 성취동기, 정서적인 안정감, 학업성취 등과 밀접한 관계가 있다. 따라서 성공적인 운동발달은 긍정적인 자아개념을 형성하는데 많은 도움을 준다.

2) 유아기 운동발달의 특성

유아기에는 인지적·정서적 발달보다 운동발달이 현저하게 증가하며, 이러한 운동발달 특징 중의 하나는 두미 방향의 발달이고, 다른 하나는 중심주위 방향의 발달인데 이를 구체적으로 살펴보면 다음과 같다.

첫째, 운동능력은 머리에서 가까운 부분부터 발달한다. 즉 눈, 머리, 손의 운동능력이 먼저 발달하고 다음에 다리의 운동능력이 발달한다.

둘째, 운동능력은 몸통 중심부위에서 말초부위로 발달해 간다. 즉, 팔과 다리를 움직이는 능력이 발달한 후에 손가락과 발가락의 운동능력이 발달한다.

셋째, 큰 근육의 운동능력이 발달한 후에 작은 근육의 운동능력이 발달한다.

넷째, 양방향의 운동능력이 발달한 후에 한 방향의 운동능력이 발달한다. 그래서 유아기 초기에는 양손을 사용하다가 어느 한 손을 주로 사용하게 된다.

다섯째, 수평운동능력이 먼저 발달하고 다음에 수직운동 능력이 발달한다.

3) 운동발달의 변화 양상

- 점차 강해지고, 빨라지고, 민첩해지고, 우아해진다.
- 유연성, 균형, 협응이 증가한다.

유연성-연령이 증가함에 따라 증가, 여아가 남아보다 우세하다.

균형-청소년기까지 계속 증가하고 남녀의 차이가 없다.

협응-아동기동안 계속 증가하고 11세까지는 남 · 녀의 차이가 없다. 그러나 그 이후부터는 여아가 약간 우세하게 된다.

4) 대근육 운동 발달

유아기에 나타나는 대근육 운동은 달리기, 뛰기, 오르기 등이다.

- 신체활동을 할 수 있는 놀이기구를 구비한다.

기어 올라갈 수 있는 것, 균형을 유지할 수 있는 것, 매달릴 수 있는 것 등이다.

예: 시소, 철봉, 미끄럼틀, 그네

- 놀이기구를 접할 수 있는 기회를 제공한다. 아동의 활동을 방해하지 말고 위험이 있는지도 검토한다.

5) 소근육 운동 발달

- 소근육의 운동은 눈과 손의 협응을 필요로 하는 운동: 컵 사용하기 · 밥먹기 · 옷입기
- 혼자 밥먹기: 두 살-수저로 밥을 먹고 컵으로 마시나 아직 미숙한 수준이다.
  세 살-엄지와 검지를 사용하여 컵을 사용하고 포크로 음식을 먹는다.
- 옷입기

3세 경은 혼자 옷을 입기 시작하지만 아직 미숙하다.

6-7세에는 혼자 단추를 끼거나 뺄 수 있으며 운동화끈을 맬 수 있다.

(1) 그리기

연필이나 크레파스 등을 사용하는 기술도 소근육 운동 능력의 하나로 유아기를 통해 계속 발달된다.

첫번째 단계는 긁적 거리기: 2세(반복된 직선, 곡선과 나선형 등이 나타난다.)

두번째 단계는 도형의 단계: 3-4세(간단한 도형이 나타난다.)

세번째 단계는 도안의 단계: 4-5세(간단한 도형을 복합하여 얼굴이나 집으로 전환)

네번째 단계는 그림의 단계: 5세 이후(동물, 자동차, 나무 등을 그리며) 9, 10세가 되면 삼차원의 형태를 나타낼 수 있다.

(2) 쓰기

4세경: 문자의 모양이 각각 다른 선들이 모여진 것 같은 것을 그리고 종이의 아무데나 그린다.

5세경: 자신의 이름과 숫자를 쓸 수 있다.

6-7세경까지 반전현상이 나타난다.

• 오른손잡이와 왼손잡이의 결정

대부분의 동물이 특정행동에서 신체의 한쪽을 사용하는 것을 선호한다.

이러한 현상은 메뚜기에서부터, 쥐, 원숭이들에게도 나타난다.

인간도 손이나 눈의 사용, 귀의 사용에서 선호도가 나타난다.

3-4세경이 되면 손의 선호도가 결정되는데 90%가 오른손잡이이다.→ 다리, 손, 눈, 귀 모두의 경우 대부분 오른쪽을 선호한다.

〈소근육 활동을 위한 지도〉

• 소근육활동을 위한 놀잇감과 기회를 제공한다.
  예: 가위질, 그리기, 빗 사용 등
• 연령에 맞는 활동을 제공한다.
• 오랫동안 주의집중의 문제가 있기 때문에 짧은 시간동안 하도록 한다.

3. 유아기 운동발달의 저해요인

유아기의 운동능력이 평균보다 크게 떨어지면 그 원인을 찾아 균형 있는 발달이 이루어지도록 해야 하며, 장애요인은 대개 다음과 같다.

첫째, 소아마비나 뇌성마비로 신체발달에 장애가 온다. 특히 뇌에 이상이 있어 팔·다리의 운동능력이 떨어질 경우 대개는 지능발달 장애를 동반하는 경우가 많기 때문에 가급적 빨리 전문가의 치료와 지도를 받아야 한다.

둘째, 미숙아로 출산했을 때 운동발달이 늦어진다.

미숙아의 경우 일반적으로 같이 출생한 유아에 비해 운동 발달이 늦는 경우가 많다. 이는 연령 계산을 수태 일로 하지 않고 출생일을 기준으로 하기 때문에 생기는 일종의 착각 현상이기 때문에 대개는 초등학교에 입학할 때가 되면 발달수준이 비슷해진다.

셋째, 여러 가지 운동기회가 주어지지 않을 경우에도 운동발달이 늦어진다.

그 밖에 지나치게 비만해진 경우나 너무 두껍고 빳빳한 옷을 입힐 경우에도 운동능력이 떨어지는 수가 있으므로 세심한 관찰이 필요하다.

4. 유아운동 프로그램의 교육적 효과

유아운동 프로그램은 즐거운 신체활동을 통해서 정서를 순화시키고, 신체활동의 욕구를 충족시키며, 운동발달을 촉진함은 물론 기초체력을 향상시키는 등 여러 가지의 교육적 가치를 가지고 있다.

1) 신체 발육을 촉진시킨다.

유아기의 적절한 운동은 근육과 골격, 내장기관 등 신체발육을 촉진시키는 효과적인 방법이다. 특히 유아기의 다양한 운동은 자율신경의 작용을 조정하는 역할을 하여, 체온의 변화 등에 대한 적응력을 높임으로써 건강한 사람으로 자라게 한다.

2) 운동기능을 발달시킨다.

유아기의 운동은 활발한 뇌의 발달을 촉진한다. 특히 신체지배 신경계의 발달을 촉진시켜 소위 운동신경이라는 신체조정력을 발달시키는데, 이 조정력은 쉽게 소멸되지 않기 때문에 성인이 되어서도 그 능력이 지속된다.

3) 사회성을 발달시킨다.

유아의 운동은 초기에는 혼자서 하는 놀이를 주로 하지만 차츰 2~3명, 4~5세쯤에는 집단 놀이도 가능하며, 이를 통해 지켜야 할 규칙, 상대방에 대한 배려 등 사회생활에 필요한 행동규범을 익히게 된다.

4) 정서를 순화시킨다.

유아들은 정서가 불안하면 운동이나 언어발달에 장애를 가져온다. 따라서 신체활동에 대한 욕구가 충족되면 억압된 정서가 해소되고, 자신감과 행복감을 증대시켜 정서적 안정을 가져온다. 이와 같이 유아기에는 신체적 특성과 정서적 특성간의 협응 작용이 강하기 때문에 신체적 특성과 정서적 특성을 함께 고려하여 교육프로그램을 운영해야 한다.

제 3 절 아동기 발달

아동기는 대략 12세까지를 의미한다. 이 시기의 성장. 발달은 유아기와 달리 이제까지 습득된 기술, 능력을 바탕으로 질적인 발달이 이루어지며, 성장들이 하나로 통합되어 작용하게 된다. 신체능력조절이 더욱 향상되며, 융통성 있는 사고와 창의적인 문제해결을 시도할 뿐만 아니라 유아기와는 달리 언어습득으로 읽고, 쓰고 셈하기가 능해진다. 글을 읽고 씀으로써 세상에 대한 간접적인 이해가 가능해지며 생활변경이 집에서 학교로 이동됨에 따라 교사, 또래관계 등 인간관계가 확장되며 사회적 적응도 확대한다. 또한 자신의 정서에 대한 통제가 이루어지며, 타인에 대한 수용을 바탕으로 협동능력이 형성되고 자신의 성격적 특성을 완성해 나아가는 시기이다. 뿐만 아니라 다양한 인간관계속에서 도덕성이 발달해 나아가며 자신의 의견에 의해 도덕적으로 옳고 그름을 판단하는 자율성이 형성된다.

아동의 삶이 학교에서 이루어지는 학동기로서 친구관계가 중요하며 인기를 얻고 싶어할 뿐만 아니라 생활 속에서 친구들과의 관계를 중시하므로 갱에이지(gang age)라고도 한다. 또한 유아기나 사춘기에 비해 상대적으로 조용한 시기라는 점에서 잠복기로 표현되기도 한다. 이러한 아동기의 발달 특성을 각 영역별로 자세히 살펴보자.

1. 신체운동 발달

1) 신체적 성장

아동 중기에 이루어지는 신체적 성장은 영유아기에 비해서는 느리지만 규칙적으로 이루어진다. 또한 이러한 성장의 변화는 청소년기에 비해 느리게 나타난다. 그러나 지속적인 성장이 이루어지는 시기이다. 신체의 특징으로는 얼굴 생김새의 변화를 들을 수 있다. 얼굴 아랫부분의 성장이 빠르게 이루어진다. 그 결과 소위 '젖살'이 빠지고 얼굴이 길쭉해지면서 코와 입이 커지고 넓어져 이제까지와는 얼굴 모습이 달라진다.

2) 운동기능의 발달

운동능력의 발달에 있어서 가장 중요한 특성은 유아기에 이미 발달한 대근육, 소근육의 기본적인 운동기능이 정교해지는 시기라는 점이다. 따라서 아동은 자신이 원하는 대로 신체의 조정을 잘 할 수 있으며 새로운 기술과 신체의 움직임을 테스트하고 성취함으로써 기쁨을 느끼게 된다. 운동능력의 발달에 있어서 아동의 '성숙'은 균형과 협응의 발달에서 볼 수 있다.

2. 아동기의 언어발달

유아기 동안의 언어발달은 매우 급속도로 이루어져 6세경의 어린이는 어휘 및 구문이해가 매우 성숙되며, 구문적 불규칙성에 대한 이해도 서서히 완벽해진다. 6세 어린이는 표면구조와 심층구조가 같은 주어로 되어 있는 문장은 이해를 하지만, 주어가 다른 경우에는 이해하지 못한다. 그러나 9세 정도부터는 이것도 이해할 수 있고, 실제 사용하여 쓸 수도 있다.

피동문은 비교적 늦게 획득된다. 영어를 사용하는 아동의 경우 5세가 된 어린이라야 피동문을 이해하고 산출하지만, 때때로 오류를 빚는다. 우리말을 사용하는 아동은 3세 전후에 〈히〉라고 하는 피동 보조어간을 사용하여 피동물을 산출한다. 그러나 아직 완전히 피동물을 획득한 것은 아니다. 이 나이의 어린이는 피동과 사역의 의미 관계를 구별하여 잘 이해하고 있지는 않다. 가끔 오용문을 산출하는데, 이와 같은 영어와 한국어간에 피동문 득의 차이가 보이는 것은 한국어와 영어의 피동문의 구조가 다르므로, 피동문을 산출할 때에 아동에게 요구되는 인지적 문제 해결력의 차이에 기인한 것으로 보여진다.

3. 아동기의 신체적 발육

아동기의 신장 · 체중 · 흉위의 발육은 연령에 따라 증가한다. 10~11세부터는 여아의 발육이 남아를 웃도는데, 이것은 여아 쪽이 조숙하기 때문이다. 그러나 청년기에 들어서면 남자 쪽의 발육이 두드러진다.

전체로서 신장과 체중의 상대적 증가량에서 보면, 신장의 증가가 현저한 신장기라고 하는 시기와 체중의 증가가 현저한 충실기라고 하는 시기가 교차되어 나타나며, 6~7세+

는 신장기이고, 8~12세(남아), 8~10세(여아)의 시기는 충실기로, 그 후는 또 신장기가 된다.

운동능력의 발달에 있어서는 전신적인 근육운동이 8~9세경까지 현저하게 발달하며, 달리기 · 뜀뛰기 · 던지기 등의 운동이 발달하게 된다. 근력이나 자세의 발달은 10세경이 고비이며, 10세 이후에는 교치성이 발달한다.

4. 아동기의 지적 발달

인간의 지적인 능력의 발달은 아동기에 뚜렷하게 나타난다. 때로 아동기를 학동기라고도 하는 것은 이 때문이다. 언어의 발달에 있어서 어휘는 유아기 때 대개 기초적인 발달을 이루지만, 초등학교에 입학할 때쯤이면 약 5,000개의 어휘를 구사하게 된다. 6학년이 되면 어휘는 2배로 늘고, 문장의 표현 능력은 4학년에서 5, 6학년의 순으로 현저하게 발달한다. 또 기억력과 사고력도 현저하게 발달한다. 즉, 기계적인 기억의 발달은 8~10세경에 절정에 도달한다. 또 8세 이하에서는 청각적 기억이 우세하지만, 9세가 되면 시각적 기억이 우세하게 되는 것을 볼 수 있다.

5. 아동기의 사고 발달

사고의 발달에도 현저한 전환이 이루어지는 것을 볼 수 있다. 즉, 초등학교 1, 2학년까지는 자기중심성이 사고의 특징을 이루고 있지만, 8~9세경이 되면 자기중심적인 경향이 없어지고 주위의 세계를 객관적으로 이해하게 된다. 지적인 기능의 발달에 대해서 보면 몇 개의 사물로부터 공통되는 특징을 뽑아내는 것 같은 추상작용이 9~10세경부터 발달하기 때문에 12세경이면 추상개념을 파악할 수 있게 된다. 또한 10세경이 되면 상당한 수준의 추리작용도 가능하게 되므로, 이들 추상 · 추리 등의 작용을 기초로 하여 비판이나, 새로운 것을 만들어내는 창조적 사고 등이 현저하게 발달한다.

6. 아동기의 정서적 발달

정서의 발달은 5세경까지 분화가 이루어져서, 10~11세경이면 일단 정리가 된다. 전체적으로 보면 정서의 표현이 억제되는 곳에서 우선적으로 발달하게 되는 것을 볼 수 있다.

즉, 우는 표현이 억제되어 입술을 깨물고 참는 것으로 변하는 것이다. 또 전체적으로 발달함에 따라 감수성에도 변화가 오게 된다. 유아기에는 이해되지 않고 무서워하지 않았던 상상의 생물, 예를 들면 유령 등에 대하여 무서움을 느끼게 된다.

정서의 표현인 울음에 대해서도 10세 이후에는 그다지 울지 않고 어른스러워지는 것을 볼 수 있다. 공포·분노 등, 예를 들면 죽음의 공포, 도덕적 부정에 대한 분노 등과 애정·웃음·유머 등에 대해서도 어른스러워지는 것을 볼 수 있다.

이와 같이 정서의 발달이 10세경에는 침착한 상태에 도달하는 것을 알 수 있다.

7. 아동기의 사회적 발달

아동기의 초기인 8~9세경까지는 유아기의 연속으로서 자기중심성이 남아 있으므로 사회생활에 있어서도 개인주의 시대에 속해 있다. 즉, 개인적인 놀이나 2~3명 정도의 작은 집단으로 노는 일이 많지만, 8~9세경을 지나면 본격적인 사회생활이 시작된다. 즉, 이 무렵부터 12~13세경까지가 gang age로서, 대개의 경우 8~9명 정도의 벗을 만들어 그들과 매우 긴밀한 사이가 되어 항상 행동을 같이하고 서로 감싸주며, 때로는 비밀인 공동재산이나 집합장소가 있기도 하고 은어를 쓰기도 한다. 이와 같은 또래들과의 공동생활에 몰입하는 것이 이 연령의 어린이이다. 잘못하면 집단적인 비행에 빠지기도 하므로 이들 또래들과의 사귐을 좋은 방향으로 지도하는 것이 중요하다. 스승이나 어버이에 대하여 8~9세까지는 절대적으로 믿고 의지하지만, 10세경부터는 지적 발달에 있어서 객관적인 견해가 생겨 심각한 비판을 하게 된다. 권위나 억압으로 다루기 힘들게 되므로 민주적인 방식으로 지도를 해야 한다.

제12장 감각기능

제 1 절 감각기능

1. 감각

주위환경으로부터 주어지는 여러 가지 자극을 오감각기관을 통해 받아들이는 것을 감각기능이라고 한다. 신생아의 수동적인 생리적 기능과 더불어 최근의 여러 연구에서는 감각기능을 통해 새로운 환경을 적응해 나가는 신생아의 능력에 주목하고 있다.

1) 촉각

촉각은 출생 시 가장 잘 발달된 감각으로 신생아는 이를 통해 주변 환경을 인식하므로 생존에 있어 중요한 역할을 한다. 신생아의 입술, 혀, 손바닥, 발바닥이 가장 민감하며, 온도감각과 통각(痛覺)이 잘 발달되었다. 촉각은 태어날 때부터 가장 발달되어 있는 감각기관이며, 촉각 전달 신경은 임신 10주가 되면 태아의 피부에 나타나며, 4개월이 되면 촉각을 관장하는 뇌의 체지각피질이 가동되어 임신부의 배를 부드럽게 마사지하면 태아는 움직이며, 태아는 32주가 되면 촉각기능이 완전히 발달하고 생애 첫 5일 동안 급격히 민감하며 특히 입, 얼굴, 손, 발꿈치와 배이며, 신생아 고착 반사 행위를 하며, 신체적 접촉이 유아의 인지 및 신체발달에 결정적 영향을 미친다는 증거이다

2) 미각

미각은 태내기에서도 어느 정도 발달되어 있지만 생후 2주경에 기본적인 맛을 혀의 미뢰(taste bud)로 식별할 수 있다. 신생아는 단맛, 쓴맛, 신맛, 짠맛 모두를 식별할 수 있으며 그중 단맛을 가장 선호하여 단맛의 액체가 혀에 닿으며 윗입술을 움직이며 빠는 행동을 보이거나 입가에 미소를 짓기도 한다. 신맛에는 입술을 동그랗게 오므리고, 쓴맛일 경우에는 입을 아치 모양으로 크게 벌린다(Rosenstein & Oster, 1990; Steiner, 1979).

- 신생아들은 네 가지 기본적인 맛인 단맛, 신맛, 쓴맛, 짠맛을 구별한다.
- 신생아는 단맛에 대한 선호도를 타고난다.
- 신생아들은 신맛과 쓴맛은 거부하고 일종의 생존기술을 찾는다.

3) 후각

바나나와 초콜릿 냄새에 편안하고 즐거운 얼굴표정이 나타나는 반면 썩은 달걀과 같은 선호하지 않는 냄새에는 찌푸린 표정을 짓는다(Steiner, 1979). 엄마의 젖 냄새와 다른 엄마의 젖 냄새를 구분하며, 엄마의 젖 냄새를 더 좋아한다(Mariler & Chaal, 1997; Porter et al., 1992).

- 후각과 미각은 감각 기능은 밀접하게 관련 있다.
- 냄새를 못 맡게 되면 맛에 대한 민감성 또한 현저히 감소하게 된다.
- 후각과 미각은 임신 12~14주에 이미 발달한다.
- 1주일된 영아는 매우 복합적인 냄새인 사람의 체취를 구별할 수 있다.
- 엄마의 체취를 다른 여성의 체취와 구별하며 엄마의 체취를 선호 모유수유를 하고 엄마의 맨살과 접촉이 많은 영아의 경우에만 이러한 능력을 가진다.

신생아의 후각은 매우 발달하여 엄마의 젖과 신체의 냄새를 빨리 구별할 수 있다. 모유를 먹는 생후 4일경의 신생아는 엄마의 젖 냄새를 다른 여성의 젖 냄새보다 선호하였다(Cernoch & Porter, 1985). 또한, 크룩(Crook, 1987)의 연구에서는 신생아의 코에 여러 가지 냄새를 묻힌 거즈를 대고 얼굴표정과 신체의 움직임을 관찰한 결과, 바나나, 딸기 등과 같은 과일 냄새에는 기분 좋은 표정을 짓고 거즈에 다가가려고 했으나 생선 냄새에는 얼굴을 찡그려 불쾌한 감정을 표현하였다.

2. 청각

신생아가 출생 직후 소리에 민감하지 못하는 이유는 출생과정에서 귓속에 내이로 침투된 양수 등 점액질이 들어 있기 때문이다. 점차적으로 양수가 마르고 귓속 중이의 잔설(debris)이 사라지면 소리의 크기, 음조, 고저, 지속시간, 소리의 근원지, 주파수 등을 구별하는데 성인보다 5~10데시벨 정도의 높은 소리에 반응한다(Bower, 1982).

신생아는 다른 소리에 비해 사람의 목소리에 더 민감하고 정확하게 반응하며, 생후 3일이 채 되지 않은 신생아도 엄마의 목소리와 타인의 목소리를 구별하고, 생후 3주경에는 엄마의 목소리에 보다 민감하게 반응한다(DeCasper & Spence, 1986).

- 청각은 태내에서부터 발달하기 때문에 임산부들이 좋고 예쁜 말을 하고 좋은 클래식 음악을 듣기도 한다.
- 임신 20주에 청각 신경세포들이 미엘린으로 감싸진다.
- 24~26주가 되면 자궁 밖의 소리를 들을 수 있게 되기에 각별히 태내아기가 듣고 있음을 인지해야 한다.
- 신생아들은 어른이 들을 수 있는 음역의 소리들을 대체적으로 들을 수 있다.
- 청각 장애는 일찍 발견할수록 치료 효과가 크다.
- 영아들이 3개월 이내에 청력 검사를 받는 것을 권장한다.

1) 소리의 근원

- 소리의 근원을 알아내는 능력은 출생 시 존재한다.
- 연령이 증가하면서 정교화한다.
- 신생아는 소리의 근원을 대체적으로 파악하게 된다.

2) 말소리 구별하기

- 각 언어음들 간의 차이를 인식할 수 있는 능력은 언어발달과 깊은 연관성이 있다.
- 구별 능력은 출생 이후에 급격히 발달한다.
- 3일째는 예전에 들어본 말소리와 처음 듣는 말소리를 구분한다.
- 1개월째는 'ba'와 'pa'를 구별한다.
- 6개월째는 2음절로 이루어진 'bada'와 'baga' 같은 단어들을 구별한다.

- 2~3개월에는 같은 언어음을 성인 남녀 또는 아이의 목소리로 말을 해도 모두 동일한 소리로 인식하게 된다.
- 6개월 이후에는 모국어에서 사용하지 않는 모음들을 구별하는 능력이 감퇴하게 된다.
- 1세에는 자음들을 구별하는 능력이 사라지기 시작, 급격한 시냅스의 증가와 자극받지 못한 뉴런들이 소멸하는 가지치기(pruning)작용 때문이다.
- 사람들의 목소리를 구별할 수 있는 능력은 타고난다.
- 신생아들은 엄마와 다른 여성의 목소리를 구분하며 엄마의 목소리를 선호한다.
- 6개월부터는 목소리와 목소리 주인공의 얼굴을 짝지을 수 있다.

3) 소리패턴 구별하기

- 태어날 때부터 소리의 패턴에 관심을 기울이고 인식할 수 있는 능력이 존재한다.
- 영아들은 특정 소리에 대해서 반응을 보이는 것이 아니라, 소리의 패턴에 귀를 기울이고 반응한다.

3. 시각

- 25~30년 전만 해도 신생아는 출생 시 시력이 없다고 생각했다.
- 신생아 시력이 다른 감각 기능보다 미숙하게 태어나지만 시력을 갖고 태어나는 것만은 사실이다.

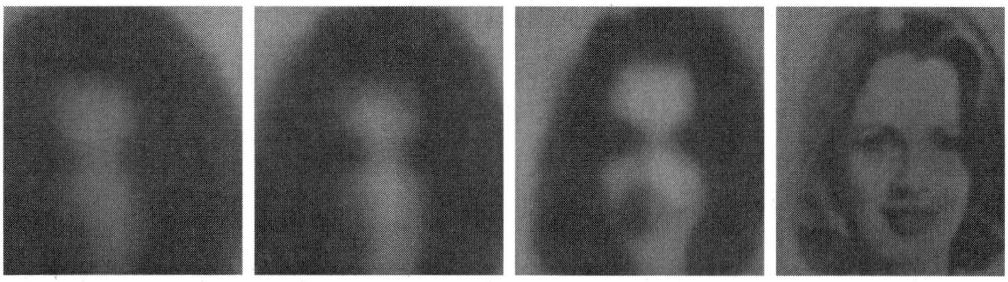

[그림 12-1] 영아 시력

1) 시력

- 영아시기에는 초점을 잘 맞추지 못한다.

- 3~4개월 경 색 변별력이 생긴다.
- 6개월은 성인의 20% 모방한다.
- 1년은 성인 수준으로 발달한다.

2) 움직이는 사물 추적하기(Tracking)

- 움직이는 사물과 함께 시선을 움직일 수 있는 능력이 있다.
- 2개월 이전까지는 영아는 목표물이 천천히 움직일 경우 잠시나마 사물을 추적한다.
- 6~10주는 추적하는 능력이 꽤 급속도로 향상하게 된다.

3) 색지각

- 영아들은 일찍부터 색을 감식을 하게 된다.
- 1개월은 영아의 눈에 적색, 녹색, 파란색을 인식하기 위해 필요한 눈의 세포들이 생성하게 된다.

4) 깊이 지각

- 손을 뻗어 사물을 잡거나 소파에서 내려오기 위해서 또는 포크로 음식을 찍기 위해서 필요한 능력이 생긴다.
- 첫 번째 방법은 사물 또는 자신의 움직임을 통해 사물과의 거리를 파악(3개월경)하게 된다.
- 두 번째 방법은 양쪽 눈이 받는 서로 다른 시각적 이미지를 이용해 깊이를 지각(4개월)하게 된다.
- 세 번째 방법은 가까이에 있는 사물은 크게 보이고 멀리 있는 사물은 작게 보이는 단서를 통해 사물과의 거리를 파악하여 깊이를 지각(5~7개월경)하게 된다.

5) 영아들은 무엇을 관찰

- 영아는 태어날 때부터 선별적으로 사물을 바라본다.
- 영아들이 사물을 바라보는 데 있어 규칙이 존재하고 연령에 따라서 이 규칙은 변화한다.
- 첫 2개월은 주위 사물들의 위치에 주의를 기울이기도 한다.
- 2~3개월은 영아는 사물이 무엇인가를 판단하기 위해서 사물을 전체적으로 훑어보면서 내부의 모양새를 관찰한다.

• 3~4개월은 패턴에 대해 주의를 기울인다.

6) 얼굴지각

• 어머니의 얼굴을 선호한다.
• 8주까지의 영아는 얼굴의 경계선에 초점을 고정한다.
• 9~12주는 얼굴내부의 탐색을 시작하고 친숙한 사람과 낯선 사람을 구분한다.
• 3~4개월의 영아는 얼굴 표정에 민감하게 반응한다.
• 5~7개월의 영아는 낯선 사람과 친숙한 사람을 구별한다.
• 6~12개월의 영아는 어머니 표정을 지각한다.

신생아의 시각은 근시 상태이다. 생후 2일경이 되면 시야 내 20cm의 사물 및 움직임에 대해서 집중하며 동공 반사가 나타난다. 신생아의 제한된 초점능력과 좋지 않은 시력은 성인이 얼굴을 가까이 해도 흐릿한 이미지로 본다. 생후 15일경에는 색체를 구별할 수 있으며 색채 선호 현상도 나타난다. 생후 2~3주경의 신생아는 성인의 얼굴표정을 보고 그대로 흉내를 낼 수 있으며, 생후 1개월경에서야 사물을 바라볼 때 초점을 맞추고 응시하는 것이 가능하다. 생후 2개월경에는 자신의 시야 180도 각도에서의 물체를 추적하는 수평주시가 이뤄지며 점차적으로 수직에서 원형에 이르기까지 물체를 추적할 수 있다.

제 2 절 주의력

우리의 지각 체계는 우리가 처리할 수 있는 것보다 많은 정보를 제공하여 산만해지기 쉬우므로 주의력은 우리가 특정 정보만을 집중해서 처리해 가는 지각의 선택과정이다.

1. 영아기의 주의 발달

• 오리엔팅 반응은 영아가 최초로 주의를 집중하는 것이며, 주위 환경의 변화나 자극이 신기한다.
• 습관화는 일단 익숙해지면 주의를 덜 기울인다.
• 시각적 목표물을 자신의 시각적인 장에 옮겨놓고 느리게 목표물을 탐색하게 된다.

- 1개월은 목표물의 외부 경계면에만 시선을 고정시킬 정도의 제한된 탐색을 한다.
- 2개월은 덜 뚜렷하고 미세한 특징이나 세부 상황을 포함한 자극의 전체형태를 탐색하게 된다.
- 2개월 이상은 익숙해진 자극에는 주의를 덜 기울이고 새로운 자극에 더 주의를 기울인다.

2. 유아기의 주의 발달

- 의도적으로 주의를 통제할 수 있게 되고, 적응적이며 계획적으로 발달한다.
- 주의 집중시간은 짧으나 주의 통제력은 성장함에 따라 점차적으로 발달 증가하게 된다.
- 1세~3.5세는 장난감과 같은 사물에 주의를 기울인다.
- 2~3세는 과제 지향적인 활동을 오랫동안 지속하지 못하고 TV를 볼 때 간섭 자극에 의해 쉽게 방해받는다.
- 3~5세는 자신의 지적 수준에 적절한 프로그램에 몰입하면 외부의 시청각적 방해물에 관심보이지 않는다.
- 4~6세는 중요정보에 아주 민감하다.

제 3 절 대상개념의 발달

피아제는 대상개념(object concept)과 대상영속성(object permanence)이 감각운동기 영아가 성취해야 하는 인지발달의 개념이라고 주장했다. 대상개념은 영아가 자신을 포함한 모든 대상들이 독립적인 실체로 존재함을 의미하고, 대상영속성은 사물이 영아 눈앞에서 사라지거나 사물에서 영아 자신이 이동하여 보이지 않게 되어도 사물은 그 자리에 존재한다는 것을 의미한다.

1. 대상영속성의 단계

대상영속성성은 눈앞에 있는 대상이 눈앞에서 사라져도 세상 어딘가에 존재한다는 것을 아는 것이다. 대상영속성의 제6단계를 알아보자.

1) 제1단계(0~2개월경)

이 시기의 영아는 시야 내의 대상은 바라보지만, 영아의 시야 밖으로 사라진 대상은 찾으려 하지 않고 어떠한 관심도 표출하지 않는다. 따라서 이 시기의 영아에게 있어 대상영속성의 개념은 전혀 없다.

2) 제2단계(2~4개월경)

영아의 시야 내에 있던 대상이 시야에서 사라지면 사라진 곳을 잠깐 동안 쳐다보지만 계속적으로 찾으려고 하는 의지가 없다.

3) 제3단계(4~8개월경)

영아는 자신의 주변에서 사라진 사물을 능동적으로 찾으려 한다. 이는 보이지 않는 사물이 존재한다는 사실을 이해하는 것으로 대상영속성 개념이 형성되기 시작한다. 그러나 이 시기의 영아는 사물의 일부가 자신의 시야 내에 있는 경우에만 사물을 찾으려는 행동을 보이고, 사물이 완전히 사라진 경우에는 찾으려는 행동은 보이지 않는다.

4) 제4단계(8~12개월경)

영아는 자신의 시야 내에서 완전히 사라진 사물도 능동적으로 찾으려고 하며, 사라진 장소에서는 정확하게 사물을 찾을 수 있다. 그러나 영아는 처음과 다른 장소에서 사물이 사라져도 처음 사물이 사라진 장소에서만 사물을 찾으려 한다.

5) 제5단계(12~18개월경)

이 시기의 영아는 사물을 여러 장소에서 이동하면서 옮겨도 마지막 사라진 장소에서 사물을 찾을 수 있다. 4단계에서의 AB오류는 나타나지 않는다. 그러나 영아가 볼 수 없는 공간에서 사물을 이동하는 경우 영아는 표상능력이 부족하여 사물을 찾기에 어려움을 보인다. 이는 영아는 아직 사물의 위치에 대한 정신적 표상으로 추적하는 능력이 부족하기 때문이다. 따라서 이 단계의 영아는 대상영속성의 개념을 온전하게 획득하지 못한다.

〈표 12-1〉 감각운동기의 인지발달단계

	감각운동기의 인지발달단계	
감각운동기의 하위단계	대표적 적응행동	대상영속성
1단계: 반사운동기 (출생~1개월)	▪ 신생아의 원초적 반사행동	없음
2단계: 1차 순환반응기 (1~4개월)	▪ 자신의 신체에 집중된 행동이 반복해서 나타나며, 대상물을 찾아내서 잡을 수 있으나 극히 제한적임(한정된 사건에 대한 예측 가능함)	없음
3단계: 2차 순환반응기 (4~8개월)	▪ 주변 환경에서 흥미 있는 결과를 유발하는 행동을 반복시행 및 새로운 방법을 시도 학습을 통한 목표 지향적 반응 보임(익숙한 행동 흉내 내기)	없음
4단계: 2차 순환반응 협응기 (8~12개월)	▪ 의도적 또는 목적 지향적인 행동을 위해 다양한 도식 사용 ▪ 사건에 대한 예측능력 발달 ▪ 대상영속성 개념 형성 ▪ 목표 지향적 행동 발현	사물이 숨겨진 첫 번째 장소에서 찾아내는 능력 향상
5단계: 3차 순환반응기 (12~18개월)	▪ 새로운 방법 및 시행착오를 통한 사물의 특성 탐구 ▪ 학습을 통해 새로운 도식을 발달	숨겨진 사물을 여러 곳을 탐색하여 찾을 수 있는 능력 발달
6단계: 정신적 결합기 (18개월~2년)	▪ 문제해결을 위한 사고와 추리능력의 발달 ▪ 대상영속성의 개념 온전히 획득 ▪ 사물과 사건에 대한 내적 표상으로 자연모방, 상상놀이, 언어개념학습이 가능	보지 않는 동안 숨겨진 사물을 찾을 수 있는 능력 발달

아기가 태어날 때 생물학적으로 부여된 몇 개의 단순한 반사기능은 감각운동기 동안에 물건을 잡고 빠는 등 여러 가지 형태의 신체적 활동에 의한 다양한 감각운동적 도식으로 변화하며 마침내는 의도적이며 체계적인 행동으로 발달해 나간다.

6) 제6단계(18~24개월경)

대상영속성의 개념을 온전히 획득하는 시기로 영아는 사물의 이동을 보지 못했어도 정신적 표상이 모두 가능하여 사물의 이동과정을 추적하여 사물을 찾을 수 있다.

제 4 절 용어정리 및 예화

1. 도식(Schemata, 스키마타)

인간의 정신적 구조를 지칭하는 개념으로 피아제에 의하여 구체화되었다. 스키마타를 활용하여 주변 환경의 자극에 대하여 적응하게 된다. 주변의 사건을 조직화하고, 공통된 특성에 따라서 구분하는 기능을 담당한다.

- 인간의 정신적 구조(mental structure)로서, 이를 활용하여 주변 환경의 유형(pattern)에 적응한다.
- 주변의 사건들을 조직화하고 공통된 특성에 따라서 구분하는 기능을 담당한다.
- 새로운 것을 알아가는 즐거움이 생긴다(스키마의 발달).
- 환경의 경험을 통하여 지속적으로 재구조화하기도 한다.
- 새로운 연결이 생기는 것이다.
- 도식에 의하여 주변환경의 자극에 대하여 적응하게 된다.
- 어떤 것을 읽거나 들을 때, 마음 속에 나타나는 이미지 같은 것들이다.
- 예를 들어 개의 도식을 가진 유아를 살펴보면

공통된 유형(pattern)은 네 개의 다리, 긴 귀, 꼬리

이러한 상황에서 소를 처음 보는 경우, 개와 혼동을 일으켜 소를 개라고 도식화 이후 개와 소의 소리나 크기 등이 다르다는 사실을 인식하면서 개와 구분하여 소의 도식을 형성, 도식이 일반화되거나, 분화되거나, 연관성 있게 된다.

2. 동화(assimilation)

새로운 정보를 기존의 지식에 통합하는 과정, 식물의 탄소동화 작용과 같이 인간의 인지적 과정도 일정한 동화 과정을 거치는 것으로 파악한다. 동화의 과정은 단순히 새로운 지식이 기존의 지식에 쌓여가는 것이 아니라 유기적으로 통합되는 과정을 거친다.

자신이 가지고 있는 사용 가능한 지식과 선호하는 방식으로 외부의 대상이나 상황을

해석하고 구성하는 것이다(양적변화).

예: 같이 한 쪽으로 기울어진 반쯤 찬 물병에 대한 그림을 그리라고 요청받았을 때 유아는 병과 테이블 사이의 관계없이 병의 바닥과 수면을 평행하게 그림으로 해서 대부분의 유아들의 일반적으로 올바르지 않게 수면을 그린다.

3. 조절(Accommodation)

새로운 지식을 그대로 받아들일 수 없을 때 기존의 지식을 변형하게 되는데 이 과정을 조절이라고 부른다.

인지구조의 발달변화(질적변화)로서, 기존 지식방식에서 새로운 외부 대상이나 상황이 해석(동화) 안될 때, 갈등이 생기고, 갈등해소를 위한 활동을 하게 되는 데 이 활동을 조절이라 한다.

예: ① 14개월 여아가 앞만 보고 가다가 계속해서 뭔가에 걸려 넘어진다. 수차례 넘어지기를 반복하면서 장애물의 개념을 머릿속에 인지하고는 앞만 보고 가는 것이 아니라 아래를 보면서 장애물이 있을 시에는 옆으로 돌아가거나 다른 방법으로 장애물에 걸려 넘어지는 것을 미연에 방지하는 것을 관찰하였다.

② 자신이 알고 있는 정삼각형의 구조를 변경해서 세 개의 꼭지점으로 이루어진 삼각형들을 같은 부류로 유목화할 것이기 때문이다. 이렇게 유목화하기 위해 기존의 지식구조를 변경함으로써 더 높은 수준의 사고로 재조직화하는 과정을 조절이라고 한다.

4. 평형

인간은 자신의 심리적 구조를 일관성 있고 안정된 행동양식으로 조직하려는 경향이 있다고 피아제는 말한다. 여기서 평형이란, 개인의 정신적 활동과 환경간의 균형의 상태를 의미한다.

쉽게 동화될 수 없고 조절할 수 없는 새로운 정보가 들어 왔을 때, 개인의 심리 구조는 평형을 잃어버리게 된다. 평형을 잃어버린 상태의 개인의 심리구조가 다시 평형화되었을 때는 보다 높은 차원의 심리구조가 획득된 상태이다.

다시 말하면, 평형화를 통한 심리구조의 재구성이 이루어졌다는 뜻이다. 피아제는 이런 평형화의 원리를 인지발달의 주요원리로 보고 있다.

〈표 12-2〉 피아제의 주요 용어

	피아제 이론의 주요 용어
용 어	정 의
도식(schema)	사물이나 사건 또는 사실에 대한 전체적인 윤곽이나 개념
동화(assimilation)	환경 속의 새로운 자극을 이 학습되어 있는 기존의 인지구조 또는 도식에 의해 해석되는 과정
조절 (accommodation)	새로운 자극을 동화해 내는 데 적합한 인지구조가 없을 때 기존의 도식을 수정하거나 새로운 도식을 만드는 과정
평형화(equilibrium)	동화와 조절 간의 인지적 균형을 유지하도록 하는 것
적응(adaptation)	새롭게 접하는 정보를 자신의 인지구조에 맞게 이해하는 것

예: 도시에서 자란 아동이 엄마와 함께 시골에 가던 중에 "소"를 보고 "엄마 저기 개가 지나가고 있어"라고 말을 할 때 엄마는 "저것은 개가 아니고 소란다"라고 대답할 것이다. 이 아동은 발이 네 개이고 털이 난 짐승은 "개"라는 도식을 지니고 있다. 이 기존의 도식에 새로운 물체인 "소"를 끌어들여 이해하고자 하는 것이 "동화"이다(『아동발달』 손혜숙 외 공저, 2012).

제 5 절 유아 언어교육전략

1. 듣기 지도 방법

듣기는 상대방의 생각을 받아들이는 첫 단계로 진정한 의미의 듣기는 상대방의 말에서 유아가 중요하고 의미 있다고 생각하는 것에 주의를 기울이고 상대방의 말을 바르게 이해하고 반응하는 것이다. 듣기 능력에는 청각적인 기능과 인지적인 사고과정이 포함된다. 따라서 유아가 상대방의 말소리를 청각적으로 구분하고 사고를 통해 그 의미를 이해해야 한다.

- 교사가 듣기의 모델이 된다.
- 유아는 대집단보다 소집단에서 더 잘 들을 수 있다.
- 교사는 대화 중에 질문을 통해 유아가 듣고 있는 것을 확인한다.
- 교사는 유아의 주의 집중 시간이 짧다는 것을 기억해야 한다.
- 유아의 눈앞에 듣기를 방해하는 요소들을 치운다.
- 협동적인 작업을 계획한다.
- 소리를 듣고 변별할 수 있는 활동을 준비한다.
- 유아의 듣기에는 개인차가 있음을 인식한다.

2. 말하기 지도 방법

유아들은 자신이 보고 들은 것을 다른 사람에게 말하고 싶어하는데 말하기 능력은 정서와 관련이 깊다. 따라서 주변 사람이 자신을 얼마나 수용하고 인정하는가에 따라 자유롭게 말을 하기도 하고 표현을 억제하기도 한다.

말하기 능력 지도 시 고려 사항

교사는 자연스럽고 자유로운 분위기 속에서 유아와 대화하도록 교실을 수용적인 분위기로 조성한다. 유아는 끊임없이 교사에게 말한다. 교사는 유아의 말을 듣고 구체적으로 반응해 준다. 교사는 정확한 발음과 단어, 완전한 문장을 사용하여 말함으로써 성숙한 말하기를 돕는다. 말하기를 돕는 여러 가지 자료를 활용한다. 말하기를 돕는 활동을 계획한다.

3. 쓰기교육 전략

유아기 읽기, 쓰기 발달단계와 유아언어 교육전략을 세워 공부하는데 도움이 될 것이다.

1) 유아의 개별성을 인정하도록 한다.

각각 유아들이 지니고 있는 언어능력, 아이디어, 흥미를 고려하여 유아의 발달에 적합한 수준에서 유아의 흥미에 맞게 접근되어야 한다.

2) 쓰기 활동이 유아에게 의미가 있도록 해야 한다.

글자 중심의 쓰기 교육보다 글자의 의미를 강조하는 쓰기 교육을 하는 것이 중요하다. 유아에게 아무 의미가 없는 글자, 예를 들어 'ㄱ', 'ㄴ', 'ㄷ'이나 '가', '나', '다' 등의 글자를 반복적으로 연습시키기보다 유아의 이름, 주소 또는 유아에게 친숙한 사물의 이름이나 유아에 관련된 내용이나 경험을 쓰게 하는 것이 효과적이다.

3) 글 쓰는 모습을 많이 보여주며 흥미를 갖도록 한다.

유아는 주변의 성인이나 친구들이 글 쓰는 모습을 자주 보면서 자신도 흥미를 갖게 된다. 따라서 의도적으로 유아 앞에서 글 쓰는 모습을 보여주는 노력이 필요하다.

4) 일기와 함께 말하기, 듣기의 언어영역과 통합되어 교육해야 한다.

읽기 능력과 쓰기 능력간의 관계를 밝히고 있는 연구(정남미, 2000)에 의하면 읽기와 쓰기는 동시에 상호 연관되어 발달하고 있음을 지적하고 있다. 이 둘을 별개의 능력이 아닌 상호보완적임을 알고 이 둘을 통합하여 교육해야 한다.

5) 유아의 발달특징에 기인되는 여러 가지 오류를 자연스럽게 인정하고 효과적으로 지도해야 한다.

유아가 글자의 모양이나 획순이 틀렸다 하더라도 발달상 나타나는 자연스러운 현상임을 이해하고 직접적으로 교정하는 것보다 바르게 쓴 것을 보고 스스로 그 차이를 찾아내어 깨닫도록 하는 것이 바람직하다.

6) 쓰기 활동에 적절한 자료를 다양하게 제공하고 유아가 자유롭게 선택할 수 있게 한다.

유아기에 적절한 자료는 성인이 사용하는 줄쳐진 공책이나 펜이 아니다. 유아의 발달 단계에 맞추어 대근육을 이용할 수 있는 커다란 종이나 칠판, 화이트보드와 함께 붓, 분필 등이 연필보다 더 적합하다. 줄이 쳐 있는 종이의 경우 글씨 형태에만 집중하기 어려우므로 줄이 쳐져 있지 않은 종이가 더 유용하며 필기도구의 경우에도 소근육을 활용해야 하는 연필은 가장 나중에 사용하는 것이 좋다. 활발한 쓰기 활동을 위해서 다양한 질감과 크기의 종이와 함께 크레파스, 색연필, 사인펜 등의 다양한 자료를 제공해 주는 것이 중요하다.

7) 소근육 발달을 위한 활동을 제공한다.

직접적인 쓰기와 관련된 활동들뿐만 아니라 아직 세심한 손 운동의 발달이 덜 이루어진 유아들에게는 이를 위한 활동들이 필요하다. 그림 그리기나 사선, 원 그리기 등의 활동을 비롯하여 구슬 끼우기, 가위질하기, 바느질하기 등의 관련 활동이 함께 제공되어야 한다.

8) 쓰기 교육적 전략

대체적으로 읽기, 쓰기 지도는 초기 문자에 대한 관심, 창안적인 읽기 쓰기, 그리고 관습적인 읽기, 쓰기의 순서로 이루어진다. 유아는 주변의 성인의 관습적인 쓰기를 보고 모방하며 자신의 생각과 말이 글자라는 형태를 통해 나타나는 것을 보면서 글자는 말과 생각을 나타내는 또 하나의 도구라는 것을 알게 되고 글자에 대한 관심을 더해간다.

제6절 지각발달

1. 지각발달의 이론적 접근

통합이론은 지각을 일으키는 데는 자극물에 내재되어 있는 정보로는 불충분하며 다른 정보가 더 첨가되어야 한다.

1) 분화이론

Gibson, 끊임없이 환경으로부터 새롭고 정교한 정보를 추출하여 사물과 사건들을 구별하는 변별 특징을 발견하는 과정이다.

2. 지각 측정 방법

1) 선호도 측정방법(Fantz: 영아의 시지각 연구)

- 방법은 영아에게 둘 이상의 자극을 동시에 제시하고 그 자극들 중에서 어떤 것에 더 주의를 기울이는지를 측정하는 방법이다.
- 평가는 어떤 한 자극을 다른 자극보다 더 오래 주시하면 두 자극을 구별할 수 있으며 주시한 자극을 더 선호하는 것으로 해석한다.
- 문제점은 어떤 자료도 선호성을 보이지 않거나, 모두 똑같이 주시했을 때 아기가 시각적 변별을 못하는 것인지, 어느 것을 더 선호하는지 알 수 없다.

2) 습관화측정 방법

- 방법은 변별하는 능력을 알아보기 위하여 영아가 한 자극에 습관화될 때까지 그 자극을 계속한 후 다른 자극을 제시하는 방법이다.
- 평가는 습관화후 제시된 자극에 주의를 기울이거나 행동이 변화하면 두 자극간의 차이를 아는 것으로 해석한다.
- 문제점은 영아가 자극뿐 아니라 상황에도 습관화될 수 있음, 자극을 바꿔 제시하는

상황에 습관화의 판단이 어려움 있다.

3) 빨기 반응 측정법

- 방법은 영아에게 전선으로 연결되어 있는 고무 젖꼭지를 빨도록 하여 그 반응을 측정하는 방법이다.
- 평가는 새로운 자극을 제시하여 영아의 빠는 반응이 변화하면 첫 번째 자극과 두 번째 자극을 구별하는 것으로 본다.

상세한 파악은 정보의 다양성과 세부항목, 내부적인 구조, 보다 상위의 구조, 불변적인 관계 등을 점차 파악한다.

제 7 절 언어의 기본요소

1. 언어의 정의

- 인간은 언어로 자신의 정보나 아이디어, 감정 등을 다른 사람들에게 전달할 수 있다.
- 주변세계를 변별하고, 분류, 사고하는 활동 가능하다.
- 언어는 사회적으로 의미가 통하는 음형태의 구조적인 조직, 즉 언어란 우리가 말하고 듣고 쓰는데 포함되는 규칙들의 순서체계이다.
- 사회적인 관계에서 본다면 언어는 의사소통이라는 말과 차별된다.

2. 언어의 구성요소

1) 음운론

- 언어의 소리체계를 의미한다.
- 음운론적인 지식이란 아동이 기본 소리 형태의 결합에 대한 규칙을 아는 것이다.
- 음소는 가장 작은 말소리 단위이다.
- 음소의 수는 언어에 따라 다른데, 한국어의 음소-30개 정도, 영어의 음소-40개 정도이다.

2) 의미론

단어나 문장에서 표현되어진 의미를 아는 것이다.

3) 형태론

- 단어의 구성을 의미한다.
- 음소들이 연합되어 의미를 갖는 최소의 단위가 될 때 이것을 형태소라고 한다.

4) 구문론

- 문장을 구성하기 위해 어떻게 단어가 결합되어야 하는지 규칙
- 아동은 성인의 문장처럼 복잡한 문장을 만들 때까지 자신의 문법체계를 계속 수정하고 정리해 간다.

5) 화용론

- 맥락에 따라 효과적으로 의사소통하기 위해 적절하게 대화와 지식을 사용하는 것이다.
- 화용론은 나라마다 복잡하고 다를 수 있다.

제13장 정서발달

제1절 정서표현과 이해

1. 정서의 개념

정서는 중요한 목표와 관련된 사건의 의식적, 무의식적 평가에 의해서 유발되며, 정서의 핵심은 행동 준비성이다. 특정한 정서가 특정한 행동을 유발하도록 하는 동기를 부여하고, 정서는 독특한 유형의 마음 상태로 체험되며, 때때로 신체 변화, 표현, 행동 등을 수반한다.

1) 정서 표현

기본정서는 생애 초기에 분노, 슬픔, 기쁨, 놀람과 공포를 보이는 비교적 단순한 정서이다. 모든 문화권의 동일 연령 영아들에게서 나타나기 때문에 생물학적으로 준비된 반응으로 가정된다.

복합정서(이차정서)는 당혹감, 수치심, 죄책감, 부러움, 자부심 같은 것이 있으며 기본정서(일차정서)보다 늦게 표현되며, 좀더 복잡한 인지 능력이 요구된다.

자기 의식적 정서는 자아감을 해치거나 증진하는 것과 관련된다. 가장 단순한 자기 의식적 정서인 당혹감은 유아가 거울이나 사진에서 자신을 인식하기 시작한 이후에야 비로

소 나타난다.

자기 평가적 정서는 수치심, 죄책감, 자부심과 같은 자기 인식과 자신의 행동을 평가하는 규칙이나 규준에 대한 이해를 바탕으로 하는 정서인 것이다.

2) 정서의 이해

아동이 자신의 정서를 정확하게 인식하고, 타인의 정서를 이해하는 능력, 정서 이해 능력은 대인 관계 상황에서 상대방의 행동을 예측할 수 있게 해주어, 적절하게 대처할 수 있도록 하며 결과적으로 원만한 사회적 관계를 형성하도록 돕는다.

- 8~10개월은 불확실한 상황에 대한 부모의 정서적 반응을 살피고 자신의 행동을 조절하기 위해 정보를 사용하기 시작한다(이러한 경향은 2세까지 지속됨).
- 2세경은 사회적 참조를 통해 다른 사람의 정서적 반응이 자신의 것과 다를 수 있음을 알게 된다.
- 3세경은 얼굴 표정과 상황 단서를 사용하여 정서를 이해한다.
- 4~5세는 오직 얼굴 표정에 의존하는 경향을 보인다.
- 8~9세는 상충하는 두 가지 단서를 더 잘 조화시킬 수 있다.

3) 정서 사회화와 정서 조절

정서 조절은 내적 감정 상태 및 정서와 관련된 생리학적 과정의 발생, 강도, 지속 기간을 조정하는 과정을 말하며, 정서 경험을 주어진 상황에서 사회문화적으로 용인된 방법으로 반응하는 능력이다.

2. 정서의 개념 및 정의

인지적인 요소(인지적인 요소는 지각, 지식, 느낌)와 생리적인 요소(심장박동, 땀, 근육의 긴장 등)가 있는 각성 상태이다.

1) 정서의 분류

(1) 약한 정서와 강한 정서

아드레날린이나 비아드레날린의 양에 따라 약한 정서와 강한 정서로 분류할 수 있고, 약한 정서 상태는 동기 에너지의 근원이 되며, 강한 정서는 우리 몸에 아드레날린이나 비아드레날린을 많이 분비시켜 신체가 즉각적인 행동을 취하게 되며, 강한 정서 상태는 개인의 수행에 부정적인 영향을 주는 경향이 있다.

(2) 긍정적인 정서와 부정적인 정서

긍정적인 정서는 높은 에너지, 열정, 흥분에서부터 침착함, 조용함, 위축에 이르는 다양한 정적인 감정을 말하고, 부정적인 정서는 불안, 분노, 죄의식, 슬픔과 같이 부정적인 감정의 상태이다.

(3) 심리적 발달에서의 정서

정서는 아동 자신의 행동을 조직하고 통제하는 역할을 하기도 하며, 아동의 정서 상태는 아동이 하고자 하는 동기를 통제한다.

(4) 정서와 인지는 매우 중요하게 연결된다.

(5) 정서와 상호작용은 정서가 타인과의 상호작용을 유발, 유지, 끝내게 한다.

제2절 정서발달 이론

1. 브리지스와 스로우페 이론

1) 브리지스(Bridges)는 신생아는 한 종류의 감정만을 가지고 태어나며, 3개월은 불쾌와 쾌로 나누어지고, 6개월은 불쾌, 분노, 혐오, 두려움으로 나누어진다.

2) 스로우페(Sroufe)는 브리지스의 이론을 받아들여 스로우페는 정서의 세분화에 인지적인 요인을 강조하고, 그는 영아가 대상영속성의 개념, 인과관계, 의도 등에 대해 알고 나서는 비로소 기쁨, 화, 두려움 등을 경험할 수 있다고 보며, 두려움의 발달, 인지발달과 관련, 이러한 능력은 생후 6~9개월에 나타내며, 낯가림 시기이다.

3) 이자드(Izard)는 정서가 이미 사전 프로그램화되어 있어 더 이상 분화될 필요가 없다는 주장하고, 모든 정서는 출생 시부터 존재하며 단지 표현되지 않았을 뿐이다.

제 3 절 정서표현과 정서의 이해

1. 정서표현의 발달

- 정서의 표현은 매우 일찍부터 일어난다.
- 출생 직후 신생아도 관심, 기쁨, 분노, 놀라움 등의 정서를 얼굴표정으로 나타난다.
- 1차정서는 7개월 정도 되면 두려움이 나타나며, 이러한 영아기 초기의 정서표현은 학습이 이루어진 것이라기보다는 생물학적으로 정해진 것이라고 보는 견해가 강력하다.
- 2차정서는 수치, 부러움, 죄책감, 자부심과 같은 정서는 첫돌이 지나서야 나타나고, 거의 2년이 되어야 자신과 사회적인 관계에 대한 복잡한 이해를 알게 되는 부끄러움, 죄책감, 부러움 등의 정서가 나타난다.

2. 정서의 이해

- 일반적으로 생후 6개월이면 엄마의 감정에 따른 얼굴표정을 구분하기 시작한다.
- 생후 8개월에서 10개월이면 다른 사람의 정서를 자신의 행동의 길잡이로 삼는 사회적 참조가 나타난다.
- 생후 1년은 타인의 정서를 인식하며, 이러한 정서를 자신의 행동에 반영한다.
- 첫돌에는 자신의 정서를 언어로 표현하게 된다.
- 3세에서 4세경에는 아동은 정서의 원인과 결과에 대하여 보다 풍요롭게 기술하기도 한다.
- 4세에서 5세경에는 또래가 표현하는 욕구, 기분, 동기와 같은 내적인 것보다는 외적인 것으로 해석한다.
- 학령기는 정서를 해석하는데 외적, 내적 정보를 모두 사용하게 된다.

3. 정서발달 이론

1) 인간의 생명

수정으로부터 시작하여 성숙에 이르기까지 생명체의 변화과정이다. 여기서 발달(development)이란 수정란이 태아로 형성되어, 출생·성장·노쇠과정을 거쳐 죽음에 이르기까지 신체성장, 체중증가, 운동능력의 변화, 지능의 발달 등이 끊임없이 변화하는 과정을 말한다.

2) 발달의 개념(development)

어원적으로 잠재하고 있는 본질(가능성)이 점차 그 모습을 나타내면서 변화하는 현상으로 신체와 운동기능, 지적 사고능력, 성격 등 인간의 모든 양적인 증대인 성장은 물론 구조와 기능의 질적인 변화인 성숙도 포함한다. 발달에 대한 정의는 학자에 따라 다양하게 내려지고 있다.

- Mcgraw(1972)는 발달은 "생물의 유기체 내에 있는 에너지와 환경 내에 있는 에너지가 끊임없이 변전(變轉)하고 교류(交流)한 결과에서 생겨나는 과정"이라고 한다.
- Koffka(1945)는 형태심리학자인 코프카는 역학적, 전체적 입장에서 "발달이란 유기체나 그 기관이 양에 있어서 증대하고 구조에 있어서 정밀화되고 기능에 있어서 유능화되어 가는 과정이다."라고 정의하였다.
- Lewin은 "발달이란 통일적인 인격구조가 그 통일성을 유지해 가면서 점차로 분화되어서 그 의미 내용이 보다 풍부하게 변해가는 일이다."라고 했다.
- Hurlock(1953)은 "발달은 크기의 변화, 비율의 변화, 새로운 특징의 획득, 낡은 특징의 소실 등이 서로 작용하여 발생하는 과정이다."라고 했다.
- 김제한(1983)은 "발달이란 개념이 그저 단순한 양적증대가 아니라, 질적 변화를 의미하고 있음을 포착하게 된다. 그리고 이러한 질적 변화란 신체적으로나 정신적으로나 부단한 구조의 변화가 발생하고 있다는 것을 의미한다"라고 한다.

4. 발달의 요인

인간의 발달을 연구하는데 관심을 갖는 두 가지로 유전과 환경에 관한 문제이다. 최근에는 인간의 행동발달에서 유전과 환경이 상호작용하여 영향을 미친다는 설명을 하고 있다.

1) 유전적 요인

인간발달에 생물학적 요인을 강조하는 유전설은 생득설(nativism), 선천설이라고 하며, 발달을 규정하는 원동력은 개체 내에 있다고 보는 입장이다. 유전론을 주장하는 학자들은 발달에 있어서 선천적으로 타고나는 태생적인 요인을 강조하고 환경요인은 발달에 거의 영향을 미치지 않는 것으로 설명한다.

아동의 발달 또는 변화를 생물학적으로 예정된 계획에 의해 순서적으로 일어나는 현상으로 보고 성숙요인과 생득적 요인을 중시한다. 그 예로 영아들의 성숙 이정표, 사춘기 발달특성, 일란성 쌍생아들의 발달특성 등이 있으며, 인간발달의 유전론은 가계연구나 쌍생아 연구, 입양연구를 통해 입장을 증명하고 있다.

2) 환경적 요인

인간의 발달 요인 중, 환경에 의해 영향을 받는다고 주장하는 환경론자들은 개인의 발달이란 외부에서 주어진 강화에 의한다고 주장하는 경험론(J. Locke, 1632-1704)을 기초로 환경적 물리적, 자연과 사회적 요인이 발달의 모든 변화를 설명할 수 있다고 주장한다.

3) 유전과 환경의 상호작용 요인

인간의 발달을 유전과 환경간의 역동적인 상호작용의 결과로 이해한다. 그 예로 성숙이 선행되어야만 학습은 그 효과가 높으며, 학습여부를 통해 성숙은 촉진, 지연될 수 있다.

유전과 환경의 상호작용이론은 폭주설(convergence)의 스테른(W. Stein)과 미국의 심리학자인 우드워스(Woodworth, 1869-1962) 사각형의 면적이론, 젠슨(Jensen, 1968)의 환경역치설이 있다.

5. 종합적인 발달의 원리

1) 연속성의 원리

개체의 일생은 변화의 연속이다. 이 변화는 수정의 순간부터 시작되는 연속적 과정이며 낮은 단계에서 보다 높은 단계로 발전할 때 비약적인 이행함이 아니고 연속적이고 점진적인 과정(progressive process)을 밟게 된다.

2) 순서성의 원리

발달에는 일정한 순서가 있다. 언어발달에 있어서는 명사부터 익히고 다음에 동사나 형용사를 익히게 되며 정서발달에 있어서는 공포심이나 분노심이 먼저 분화되고 질투심은 후에 분화발달(differentiation-development)된다(J. J. Rousseau, 1962).

3) 상관성의 원리

발달은 개체와 환경과의 상호작용의 과정이며 경과이다. 즉, 유전적인 내적성질과 환경적인 외적 조건에 의해서 원만한 발달이 이루어진다고 볼 수 있다. 하위체제로서의 개체와 환경이 이루는 전체체계가 새로이 재체계화(reorganization)되고 구조화(structuring)되는 데서 발달이 성립되는 것이다.

4) 주기성의 원리

이것을 발달의 율동성이라고 칭한다. 비록 발달이 연속적인 것이라고 할지라도 항상 순조롭고 점진적인 것만은 아니다. 신체적 발달과 정신적 기능이 다른 때보다 급격히 증가하는 시기가 있는 것이다. 예를 들자면 어느 시기에는 언어능력이 더욱 발달하고 어느 시기에는 감정이 더 발달한다.

5) 분화(differentiation)와 통합성(integrity)의 원리

처음에는 모든 행동이 미분화되어 전체적인 반응을 하던 것이 특수적, 부분적인 반응으로 분화되고 동시에 몇 개의 반응이 통합(integration)되어 새로운 체제가 형성되어 간다. 하나의 행동이 독자적으로 발달해 가는 것이 아니라 여러 가지 요인(factor)이 통합적으로 이루어지는 것을 의미하고 있다.

독일의 심리학자 Werner도 "정신발달의 본질은 정신현상과 기능이 점차로 분화되고 중심적 통합을 하는 것이며, 이분화의 중심적 통합은 복합적인 것으로부터 단편적인 것으로, 융합적인 것으로부터 본질적인 것으로, 불명료한 것으로부터 명료한 것으로, 불확정한 것으로부터 확정적인 것으로 진행하는 과정"이라고 했다(강정휘 · 주영숙, 1983).

6) 개별성의 원리

사람은 누구나 출생 당시부터 개인차를 가지고 있으며 개인차로 인하여 성장과 발달의 모습이나 속도에 차이를 가져오게 된다. 흔히 말하는 조숙이나 만숙이란 말은 주로 정신적인 기능에서의 개인차를 말하고 있지만 종종 신체적인 면에서 사용되기도 한다.

제 4 절 정서지능의 개념

이성능력은 합리적 사고능력, 기억능력, 이해력, 추리력, 계산력, 창의력 등 지능지수(IQ) 측정한다. 정서지능(EQ) 정서지능은 감정과 느낌을 통제하고 조정할 줄 아는 능력이며, 자신과 타인의 감정과 정서를 평가하고 표현하는 능력. 자신과 타인의 감정을 효율적으로 조절하는 능력, 그리고 자신의 계획과 성취를 위해 정서를 활용하는 능력이다.

1. 정서지능의 구성요소

1) 정서의 평가와 표현

- 자기 정서의 비언어적 인식과 표현은 비언어적 경로를 통해서 일어나는 정서를 명확하게 인식하는 표현이다.
- 타인 정서의 비언어적 인식과 표현은 타인의 불쾌한 감정을 감지하는 능력뿐만 아니라 타인의 모든 감정을 인식하는 것이다.
- 감정이입은 타인의 감정을 이해하고, 자신의 내부에서 재 경험해 보는 것이다.

2) 정서의 조절

자기정서의 조절과 타인정서의 조절로 구성한다.

- 자기정서의 조절은 자신의 긍정적인 기분을 유지하고 지속시키면서 좋지 않은 기분은 줄이려고 하는 것이다.
- 타인정서의 조절은 타인의 감정을 조절하고 바꾸려는 능력, 자신에 대해서 타인이 갖게 되는 인상을 조절하고 통제하기 위하여 타인에게 보여주는 행동방식이다.

3) 정서의 활용

융통성 있는 계획 세우기, 창조적인 사고, 주의 집중의 전환, 동기화의 4요소를 포함한다.

2. 정서지능의 중요성

정서지능이 높은 사람들의 특성은 인성이 훌륭하고, 자기 주도적, 자기주장이 확실, 스트레스 상황에서도 잘 견디며, 퇴행이나 위축되는 행동이 적고, 삶의 어려움에 닥쳤을 때 정면으로 도전하며 자신감이 넘친다. 열정과 기쁨으로 스스로 동기화, 목표 달성에 필요한 방법들을 쉽게 찾아낸다.

1) 정서조절 능력의 발달과 조력 요인

4개월경에 이동하는 능력은 유아가 정서를 통제하는 데 도움을 주고, 1세 말경에 기고 걷는 영아가 다양한 자극에 접근하거나 회피하는 것을 가능하게 함으로써 정서 조절을 돕는다. 2세 말경에 상징과 언어의 획득은 정서 조절의 새로운 변화를 가져온다. 영아는 자신의 감정에 대해서 이야기하고 조절하기 위해서 적극적인 노력을 한다. 10세경에는 정서를 다루는 기술에 능하게 된다.

2) 정서조절능력 발달의 가치

(1) 새로운 정서적 도전을 수월하게 받아들인다.
(2) 정서적 자기 효능감을 획득한다.
(3) 또래 집단에서의 수용 및 또래관계 질, 사회적 지위와 관련된다.

3. 기질의 개념

1) 기질의 특성

기질은 출생 직후부터 나타나는 개인이 안정되고 일관된 특성이며, 환경적 사건들에 대해 예측된 방식으로 반응하는 개인적 경향이다.

기질연구는 기질에 관한 과학적 연구는 1937년 게젤의 연구에서 시작되었고, 뉴욕 종단 연구 이후 더욱 더 활성화되었다. 토마스와 체스는 종단연구를 통해 기질을 구성하는 9가지 요인으로 활동성, 규칙성, 접근과 회피, 적응성, 반응 강도 반응역치, 기분, 주의산만성, 지구력을 밝혀내고, 영아의 기질을 세 가지로 분류하였다.

(1) 순한 기질의 아동(easy child)

일상생활에서 규칙적인 리듬을 갖고 있으며, 순하고 명랑하다. 잠이 쉽게 들고, 기분 좋게 잠에서 깨어난다. 음식을 잘 받아먹고, 식사 시간과 양이 규칙적이다. 장난감을 가지고 혼자서도 잘 놀며, 새로운 음식이나 새로운 경험을 쉽게 받아들인다. 낯선 사람에게도 미소로 반응하며 쉽게 친해진다. 이 범주에는 약 40%의 아동들이 해당된다.

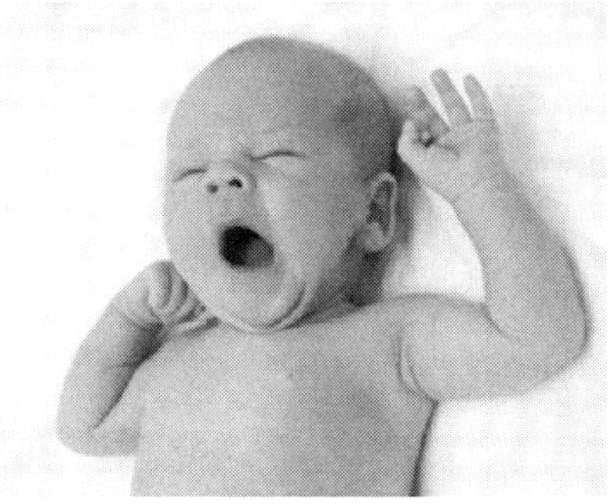

(2) 까다로운 기질의 아동(difficult child)

생리적 주기가 불규칙적이다. 수면과 식사 시간이 일정하지 않고, 수면량과 식사량도 불규칙적이다. 환경의 조그만 변화에도 매우 민감하고 예민하며 때로는 절대적으로 반응한다.

부정적인 기분, 정서 표현의 격렬함이 정서적인 특성이며, 낯선 것에 대한 위축이 심해서 새로운 사람이나 상황에 적응하는 데에 많은 시간이 필요하다. 자신의 선호가 뚜렷하

며 원하는 상태가 될 때까지 끊임없이 요구한다. 행동을 예측하기가 어렵고 양육자에게 육체적 피로와 좌절감을 주기도 한다. 약 10%가 이 범주에 해당된다.

(3) 느린 기질의 아동(slow-to warm up child)

활동성이 떨어지고 다소 성미가 까다로우며, 환경 반응에 대한 반응 수준이 낮고 새로운 상황에 적응하는 데 시간이 오래 걸린다. 성미가 까다로운 점이 까다로운 기질의 아동과 유사하나, 다른 점은 생소한 환경에 대한 부정적인 반응 양식이 공격적이라기보다는 다소 부드럽다는 점이다. 약 15%의 아동이 해당된다.

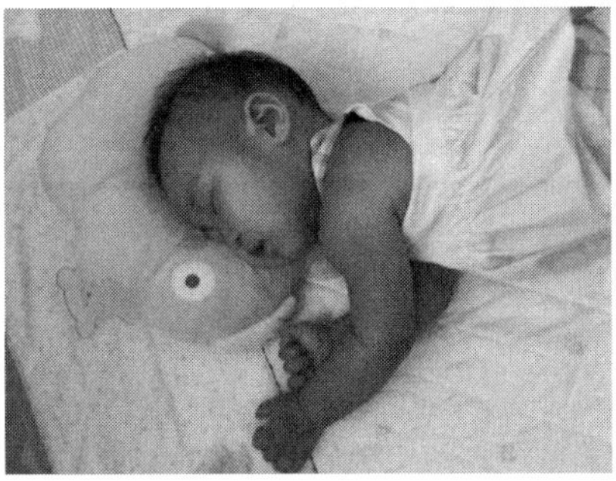

2) 기질의 안정성

기질은 아동이 발달해 감에 따라 점차 안정적이 된다. 생후 1년경 전두엽의 성숙이 이루어지면서 주의 통제, 주의 지속 능력이 나타나기 시작하면 기질은 안정성을 보이기 시작한다.

3) 기질과 적응

기질은 시간이 지나도 유지될 수 있으며, 아동이 타인 및 환경과 맺는 관계에 영향을 미치므로, 아동의 사회적 행동을 예측하는 주요한 변인 중 하나이다.

까다로운 아동 기질은 다른 기질의 유아에 비해 보다 많은 문제 행동을 보인다.

느린 기질은 새로운 활동과 도전에 주저하는 행동을 보여 또래로부터 무시되거나 묵살되도록 만들어질 수 있다.

4) 기질과 양육 태도

까다로운 아동은 부모들이 양육하기 어렵다고 인지, 돌보는 부모는 육체적으로 피로하고 정신적으로 무력감을 느끼게 된다. 이러한 상황에서 부모들은 인내심과 민감성을 보이는 데 한계를 느끼게 된다. 이때 부모가 서두르지 않고 자녀가 생소함에 익숙할 때까지 기다려주고 너그러움과 이해심 속에서 자기 주도적인 선택을 허용한다면 덜 까다롭고 보다 적응적이 될 수 있다.

쉬운기질 아동은 차갑고 둔감한 부모 밑에서 과도하고 부적절한 요구를 받으며 자라면 문제 행동을 일으킬 수 있다. 아동 자신이 개성을 잘 발휘할 수 있도록 해야 한다.

5) 영아발달 체크리스트

영・유아발달 체크리스트를 통하여 영・유아의 신체발달, 정서발달, 기본생활습관, 언어생활, 인지발달, 사회정서발달, 부적응 등을 파악한 후 영・유아의 발달과정의 점검을 통하여 영・유아의 부족한 부분에 영향을 줄 수 있는 기회를 돕는다.

〈표 13-1〉 영아발달 체크리스트

이 검사는 영아의 발달 정도를 점검해 보는 것으로 교사는 영아의 해당 연령에 따라 각 영역에서 영아가 보이는 행동을 관찰한 후에 영아가 그 행동을 보이면 ○표를, 아직 보이지 않을 경우에는 X표를 하도록 한다. 실시할 때마다 실시하는 날을 중심으로 영아의 월령을 정확히 기록해 두어야 하는데 2개월 또는 3개월에 한 번씩 주기적으로 실시하는 것이 바람직하다.

영아 이름 : ______________________ 생년월일 : ______________________

1회 실시 날짜 : ______________________ 영아의 월령 : ______________________

2회 실시 날짜 : ______________________ 영아의 월령 : ______________________

3회 실시 날짜 : ______________________ 영아의 월령 : ______________________

4회 실시 날짜 : ______________________ 영아의 월령 : ______________________

5회 실시 날짜 : ______________________ 영아의 월령 : ______________________

6회 실시 날짜 : ______________________ 영아의 월령 : ______________________

6~14개월

영역	내 용	1회	2회	3회	4회	5회	6회
신체발달	1. 몸을 받쳐주면 머리를 자유롭게 움직인다.						
	2. 누워서 몸을 좌우로 뒤집는다.						
	3. 도움을 받아 앉을 수 있게 되면 손으로 잡지 않고 앉는다.						
	4. 붙잡고 일어서며 양손을 떼고 서 있게 된다. 혼자 설 수 있다.						
	5. 아무렇게나 물건을 던진다.						
	6. 입, 눈, 손가락을 사용하여 사물의 성질을 이해하기 시작한다.						
	7. 최소한의 도움을 받고 걷게 되며 두발로 걷기 시작한다.						
	8. 물건을 입속에 넣을 수 있다.						
	9. 간단한 악기를 칠 수 있다(단지 두드리는 수준이다).						
	10. 한 번에 그림책을 여러 장 넘긴다.						
	11. 줄을 잡아당길 수 있다.						
	12. 한 손으로 물건을 잡으며 물건을 한 손에서 다른 손으로 옮길 수 있으나, 한 손에 하나를 쥐고 있는 상태에서 다른 것을 주면 쥐고 있던 것을 떨어뜨리고 새 것을 잡는다.						
	13. 엄지와 검지로 물건을 잡는다.						
	14. 나무토막을 얹는 정도의 활동을 할 수 있으며 블록을 2개 쌓는다.						
	15. 소리에 대한 관심이 높아지면서 입으로 소리를 내고 듣는다.						
	16. 손뼉을 친다.						
	17. 그릇 속에 작은 물건을 넣으며 서서히 바구니에서 물건을 꺼낼 수도 있게 된다.						
	18. 움직이는 물체를 시각적으로 추적한다.						
	19. 소리 나는 쪽으로 고개를 돌린다.						
	20. 단맛과 단맛이 아닌 것을 구별한다.						

영역	내 용	1회	2회	3회	4회	5회	6회
사회정서발달	1. 즐거운 표정이나 불쾌한 표정을 짓는다.						
	2. 음악과 리듬에 즐거운 표정을 짓는다.						
	3. 엄마에 대한 애착이 더욱 강해지게 되며, 보살핌을 받을 때 때때로 눈 마주치기를 원한다.						
	4. 사람에 대해 특별한 관심을 갖게 되며 얼굴, 목소리로 사람을 접촉하게 되면 조용해진다. 사람의 얼굴을 그려 보여 주면 웃는다.						
	5. 친숙한 사람에게 미소 짓고, 소리를 내며, 온몸을 움직여 기쁨을 표시하며 껴안거나 입을 맞추는 등 애정표현을 한다.						
	6. 손을 내밀어 어른에게 장난감이나 물건을 건네준다.						
	7. 어른을 모방하여 손뼉을 치며 짝짜꿍을 한다.						
	8. 자기 이름에 대한 반응으로 바라보거나 가까이 온다.						
	9. 기분이나 감정의 변화를 표현하면서 정서를 더욱 분명하게 표현한다.						
	10. 타인의 주의를 끌며 주의를 끌기 위해 말을 하며 애정을 받고자 하는 사회적 신호가 나타난다. 사람과의 접촉도 많아져 인간관계가 확장되기 시작한다.						
	11. 격리불안이 나타나기 시작하며 낯선 사람을 두려워 한다. 헤어졌던 엄마를 보면 반가워한다.						
	12. 교사의 도움을 받으려는 경향이 두드러진다.						
	13. 크게 소리 내며 놀기 시작한다.						
	14. 모방으로 인사, 청결, 배변습관 등의 사회적 놀이를 할 수 있다.						
	15. 해서는 안 되는 것과 해도 되는 것을 안다.						
	16. 기분이 좋으면 교사에게 뽀뽀한다. 화가 나면 교사를 때리거나 물건을 던진다.						
	17. 무서우면 울거나 숨는 흉내를 낸다.						
	18. 심술이나 외고집이 나타난다.						

영역	내 용	1회	2회	3회	4회	5회	6회
기본생활습관	1. 우유병을 혼자 잡고 먹을 수 있다.						
	2. 도움을 받아서 음식을 푼 숟가락을 입에 댄다.						
	3. 숟가락으로 스스로 먹는다.						
	4. 옷을 입혀 줄 때, 팔, 다리를 벌린다.						
언어발달	1. 혼자 옹알이를 하며 '이어, 우우, 무' 등의 소리를 낸다.						
	2. 우는 소리와 울지 않는 소리를 낸다.						
	3. 말하는 사람 쪽으로 고개를 돌리고 쳐다본다.						
	4. 소리의 모방이 시작된다(예: 맘마, 싫어).						
	5. 단어를 사용하기 시작한다(예: 엄마, 아빠, 맘마).						
	6. 선별적으로 단어를 구분한다.						
	7. 한 단어를 상황에 맞춰 여러 가지 뜻으로 표현한다.						
	8. 물건 혹은 사람에게 명칭을 붙이는데 의미 있게 한 단어를 사용한다.						
	9. 소리를 모방하고 싶지만 발음이 잘 나오지 않는다.						
	10. 간단한 명령을 이해한다.						
	11. 안녕하며 손을 흔들 수 있다.						
인지발달	1. 새로운 물건을 바라보며, TV화면에 관심을 보이고 사람의 얼굴에 관심을 보인다.						
	2. 주변에 대한 호기심이 나타난다. 가까이에 있는 물건에 손을 뻗친다. 사물을 바라봄으로써 외부세계를 이해한다.						
	3. 가지고 놀던 물건이 사라지면 사라진 쪽을 바라본다.						
	4. 자신의 몸을 이해하기 시작한다.						
	5. 사람, 사물, 사건에 있어서 신기한 것과 이상한 것을 깨닫기 시작한다.						
	6. 간단한 몸짓을 따라한다.						
	7. 시행착오의 반복을 통해 지식을 얻는다.						
	8. 무슨 일이 일어나는지를 알려고 의도적으로 실험을 한다. 장난감을 떨어뜨리고 집어 올린다.						
	9. 보이지 않는 물건에 대한 대상영속성 개념이 생긴다. 숨겨진 장난감을 찾는다.						
	10. 무슨 일이 일어나려고 하는지 일상적인 일을 예측 할 수 있다.						
	11. 책에 나와 있는 그림이나 사진 등에 관심을 보인다.						
	12. 가전제품, 장난감의 소리, 동물소리를 흉내 낸다.						
	13. 놀이에서 다른 영아의 소리를 흉내 낸다.						

15~23 개월

영역	내 용	1회	2회	3회	4회	5회	6회
신체발달	1. 혼자 걷는다.						
	2. 손이나 난간 등을 잡고 계단을 오른다.						
	3. 서 있는 자세에서 몸을 굽혀 물건을 집어 올릴 수 있다.						
	4. 공을 굴리거나 차려고 하거나 던질 수 있다.						
	5. 무릎을 구부리고 쭈그리고 웅크리고 앉았다가 일어선다.						
	6. 기어 올라가기를 즐기며 계단을 기어오른다.						
	7. 미숙하게 뛰기 시작한다.						
	8. 작은 의자에 혼자 앉는다. 목마나 흔들의자에서 몸을 앞뒤로 흔든다.						
	9. 근육의 발달로 들기, 밀기, 당기기, 두드리기, 오르기 등 운동 기능 연습을 즐긴다. 모퉁이 돌기나 가다가 멈추기 등의 근육조절 능력이 생긴다.						
	10. 한 발로 몸의 균형을 잡을 수 있다.						
	11. 장난감을 밀고 당길 수 있어 끈에 매달린 장난감을 끌면서 달린다.						
	12. 손가락을 사용하며 손의 조작능력이 발달한다.						
	13. 뒷걸음질을 할 수 있다.						
	14. 나무토막 2개를 잘 쌓을 수 있다.						
	15. 한 번에 두 세장씩 책장을 넘긴다.						
	16. 1~3조각 그림 맞추기가 가능하다.						
	17. 상자 안에 물건을 넣었다가 꺼낼 수 있다.						
	18. 손가락으로 그림을 그린다.						
	19. 낙서를 한다.						
	20. 가로 긋기가 가능하다.						
	21. 크레용이나 연필을 손으로 쥐고 긁적거린다.						
	22. 신문지나 종이를 손으로 찢는 것을 좋아한다.						
	23. 소리를 듣고 소리 나는 물체를 찾아낸다.						
	24. 먼 거리에서 아는 사람을 알아볼 수 있다.						
	25. 따뜻한 것과 높은 곳을 식별할 수 있다.						

영역	내 용	1회	2회	3회	4회	5회	6회
사회정서발달	1. 격리불안이 나타나기 시작한다.						
	2. 가장 애착을 갖는 사람을 안전의 근거로 삼아 주변의 환경을 탐색한다.						
	3. 애정의 반응이 분화된다.						
	4. 웃음과 관심을 끌 행동을 반복한다.						
	5. 자기주장을 하기 시작한다.						
	6. 혼자서 지내는 비사회적인 활동시간이 많아진다.						
	7. 걷거나 사물에 대한 관심이 이전보다 강해진다. 주변 사물이나 대상을 관찰하기를 좋아한다.						
	8. 사람에 대한 관심이 일시적으로 줄어든다.						
	9. 사람들이 하는 일에 관심이 많으며 단순한 일에 어른을 모방한다.						
	10. 자신을 보살펴 주는 사람들의 욕구를 깨닫고 행동을 통제할 수 있다(순간적인 통제이다).						
	11. 감정을 명확히 표현한다.						
	12. 사회성의 기본이 형성된다. 잘 아는 또래 아동이나 친숙한 어른들에게 인사를 하며, 성인이 얘기하면 다른 어린이와 물건, 음식을 나누어 갖거나 먹는다.						
	13. 다른 사람에게 어떤 행동이나 물건을 보여주기 위해 사람을 끌어당긴다.						
	14. 각기 별개의 행동을 하면서 다른 영아와 논다. 자기 것이나 마음에 드는 것에 집착하여 친구들과 싸운다.						
	15. 공놀이 같은 사회적 게임을 시작한다.						
	16. 즐거운 감정이 나타나며, 불안 및 공포의 감정도 나타난다.						
	17. 고집을 피우기도 하며 싫어하는 감정도 나타낸다. 형제에 대해 질투하는 감정이 나타난다.						
	18. 리듬에 맞추어 몸을 움직이거나 흥얼거린다.						
	19. 자신의 감정을 동작 또는 언어로 나타낼 수 있다.						
	20. 음악 듣기, TV 보기, 그림책 보기를 좋아한다.						
기본생활습관	1. 말이나 몸짓을 사용해 화장실 갈 의사를 표시한다.						
	2. 변기나 아기변기에 잠시 동안 앉아 있으며 변기에서 소변을 보는 것을 꺼리지 않는다.						
	3. 모자를 쓰고 벗으며 양말을 벗는다.						
	4. 단추를 풀어 주었을 때 외투를 벗는다.						
	5. 도움 없이 컵으로 마신다.						
	6. 혼자서 숟가락을 사용하여 음식을 먹는다.						

영역	내 용	1회	2회	3회	4회	5회	6회
언어발달	1. 특정한 음에는 특정한 의미가 있다는 것을 알게 된다.						
	2. 혼자서 중얼거린다.						
	3. 사물의 명칭에 관심이 많으며 친숙한 것을 가리키며 이름을 말할 수 있다.						
	4. 자신을 가리킬 때 자신의 이름을 사용한다.						
	5. 단어와 소리의 이해력이 향상된다. 단어를 듣고 그 말을 반복할 수 있다.						
	6. 말을 연결시켜 문장을 만들려고 시도한다. 동사, 형용사를(예: 간다, 우와, 지지), 혹은 동사, 형용사를 명사와 결합하여 사용할 수 있다(예: 손 지지, 아빠맴매, 빵 줘).						
	7. 두 단어 문장을 사용한다.						
	8. 동물 소리를 내거나 동물 이름 대신에 그 소리를 사용한다.						
	9. 의사소통에 관심을 갖는다. 어른의 말이나 남의 말을 흉내 내려 한다.						
	10. "있다", "없다" 등과 같은 사물의 존재 여부를 확인할 수 있다.						
	11. "멈춰라", "앉아라" 등의 간단한 두 가지의 지시어를 따를 수 있다.						
	12. 긍정 혹은 부정의 질문에 "예/아니오"로 대답한다.						
	13. 제법 어려운 성인의 말도 이해할 수 있다.						
	14. 그림책 보기와 듣기를 좋아한다.						
	15. 자신의 욕구를 말로 표현한다.						
인지발달	1. 신체의 한 부분을 가리킨다.						
	2. 새로운 것을 탐색하려고 한다. 호기심을 갖고 사물을 계속 탐색한다.						
	3. 숨겨진 놀이감에 흥미를 갖는다. 놀이하고 있는 장난감이 없어졌을 때 찾아낸다.						
	4. 갖고자 하는 물건에 다가가기 위해 방해물을 치울 줄 안다. 원인과 결과를 이해하기 시작한다.						
	5. 어떤 행동을 보고 그 행동을 재현하는 지연모방이 가능하다.						
	6. "누구는 어디 있니?"라고 물을 때 자신을 가리킨다.						
	7. 자신의 가족을 알게 된다.						
	8. 매일매일 달라지는 것에 관심을 갖는다.						
	9. 그림을 그릴 수 있는 것과 없는 것을 구분할 수 있다.						
	10. 수를 세기 시작하며 둘(2)은 정확히 안다.						
	11. 같은 물건을 짝 짓는다.						
	12. 종이에 끄적거리고 표시한다. 크레용이나 색연필로 아무렇게나 선을 긋는다.						
	13. 책에 나오는 물건을 알아보며 이름을 불러주면 그림을 찾는다.						
	14. 약병을 듣고 도망가거나 교사의 출입시 따라 나서려는 행동을 보인다.						

24~35개월

영역	내 용	1회	2회	3회	4회	5회	6회
신체발달	1. 어른의 손이나 난간을 붙잡고 계단을 잘 올라가며 곧 어른의 도움 없이 난간을 붙잡지 않고 계단을 올라간다.						
	2. 넘어지지 않고 잘 달린다.						
	3. 양 발을 모으고 제자리에서 높이 점프한다.						
	4. 바닥에 있는 공을 앞으로 찬다.						
	5. 발끝으로 걷게 되며 서서히 뒤로도 걸을 수 있게 된다.						
	6. 1.5m 떨어진 곳에 있는 어른에게 공을 던진다.						
	7. 5~6개 블록으로 담을 쌓는다.						
	8. 그림책을 한 장씩 넘긴다.						
	9. 옷에 달린 똑딱 단추를 푼다.						
	10. 방문 손잡이나 꼭지를 돌린다.						
	11. 사탕이나 바나나의 껍질을 벗길 수 있다.						
	12. 종이 반접기를 모방한다.						
	13. 빨대 없이 음료수를 마신다.						
	14. 수도꼭지를 돌릴 수 있다.						
	15. 엄지·중지·집게손가락을 이용하여 연필을 잡는다.						
	16. 단추나 벨트를 풀어주면 혼자서 옷을 입는다.						
	17. 무거운 것과 가벼운 것을 구별할 수 있다.						
	18. 밝고 어두운 것을 구별할 수 있다.						
	19. 단맛과 짠맛을 구별할 수 있다.						

영역	내 용	1회	2회	3회	4회	5회	6회
사회정서발달	1. 간단한 집단놀이(박수치기, 춤, 노래 등)에 참여하며 다른 사람과 함께 협동적으로 놀이한다.						
	2. 성인의 간단한 지시에 잘 따른다.						
	3. 사랑, 분노, 슬픔, 즐거움 등과 같은 감정을 드러내 보인다.						
	4. 놀이할 때 친구들과 어울리는 즐거움을 알게 되며 자연현상에 대해 불안 및 공포의 감정을 나타낸다.						
	5. 해야 할 일에 대해 고집을 피우기도 하며 형제에 대해 질투하는 감정도 보인다.						
	6. 방해받으면 싫어하고 저지당하면 화를 낸다.						
	7. "아냐", "싫어", "내거야" 등의 거부적인 언행을 자주 보인다.						
	8. 낯선 사람에게 수줍은 감정을 드러낸다.						
	9. 엄마, 아빠 이외에 친척(할머니, 할아버지, 이모, 고모, 삼촌 등)을 따른다.						
	10. 교통 놀이감을 좋아하며, 그림책을 좋아한다.						
	11. 이야기 듣기를 좋아하게 되며 약 10분 정도 음악이나 이야기를 들을 수 있다.						
	12. 다른 사람과 함께 협동적으로 놀이하기 시작한다.						
기본생활습관	1. 약간 흘리면서 숟가락이나 컵으로 스스로 먹는다.						
	2. 수건을 주었을 때 도움 없이 손을 닦는다. 손과 얼굴을 씻으려 한다.						
	3. 어른의 행동을 모방하여 이를 닦는다.						
	4. 낮 동안에 옷 입은 채로 변을 보기 전에 화장실에 가자고 한다.						
	5. 혼자서 옷을 입거나 벗으려고 한다.						
	6. 부모의 지시에 따라 인사할 수 있다.						
	7. 뾰족한 가구 모퉁이나 난간 없는 층계 등 위험물을 피한다.						
	8. 주전자에서 도움 없이 물을 컵에 붓는다.						

영역	내 용	1회	2회	3회	4회	5회	6회
언어발달	1. 간단한 질문(예 : 누구, 어디에, 언제 등)에 답할 수 있다.						
	2. 소유를 표현하기 위해서 두 단어를 연결하여 말한다.						
	3. "이게 뭐야?"라고 질문을 할 수 있다.						
	4. 잘못 발성된 소리를 고쳐주면 따라 한다.						
	5. 상황에 따라 음성 크기 및 음색의 강약을 조절할 수 있다.						
인지발달	1. 동물의 소리와 사물의 소리를 흉내 낼 수 있다.						
	2. 소리를 듣고 그 대상이나 물건의 명칭을 안다.						
	3. 줄긋기를 할 수 있으며, 점차 십자 긋기를 모방한다.						
	4. 물어볼 때 큰 것과 작은 것을 가리킨다.						
	5. 지시할 때 물건을 "위"나 "아래"에 놓는다.						
	6. 외출 시간 및 실외 놀이 시간을 안다.						
	7. 양이 많고 적음을 구별 할 수 있다.						

출처: 황재익 · 임재택 공저, 『영유아관찰 및 평가』, 보육교사교육원대학협의회, 양서원.

〈표 13-2〉 유아발달 체크리스트

유아발달 체크 리스트

관찰아동 :________________________ 생년월일 ________________________(남, 여)

관 찰 자 : ________________________

관 찰 일	1회	2회	3회	4회	5회	6회

영역	내 용	1회	2회	3회	4회	5회	6회
기본생활습관	1. 정리정돈을 할 수 있다.(장난감, 작업, 간식책상)						
	2. 간식/식사 전에 손을 씻는다.						
	3. 규칙(차례, 약속)을 잘 지키는 편이다.						
	4. 어른에게 존댓말을 사용한다.						
	5. 음식을 골고루 먹는다.						
	6. 낮잠을 잔다.						
	7. 교사의 지시를 잘 이해하고 따른다.						
	8. 물건을 소중히 다루고 아껴 쓴다.						
	9. 고마워, 괜찮아, 미안해 등의 말을 적절하게 사용한다.						
	10. 혼자서 옷을 입을 수 있다.						
	11. 화장실 사용 후 뒤처리를 혼자서 한다.						
신체발달	1. 자세가 바르다(앉을 때, 걸을 때, 서 있을 때).						
	2. 행동이 민첩하다.						
	3. 양 발을 바꾸어 가며 계단을 오르내릴 수 있다.						
	4. 바깥놀이에 활발히 참여한다.						
	5. 한 발로 깡총 뛰기를 할 수 있다.						
	6. 공을 던지고 받을 수 있다.						
	7. 그네를 혼자 구를 수 있다.						
	8. 매트에서 구르기를 할 수 있다.						

영역	내 용	1회	2회	3회	4회	5회	6회
신체발달	9. 손사용에 있어서 선호도를 보인다.(왼손, 오른손)						
	10. 손잡이나 병뚜껑을 쉽게 돌린다.						
	11. 주스나 우유를 흘리지 않고 따를 수 있다.						
	12. 지퍼를 열고 잠글 수 있다.						
	13. 단추를 열고 잠글 수 있다.						
	14. 작은 물건을 집을 수 있다.(손바닥으로, 손가락으로)						
	15. 가위질을 할 수 있다.						
인지발달	1. 질문을 많이 한다.						
	2. 사물을 주의 깊게 본다.						
	3. 상식이 풍부하다.						
	4. 문제 상황이 생겼을 때 다양한 방법으로 해결을 시도한다.						
	5. 자연현상에 대하여 관심이 있다(계절, 낮과 밤, 날씨, 동·식물의 변화).						
	6. 기본 도형의 이름을 안다.						
	7. 기본 색깔의 이름을 안다.						
	8. 사건을 순서에 따라 배열한다.						
	9. 사물을 한 가지 속성에 따라 분류한다(색, 모양, 크기).						
	10. 5까지는 합리적인 수세기를 한다.						
	11. 하루 일과의 순서를 안다.						
	12. 하루 전에 무슨 일이 일어났는지를 안다.						
	13. 사물의 수량이 많고 적음을 보고 변별한다.						
	14. 일대일 대응으로 두 집단의 수를 짝짓는다.						
	15. 일상생활에서 사용되는 수의 활용에 관심을 갖는다.						
	16. 자신을 중심으로 위, 아래, 앞, 뒤를 구별한다.						
	17. 자신을 중심으로 왼쪽, 오른쪽을 안다.						

영역	내 용	1회	2회	3회	4회	5회	6회
언어발달	1. 주의 깊게 듣는다.						
	2. 기초적인 낱말과 문장을 듣고 이해한다.						
	3. 분명한 발음으로 말한다.						
	4. 자신의 의견을 분명히 말한다.						
	5. 또래와 대화를 할 수 있다.						
	6. 상황에 따라 알맞게 말할 수 있다.						
	7. 이야기를 듣고 기억해내어 이야기한다.						
	8. 교사가 나타내는 신호나 지시에 따른다.						
	9. 읽어준 글을 자기 생각대로 이해하여 순서대로 말한다.						
	10. 글자에 관심을 보인다.						
	11. 글자의 기초가 되는 모양을 그린다.						
	12. 자기 이름과 간단한 글자를 읽는다.						
	13. 어른의 도움 없이 혼자 책을 읽는다.						
	14. 책 읽기를 즐겨한다.						
	15. 새로 내놓은 책에 관심을 갖는다.						
	16. 자기 이름과 간단한 글자를 쓴다.						
	17. 어른의 도움 없이 혼자 문장을 쓴다.						
	18. 연필을 바로 쥔다.						
	19. 바르게 앉아서 쓴다.						
	20. 창의적으로 이야기를 꾸며 말할 수 있다.						
부적응행동	1. 자기 의사를 잘 표현하지 못한다.						
	2. 다른 사람과 말할 때 마주 쳐다보지 못한다.						
	3. 다른 사람과 이야기 할 때 '예, 아니요'라고만 대답한다.						
	4. 용품(크레파스, 놀이감)이 없어도 같이 쓰자는 말을 못한다.						

영역	내 용	1회	2회	3회	4회	5회	6회
부적응행동	5. 친구들에게 자기감정이나 의사를 나타내지 못한다.						
	6. 낯선 사람 앞에서는 말을 못한다.						
	7. 공연히 얼굴을 붉히거나 유난히 수줍음을 탄다.						
	8. 남이 조금만 뭐라고 해도 당황하거나 쩔쩔맨다.						
	9. 어른이 조금이라도 꾸중을 하기만 하면 울기부터 한다.						
	10. 지명을 받았을 때 재촉받고서야 마지못해 일어난다.						
	11. 선생님의 질문에 알면서도 더듬거리거나 말을 하지 않는다.						
자기정체성	1. 엄마와 쉽게 떨어진다.						
	2. 교사에게 매달리거나 달라붙지 않는다.						
	3. 교사의 권유 없이 활동을 스스로 선택해서 논다.						
	4. 자신의 권리와 의견을 주장한다.						
	5. 자기가 하는 일에 열중한다. (집중력이 있다)						
	6. 자기가 하는 일에 자신감을 보인다.						
	7. 자기가 시작한 일을 끝마친다.						
	8. 언어와 행동이 늘 긍정적이다.						
	9. 자신의 작품에 대체로 만족한다.						
사회정서 발달	1. 자신의 감정을 말로 표현할 수 있다.						
	2. 새로운 환경이나 교구에 흥미를 보인다.						
	3. 성격이 명랑하다.						
	4. 감정이 쉽게 바뀌는 편이다.						
	5. 혼자서 노는 편이다.						
	6. 친하게 지내는 친구가 있다.						
	7. 놀이에서 주로 지도자 역할을 한다.						
	8. 이미 진행되고 있는 놀이에 자연스럽게 끼어든다.						
	9. 문제 상황이 생겼을 때 혼자서 잘 해결한다.						
	10. 문제 상황이 생겼을 때 말로 해결한다.						
	11. 다양한 놀이에 참여한다.						
	12. 친구들의 활동을 방해하지 않는다.						

영역	내 용	1회	2회	3회	4회	5회	6회
사회성 발달	1. 다른 사람의 감정을 이해하고 그에 맞는 말이나 행동을 한다.						
	2. 친구와 나누어 쓸 수 있다.						
	3. 친구에게 양보할 줄 안다.						
	4. 놀이나 작업을 할 때 협동을 잘한다.						
	5. 다른 사람의 부탁을 잘 들어준다.						
	6. 친구나 교사를 잘 도와준다.						
공격적인 행동	1. 가만히 있는 친구를 공연히 툭툭 치거나 민다.						
	2. 물건을 다른 사람에게 던진다.						
	3. 다른 사람을 발로 차거나 때린다.						
	4. 친구를 꼬집거나 깨문다.						
	5. 다른 아이가 하는 일을 건드려서 망쳐놓는다.						
	6. 친구가 가지고 놀고 있는 장난감을 빼앗는다.						
표현력과 창의력	1. 음악이나 악기소리에 맞추어 몸을 움직인다.						
	2. 악기를 연주하는 일에 관심을 보인다.						
	3. 자신의 생각과 느낌을 그림으로 표현할 수 있다.						
	4. 독창적이고 다양한 형태의 표현을 시도한다.						
	5. 여러 가지 재료를 이용하여 다양한 방법으로 만들고 꾸밀 수 있다.						
	6. 역할 놀이에서 맡은 역할을 잘 해낸다.						
	7. 놀이의 주제를 다양하게 선택한다.						

출처: 황재익 · 임재택 공저, 『영유아관찰 및 평가』, 보육교사교육원대학협의회, 양서원.

제5절 애착과 발달

1. 애착

애착(attachment)에 대한 Bowlby(1957)는 "개인이 자신과 가장 가까운 사람에게 느끼는 강한 정서적 유대관계"라 하였고, Ainsworth(1978)는 "한사람을 다른 특별한 사람과 동일한 공간과 시간 속에 묶어 주는 정서적 끈"이라고 하였다. 애착은 근본적으로 선택적인 특성을 갖고 있어 소수에 제한된 대상에 대해서만 형성된다. 애착이 형성된 대상에 대해서는 가까이 다가가고 싶은 욕구를 지니게 된다. 또한, Bowlby(1969)는 선천적인 것으로 보면서도 학습의 영향 또는 인정하여 애착의 종류와 양을 개인의 과거 경험과 상황에 따라 다른 것으로 간주하였다. 즉, 아동은 생물학적 부모와 애착을 형성하지만 생물학적으로 전혀 관계없는 사람들과도 애착을 형성하게 된다.

선천적으로 인간에게 접근하고자 하는 애착행동을 Bowlby는 실행반응(executor)과 신호반응(signaling response)의 두 가지 행동체계로 분류하여 설명하였다. 실행반응은 유아애착 대상자에게 적극적으로 접근하는 방법으로 '매달리거나' '따라다니거나' '안기는' 등의 신체적인 접근을 의미한다. 이러한 신체적 접근은 아동이 어머니에게 접촉을 시도하는 능동적인 행위 유발자로서 기능하게 된다. 신호반응은 '미소짓기' '울기' '부르기' 등과 같이 어머니를 자신에게 가까이 다가오게 하는 행동이다. 신호반응을 통해 아동과 어머니의 상호 교환적인 행동이 나타나게 된다.

인간의 애착행동은 Lorenz의 각인행동에서 그 기원을 찾을 수 있다. 새끼 오리가 부화되었을 때 어머 오리를 대신하여 새끼 오리를 키웠더니 새끼 오리가 그를 졸졸 따라다녔다. 그러나 이러한 각인 현상은 특정시기에 형성되며 그 시기가 지나서는 나타나지 않는다.

아기가 태어나 울면 어머니는 즉시 아기를 껴안고 수유를 한다. 매일 어머니는 아기를 먹이고, 목욕 시키고, 옷을 갈아입히고, 같이 놀아 준다. 이러한 친밀한 상호 작용 속에서 아기는 자신이 불편하거나 필요가 발생하게 될 때 어머니가 자신을 보살펴 줄 것이라 기대하게 된다. 또 부모도 아기의 요구를 민감하게 알아차리고 즉, 각적으로 반응하게 된다. 그리하여 특별한 감정 교류와 서로에 대한 기대 및 상호작용을 하면서 애착이 형성 된다. 인간이 태어나 처음으로 형성하는 애착관계는 사회, 정서, 언어 발달뿐 아니라 아동발달 전반에 과정이 중요한 영향을 미치게 되며, 특히 자아개념과 다른 사람과의 관계 형성, 자율적이고 독립적인 유아가 되는 데 중요하다(steinberg. Meyer, 1950).

제6절 유아 애착 이론

1. 애착 이론

1) 정신분석 이론

수유는 어머니와 영아의 친밀한 정서적 유대를 형성하는 가장 중요한 맥락으로 보았다. 영아에게 음식을 줌으로써 즐거움을 주는 대상이 대개 엄마이기 때문에 엄마가 영아의 일차적 애정의 대상이 된다는 것이다. 영아에게 편한 상태에서 젖을 먹여주고, 만족감을 주는 부모의 양육 행동은 좋은 애착 형성의 중요한 요건이 된다. 어머니에 대한 유아의 정서적 유대가 이후 사회적 관계의 기초를 형성한다고 보았다.

2) 학습 이론

애착 행동도 경험의 결과로 발생하는 학습, 어머니는 수유를 통해 배고픔을 해결할 뿐만 아니라 수유하는 동안 눈을 맞추고 신체 접촉을 통해 따뜻하고 포근한 느낌이나 청각적 자극 또는 촉각적 만족을 끊임없이 제공한다. 이런 일이 반복되면서 영아는 어머니와 즐거운 감정을 연결시키게 된다. 영아의 행동에 대한 어머니의 반응성과 어머니가 제공하는 자극의 총량으로 예측되었다.

3) 인지발달 이론

애착을 형성하는 영아의 능력은 전반적인 인지 발달 과정과 밀접하게 관련되어 있다. 애착을 형성하기 위해서는 영아는 친숙한 대상과 낯선 대상을 구분할 수 있는 지각적 변별력을 갖추어야 한다. 안정된 애착 관계를 갖기 위해서는 애착 대상이 시야에서 사라져도 어딘가에 존재한다는 것을 아는 대상영속성이 획득되어 있어야 한다. 애착은 생후 7~9개월에 처음 나타난다.

4) 동물행동학 이론

보울비의 애착 행동은 생물적 뿌리를 가지며, 종의 보존과 생존에 중요한 의미를 갖는 본능적 반응의 결과로 보았다. 자연 도태를 통해 진화되었다고 믿었기 때문의 새끼의 애착행동은 그 어미로 하여금 약탈자나 다른 자연적 재앙들로부터 새끼를 보호하도록 함으로써, 새끼의 생존 확률을 높이기 때문이다. 영아가 어머니와 근접해 있을 가능성을 증가시키는 종-특유의 행동을 구비하고 태어난다고 가정한다(울기, 미소 짓기, 붙잡기 같은 행동).

2. 애착의 유형

애인스워스는 부모와 영아 간의 애착의 질에서 다양한 범위를 규명하기 위해 8가지 에피소드로 구성된 낯선 상황 실험을 개발하였다. 부모가 방을 떠날 때와 다시 돌아오는 그 시점에서의 영아의 반응을 기록하여, 다음의 네 가지 애착 유형으로 구분하였다.

1) 안정 애착

영아는 부모를 안전기지로 사용하여, 어머니와 함께 있을 때 주의를 적극적으로 탐색한다. 부모와 분리되었을 때 일부는 울지 않거나 또 일부는 우는 여아가 있지만, 어머니가 돌아왔을 때 안정 애착된 영아는 위안 받기 위해서 능동적으로 신체적, 접촉을 요구하고 정서적 안정감을 회복한다. 연구 대상의 약 65% 정도가 안정 애착 유형에 해당된다.

2) 회피 애착

어머니와 함께 있을 때에도 어머니에게 별로 반응을 보이지 않는다. 어머니가 주의를 끌려고 할 때조차도 돌아서서 계속해서 엄마를 무시한다. 부모나 낯선 사람에게 유사하게 반응한다. 어머니가 방을 떠날 때도 별로 반응을 보이지 않고, 스트레스를 덜 받는 것처럼 보인다. 어머니가 방으로 다시 돌아왔을 때, 반갑게 맞이하지 않으며 잘 안기지 않는다. 연구대상자의 약 20% 정도를 차지한다.

3) 저항 애착

어머니 옆에 붙어서 거의 탐색을 하지 않는다. 어머니가 방을 나가면 매우 심한 스트레스 행동을 보인다. 어머니가 돌아와서 안아주어도 계속 울면서 화를 내고 쉽게 진정되지 않는다. 어머니가 시도하는 물리적 접촉에 저항하면서도 엄마와 많이 접촉하려고 하는 양가감정을 보인다. 약 10%가 이 유형에 해당된다.

4) 혼란 애착

최근에 발견된 애착 패턴으로 연구 대상의 5～10%를 차지한다. 낯선 상황에서 가장 큰 스트레스를 받고 가장 불안정 하다. 불안정 애착의 가장 심한 형태로 회피 애착과 저항 애착이 결합된 것이다. 어머니와 다시 만났을 때 멍하고 얼어붙은 듯이 행동하거나 어머니가 안아줘도 먼 곳을 쳐다본다.

3. 애착 반응

영아가 특정 인물과 애착을 형성했다는 증거로 나타는 현상을 말한다.

1) 낯가림

영아가 특정인과 애착을 형성하게 되면 낯선 사람이 다가오거나 부모가 낯선 사람에게 자신을 맡기면 큰 소리로 우는 반응, 영아들은 낯선 사람이 여자일 때보다는 남자일 때, 안경이나 모자를 쓰는 사람을 보면 영아나 유아는 더 불안한 반응을 나타낸다. 낯가림의 정도는 영아의 기질이나 환경 요인에 따라 다르게 나타난다.

2) 분리불안

영아가 어머니와 분리되었을 때 나타나는 불안반응으로 돌 전후에 나타나기 시작해서 20～24개월경에 없어진다. 안정애착을 형성한 영아는 분리불안을 덜 보이는 경향이 있으며 어머니를 탐색하기 위한 기지로 삼아 주변 환경에 대한 탐색 활동을 하게 된다.

4. 애착에 영향을 주는 요인

부모의 성격, 연령, 사회경제적 지위, 배우자와의 관계, 양육 태도에서 영아 유아 애착에 영향을 주는 요인이 된다.

5. 애착과 이후 발달

영아기에 형성된 애착은 이후 사회정서 발달에 중요한 영향을 미친다. 그러므로 영아를 보호자 기관에 맡길 때는 반드시 적응 기간이 있어야 한다.

안정애착 영아는 유아기에 자신감, 호기심, 타인과의 관계에서 긍정적인 성향을 보이나 아동기에 접어들어서도 도전적인 과제를 잘 해결하고 좌절을 잘 참아내며, 문제 행동을 덜 보인다.

불안정애착 영아는 사회적 관계를 형성함에 있어 부정적인 기대를 가지거나 관계에서 망설이며 소극적인 동시에 충동적으로 행동하는 경향을 보이게 된다. 청소년기에 우울이나 불안, 대인 관계가 부정적으로 발달될 가능성이 크다.

6. 어머니의 취업과 애착

브래즐턴은 자녀로부터 떨어져 있는 시간은 어머니가 자녀에게 민감하게 반응할 수 있는 능력을 저하시켜 안정적인 관계 발달의 가능성을 줄일 수 있다. 생의 초기 어머니와 격리되어 타인에게 양육되는 영아의 어머니에 대한 애착은 타인 양육 특성, 영아 특성, 어머니 및 가정의 특성들이 상호 복합적으로 작용하여 중재된다.

제14장 가정의 외 · 내적 환경

제 1 절 부모교육의 개념

자녀 교육의 효과를 높이기 위해 선행적 필수 요인으로 강조된 부모교육은 가정교육과 자녀의 교육 기관, 환경과의 상호 작용 또는 연결을 의미하는 것으로 부모 개입, 부모 참여, 부모 훈련의 용어와 함께 구분 없이 사용되었다.

Stevens는 부모교육과 부모 참여를 포괄적인 개념과 실천 방법으로 구분하여 정의하였다. 즉, 부모 참여란 자녀 교육 프로그램의 계획과 실천, 평가, 수정 등 모든 주요 단계에 부모가 참여하는 것으로 부모의 결정 권한이 강조되는 것이고, 부모교육이란 부모 참여를 위한 전략으로써 부모의 역할 기능을 발달시키는 방법이라 하였다.

최초의 부모교육은 어머니를 교육함으로써 자녀의 양육을 돕겠다는 개념을 가진 코메니우스의 모친학교에서 시작되었다고 할 수 있으며, 그 이후 루소와 프뢰벨을 거쳐 Freud의 정신 분석이론과 Watson의 양육 이론의 영향으로 부모교육 프로그램은 부모의 자질 향상을 위한 것으로 발전하였다.

유안진 · 김연진 부모교육을 부모들에게 성인으로서, 효과적인 교사로서 부모 역할을 증진시키고, 자녀 발달, 교육에 대해 올바른 이해와 인식 수준을 증진시키며 이에 적절한 지식 및 능력을 갖도록 도와서 부모 자신의 발달은 물론 효과적인 교육자 교육동반자로서의 부모가 되도록 하여 아동과의 상호 작용 개선을 비롯한 아동의 모든 발달과 교육효과를 촉진시키고 궁극적으로는 보다 바람직한 가정과 지역사회 건설을 이룩하는 것이라 했는데, 일반적으로 부모교육의 의미를 교육학 사전에서 찾아보면 "이미 성인이 된 사람들을 위한 일정의 성인교육"으로 설명하고 있다. 성인교육의 중요성이 대두된 것은 실제적으로 인생의 제반문제는 20세 이후에 결혼, 자녀를 갖는 일, 직장, 건강, 노쇠현상 등의 개인적 어려운 문제에 부딪히게 되는데 이러한 문제를 해결하고 적응해 나가기 위해 평생교육의 필요성을 느끼게 된다.

이러한 개념 속에서 부모교육의 이치는 분명히 성인교육 내지 사회교육의 일환으로 설명할 수 있다. 좀더 분명히 개념을 구분한다면 성인 중에서도 자녀를 가진 사람을 대상으로 실시하는 교육을 부모교육이라 할 수 있다. 특히 유아교육에서의 부모교육이라 할 때에는 유아로부터 초등학교 저학년의 자녀를 가진 부모가 부모교육 프로그램에 참여함으로써 자녀에게 미치는 영향을 부모교육의 교육적 효과로 생각하는데 그러나 부모교육의 의미는 보다 넓은 의미로 확장하여 사회교육의 일환으로 사용하여야 할 것이다. 따라서 부모교육이란 평생교육으로서의 사회교육(성인교육)까지 포함한다고 말할 수 있다.

원래 부모교육의 대두는 교육적 상황 즉, 유아교육의 효과를 증대하는 하나의 요인으로서 발생하였다고 볼 수 있는데 사회교육의 목적이나 방법이 명확하지 않은 것처럼 부모교육의 일반적인 목적이나 방법도 프로그램 중심으로 설명되고 있을 뿐 그 명칭조차 부모훈련 프로그램 부모참여 프로그램 부모개입 프로그램 부모 프로그램 등으로 다양하게 표현되고 있다.

1. 부모와의 관계

학령기의 어린이들은 아직 부모의 사랑에 상당히 의존적인 것은 사실이나 가정 밖에서의 친구나 어른들과의 보다 넓은 교제가 점차 중요하게 된다. 학령전기를 대단히 제약적인 어머니 밑에서 자란 어린이는 후에 흔히 더 순종적이고 의타적이며 부끄러워하는 경향을 나타내며, 지배적인 면이 적은 반면에 예의 바르고 깔끔하며 너그럽다. 이러한 어린이들은 흔히 호기심이 적고 스스로 시작하는 활동이 적다. 그러나 이 시기에 부모들이 어린이에게 독립심을 북돋아 준 경우에는 학령기 동안에 지배에 대한 요구가 증진되다. 또한 학령전기 동안에 존재했던 이성의 부모에게 느꼈던 특수 관계는 점차 변화하여 동성의 부모를 존경하고 사랑하게 되며 동성의 부모의 역할을 모방함으로써 새로운 자기의 사회적 역할을 배우게 된다.

어린이들은 점차적으로 그들의 부모들로부터 새로운 아이디어를 얻게 되는데, 이때 중요한 어른들이란 학교선생님, 친구의 부모, 경찰, TV연기자들, 신문기자, 교과서나 소설의 저자 등이다. 때때로 그들이 습득한 이러한 새로운 아이디어나 태도들은 그들 부모들을 당황하게 만들지만 어린이를 가르쳐야 하는 어른들로서는 그들이 부모나 어른에 대한 존경심을 잃지 않도록 이해하고 도와주어야 한다. 부모들은 또한 어린이들의 정상적인 성장발달과정을 이해할 수 있도록 도움이 필요하고 나타날 수 있는 문제점에 대해 학교 선생님이나 의사, 혹은 학교 간호사 그 외 종교적 조언자 등과 의논하여 해결하도록 하는 것이 좋다.

자녀에 대한 부모의 태도는 학자에 따라서 다르게 분류되고 있다. 일반적으로 공통되는 분류는 민주주형과 통제형의 두 가지 유형이다. 민주주형의 태도는 비교적 허용적이고 부모 자녀간의 상의, 설명, 질문, 대답 등의 상호간의 대화가 많은 관계를 말한다. 통제형의 부모는 아동 행동의 기준이 분명하지만 훈육으로 생기는 갈등이 많은 관계이다. 통제적 부모 밑에서 자라난 유아들은 공격적이고 거부성향이 높으며, 반항적이고 반면에 겁이 많다고 한다.

이와 같이 부모의 양육태도에 따라 유아의 성격이 달라지는 것은 상벌 체계의 차이점으로 해석하는 학자들도 있다. 즉, 민주적인 태도를 가진 부모는 자발적이고 독립적인 활동 자기주장 의견표시 호기심 등을 바람직하게 보고 허용함으로써 강화를 주기 때문에 이러한 행동들이 습관화되며 반면에 권위주의적 분위기에서는 호기심 자발성 자기주장과 같은 특성은 저지되거나 꾸중을 듣게 되고 복종과 동조성을 가진 성격을 형성하게 된다.

2. 유아기의 부모의 역할

1) 부모 역할의 특성

부모 역할은 다른 사회적 역할과는 여러 면에서 차이가 나는 독특한 성격을 가지므로 개인의 가치관에 따라 그 선택 여부가 결정된다. 부모 자녀 관계는 양방적인 상호작용에 의해서 이루어지기 때문에 자녀가 발달함에 따라 부모는 이러한 변화에 맞추어 가족 규칙 상호작용 방식 양육 목표 및 행동 등을 적절하게 변화해 나가야 한다.

2) 부모역할

(1) 부모역할은 명확하게 정의하기가 어렵다. 부모역할은 모호하여 부모들이 혼돈되고 좌절되는 경우가 많다. 부모역할을 잘못한 경우 이를 되돌이키는 것은 힘들다. 어떤 분야에서도 인간이 완전하기를 기대할 수는 없다.

(2) 부모역할은 도중에 그만둘 수 없다. 자녀가 결혼 후 혹은 자녀를 낳은 후에도 끊임없이 부모로서 자녀에게 중요한 역할을 담당하고 있는 것이 우리나라의 현실이다.

(3) 자녀에 대한 최종적인 책임은 부모에게 있다. 부모의 권위는 점점 더 약화되고 있지만, 부모가 해야 할 의무는 여전히 강조되고 있다. 부모는 자녀에게 어떠한 일이 생겨도 부모로서의 책임을 수행해야 한다.

(4) 부모들이 따를 자녀양육 모델이 없다. 대가족시대 때에는 조부모 등 자녀양육 모델이 있었지만 지금은 그렇지 않다.

(5) 부모는 자녀를 자신보다 더 나은 존재로 키우려고 노력한다. 부모 자신보다 더 나은 존재로 키워야 한다는 강한 압력을 스스로 느끼고 있다.

(6) 부모 두 사람이 한 팀이 되어 자녀를 양육한다. 부부가 협력하여 자녀를 함께 양육하는 것이 이상적이다.

(7) 부모는 자녀의 개성을 인정해야 한다. 유아의 특성을 발견하여 그 특성을 최대한 발휘할 수 있도록 도와주어야 한다.

(8) 부모의 역할 수행을 위한 준비는 미흡하다. 부모의 임무가 점점 복잡하고 막중함에도 불구하고 실상은 그렇지 못하다.

(9) 부모기로의 전환은 단기간에 이루어진다. 부모기로의 전환은 짧은 임신 기간에 이루어지는데 반해, 부모역할 준비에 필요한 교육은 체계화되어 있지 않다.

(10) 부모역할은 언제까지, 어느 정도까지 해야 하는지 불분명하다. 인간의 부모역할은 다른 어느 동물보다 그 기간이 길고 책임이 막중하다.

3) 부모 역할의 내용

부모는 가정을 잘 보살피는 책임과 의무를 가지고 있으므로 가정의 기능이 충분히 발휘되고, 가족 성원이 각자의 역할을 충실히 수행할 수 있도록 지도해야 한다.

(1) 자녀의 특성(적성, 흥미, 능력, 인성 등)을 올바로 이해하도록 노력하여야 한다.

(2) 자녀와 부모의 가치관은 다를 수도 있으므로 올바른 가치관 형성을 위해 가치관 교육을 실시해야 한다.

(3) 부모는 자녀의 모델로서 항상 모범을 보이고 실천하는 입장에 서서 자녀들에게 감화, 감동이 되도록 솔선수범해야 한다.

(4) 자녀들을 위해 사회적·경제적 조건을 갖추어 주고, 그들로 하여금 분수에 맞는 교육을 가르치며 아울러 타고난 재능을 유감없이 발휘하도록 키워주어야 한다. 재능은 개인차가 있으므로 획일적인 가치관, 특히 부모의 가치관에 얽매여서는 안 된다.

(5) 올바른 성격 형성과 인격을 위한 지도에 관심을 가지고, 부모 자신도 아동학과 심리학 계통의 전문 서적을 읽고 이해하여 자녀의 건전한 성격 형성을 위해 노력해야 한다.

4) 부모역할에 대한 잘못된 생각들

(1) 부모가 자녀에게 모든 행동에 있어서 완벽함을 요구하는 일방적인 생각이다.

(2) 부모-자녀간의 생물학적 유대관계를 강조함으로써 이들 관계는 자연스럽게 애정적인 관계로 발전할 것이라는 생각이다.

(3) 부모-자녀 관계는 사회와 단절된 정지된 공감에서 이루어지며 자녀들을 정적존재로 간주하는 일방적인 관계로 보는 생각이다.

제2절 바람직한 부모의 역할

1. 부모의 역할

1) 교사로서의 부모의 역할

(1) 인내와 용서와 너그러움을 보여주어야 한다.

(2) 어린이 스스로가 문제의 해결점을 발견해 나아가도록 해야 된다는 점이다.

(3) 자녀의 능력과 흥미에 대한 이해를 해야 한다.

(4) 자녀에게 지식보다는 올바른 태도를 길러 주는 데 더 관심을 가진다.

2) 모델로서의 부모의 역할

(1) 제일 두드러지게 나타나는 것은 언어습관이다.

(2) 어린이는 어른들이 관심을 두는 일에 대하여 자연스럽게 흥미를 보이는 경향이

있다.

(3) 자녀는 부모의 행동을 보면서 가치관을 배우게 된다.

3) 의논 상대자로서의 부모의 역할

(1) 자녀의 감정을 받아들인다.
(2) 논리적으로 따지거나 탐문하는 식의 질문을 하지 않는다.
(3) 어디까지나 자녀의 인격을 존중하는 태도를 보여 준다.

4) 성역할 평등개념 전수자로서의 부모의 역할

(1) 남·여 간의 성차보다는 어린이 개개인의 개인차를 인정해야 한다.
(2) 어떤 일에 있어 여성적인 일과 남성적인 일이 따로 있는 것은 아니다.
(3) 아들, 딸은 가정에서 동등한 대우를 받도록 해야 한다.

제 3 절 유아의 사회성

1. 유아의 사회성 발달의 중요성

유아는 유아기의 대부분의 시간을 가족과 밀접한 관계를 형성하며 성장하다가 유아기에 접어들면서 가정에서 벗어나 유아기관, 또래집단, 주위환경 등으로 생활범위를 넓히게 된다. 이러한 사회적 관계의 확장 속에서 유아는 사회에 적합한 구성원이 되기 위해 끊임없이 다른 사람이나, 주위환경과 상호작용하면서 행동, 가치관, 규범, 지식 등을 습득하는 사회화 과정을 거치게 된다. 이러한 사회화 과정을 통해 발달하는 사회적 유능성은 유아는 한 사회의 바람직한 구성원으로 성장하고, 사회적 목적을 달성하는데 필요한 능력이라고 볼 수 있다.

유아의 사회적 유능성은 자신을 둘러싼 사회적 환경에 잘 적응하는데 중요한 기능을 하며, 사회적 목적을 달성하는데 필수적인 요소로 건강한 자아와 사회, 정서적 발달에 영향을 미치는 요인이다(Waters & Sroufe, 1983). 사회적 유능성 발달에 있어 유아기는 매우 결정적인 시기인데, 이 시기에 사회성 발달에 어려움을 경험하게 되면, 유아가 성인이 되어서도 사회적 부적응 행동을 나타낼 수 있다. 성인이 되어 사회 집단에 잘 적응하지 못하고, 대인관계에서 공격적이거나 위축되는 등 사회적 관계에서 어려움을 겪게 되면, "집단 따돌림"이나 "고립감" 등을 경험할 수 있다. 즉, 유아기에 획득한 사회적 유능성은 그 유아의 성장한 후 사회적 성공과 사회적응을 예측할 수 있는 중요한 지표가 될 수도 있기 때문에 그 중요성이 강조된다고 할 수 있다.

2. 유아기의 사회성 발달과정

유아의 사회성은 사람들과의 상호관계를 통해서 나타나고 발달한다. 이러한 사회적 관계에서 나타나는 사회성은 다른 사람에 대한 태도와 감정 등을 포함하며, 다양한 경험을 통해 형성되게 된다.

유아의 사회화 과정은 그 유아가 속한 사회·문화적 특성에 따라 차이가 나타나지만, 비교적 단계적으로 진행되며 예측이 가능하므로 사회성 발달과정을 자아개념, 타인조망수용능력, 친사회적 행동, 공격성이라는 개념을 통해 살펴본다.

1) 사회성 발달과정

(1) 자아개념

먼저 자아개념에 대해 살펴보면 자신의 특성, 능력, 태도와 가치에 대한 총체적인 개념을 말한다. 이러한 개념은 점진적으로 형성되며, 초기 유아기에서 성인기까지 계속 변화한다. 그 결과 자신에 대한 관점은 더 세분화되고 점점 더 복합적으로 진행될 것이다. 이런 자아개념의 변화를 협소한 자아개념이 폭넓은 자아개념으로 확대된다고 표현하기도 한다. 유아들은 자신을 단편적인 모습으로 지각하지만 유아기 또는 성인기가 되면 자신의 다양한 모습을 지각하고 또 표현할 수도 있다.

예를 들어 자신을 다른 사람에게 소개할 때 유아들은 주로 자신의 신체적, 외적 특성을 나열하지만 유아기는 기질이나, 가치, 신념, 이념과 같은 내적 특성을 사용하여 자신을 나타낼 수도 있다.

유아기 성장을 하면서 자신에 대한 관점이 형성되고, 자신의 가치에 대해 판단하고 평가하기 시작한다. 이런 자아에 대한 평가적인 구성요소를 자아존중감이라고 하는데 자아존중감은 사람들이 스스로를 가치 있게 여기고 좋아하는 정도, 다른 사람들이 자신을 가치 있게 여긴다고 생각하는 정도를 말한다. 또한 과제를 완수하고 목표를 성취할 수 있다는 신념이며, 개인이 이 세상에서 일어나는 일들과 사건에 영향을 미칠 수 있다고 느끼는 정도와 관련된다.

자아존중감은 유아기 자신의 경험에 대해 어떻게 지각하는가의 기초가 되므로 긍정적인 자아존중감은 유아기에 이루어야 되는 중요한 과업이다. 즉, 유아의 자신이 이미 가지고 있는 자신에 대한 이미지에서 긍정적인 측면이나 장점을 강조한다면 자아존중감을 향상시킬 수 있다. 유아기의 자아존중감은 전 생애를 통해 지속되므로 유아기는 긍정적인 자아존중감을 형성하는 것은 매우 중요하다.

"어떻게 유아기에 건강한 자아개념과 긍정적인 자아존중감을 형성하게 도울 수 있을까?"라는 질문을 받게 되면, 유아의 자아존중감 향상을 위해 가장 먼저 교사가 해야 되는 일은 먼저 유아에게 의미 있는 관계를 만들어야 되는 것이다. 자신에게 중요하고 의미 있는 사람의 말 한마디는 주변의 수십 명의 말보다 유아에게 매우 중요하기 때문이다. 먼저 교사는 유아에게 신뢰롭고 가치 있는 사람이 되기 위해 노력하고 유아에게 독립심, 책임감, 존중감을 길러주어야 한다. 물론 유아에게 중요한 인물이 되기 위해서 교사에게 많은 노력과 시간이 필요하지만, 일단 유아에게 교사가 신뢰로운 관계가 형성되고 나면 그 관계 속에서 유아는 자신의 선택이나 결정에 대한 확신을 가지고 자신을 존중할 수 있는 경험을 할 수 있게 된다.

(2) 타인조망수용

타인조망수용이란 타인의 사고나 느낌, 행동 또는 시각을 이해하고 판단하는 즉 타인의 입장이 되어 보는 과정을 말하고 유아기부터 아동기까지 다섯 단계로 발전한다(Selman & Byrne).

① 1단계 – 자기중심적 조망 수용단계

이 단계는 만 4세 정도의 수준이다. 이 단계의 유아는 자신과 타인을 구별할 수 있지만 다른 사람과 자신이 다른 관점을 가지고 있다는 점에 대해 이해하지 못한다. 즉 다른 사람도 자신과 동일하게 생각한다고 인식한다.

② 2단계 – 주관적 조망 수용단계

이 시기의 유아는 동일한 상황에 대해서 사람들마다 다르게 해석할 수도 있다는 것까지는 이해하지만 아직까지 다른 사람의 입장에서 생각하지 못하고, 자기의 입장에서 이해하려고만 한다. 또한 다른 사람의 관점을 통해 자신의 행동을 평가하기는 힘이 든다. 대부분 이 수준은 만 6세 유아가 해당된다고 볼 수 있다.

③ 3단계는 – 자기 반영적 조망 수용단계

이 단계의 유아는 사람들은 자신만의 가치와 동기를 가지고 있기 때문에 서로 다르게 생각하고 느낀다는 것은 알고 있다. 또한 다른 사람이 자신의 행동에 관해 어떻게 생각하는지를 알 수도 있으며, 다른 사람이 자신의 관점을 이해할 수 있다는 것도 알게 된다. 대부분 6~8세 유아기는 이 수준에 속하게 된다.

④ 4단계 – 상호적 조망 수용단계

이 단계의 유아들은 다른 사람들과의 관계 혹은 상호작용 속에서 발생하는 문제에 대하여 좀더 객관적으로 인식할 수 있게 되어 사람들이 문제를 어떻게 보고 다른 사람이 그 문제를 어떻게 인식하는지를 객관적으로 볼 수 있다.

따라서 한 사건에 대한 생각이 다르다고 해서 그 관점이 틀렸다고는 인식하지는 않는다. 8~10세 유아는 이 수준에 속하게 되지만 모든 유아들이 이 수준에 속하지는 못한다.

⑤ 5단계 – 사회적·관습적 체계에 따른 조망 수용단계

12세 전후의 아동이 이 단계에 속한다. 12세 전후아동은 사회체계를 사회의 많은 구성원이 공유하는 견해의 결과라고 생각하기 시작한다. 그래서 12세 이후의 아동이 되면 사회적 합의나 타인의 견해 등에 대해 관심이 많아지게 된다.

이런 복잡한 단계를 거쳐 인간은 타인조망수용능력이 생기는데 이러한 과정들이 전개되는 것은 쉽지 않은 일이기 때문에 교사의 도움이 필요하다.

아동에게 동화를 읽히게 하고 동화주인공의 입장에서 생각해 보게 하거나, "주인공의 기분이 어떨까?, 너라면 어떻게 할거니?"라는 상황과 관련된 질문을 자주 하여 아동의 생각을 자극하는 것이 도움이 될 수 있다.

(3) 친사회적 행동

친사회적인 행동은 이타성이 행동으로 나타나는 것으로 타인과의 관계에 있어서 사회적으로 바람직한 행동, 예를 들어 나누기, 돕기, 위로하기, 보살피기, 협조하기 등이 있다. 친사회적 행동을 하는 성향은 유아기 때 학습이 되고 연습이 되어서 성인기까지 이어진다. 배려를 잘하고 인정이 많은 유아기 성인이 되어서도 타인을 배려하고 보살피는 경향이 있는 반면, 어린 시절 타인의 상황에 전혀 관여하지 않았던 아동은 성인이 되어서도 타인을 도와주는 것에 대해 다소 덜 긍정적인 태도를 보인다.

친사회적 행동을 하는 유아는 타인을 도와주면서 유능감과 만족감이 발달되고 타인과 성공적인 만남을 갖게 되며, 도움과 협동을 받게 된다. 이러한 유아의 친사회적 행동은

연령에 따라 발달하며, 성인의 행동을 모방하거나 강화에 의해 발달되므로 문화적 영향력 또한 크게 작용한다.

① 연령

유아기 후기와 초등학교 저학년 시기의 아동은 나누어 주기와 공유된 활동을 즐기고, 친구들과 노는 것이 혼자 노는 것보다 재미있다는 것을 깨닫게 된다. 이 시기 동안에 또래와의 상호작용이 증가하고, 나누는 능력은 점점 커지게 된다.

유아기는 타인에게 수용받고 싶어서 나누어주기를 하기도 하는데, 이 같은 친사회적 행동은 더 쉽게 또래의 인정을 받기를 원한다. 즉 친구들에게 나누어주는 일을 할 때의 자기희생이 또래들이 유아를 인정해 주는 것으로 보상이 된다.

② 문화적 영향

사람들이 가족이나 지역사회와 같은 집단을 형성하기 위해 함께 모이면 그 집단에는 문화가 형성되는데 집단에 따라 나누기, 돕기, 협동하기와 같은 친사회적 행동에 대해 강조하는 점이 다를 수 있다. 예를 들어 어떤 문화는 경쟁을 강조하는 반면, 어떤 문화는 협동과 조화를 강조하기도 한다.

친절이나 도움주기, 협동에 가치를 부여하는 사회에서 자란 유아는 일상생활에서 이러한 가치가 내면화되므로 성숙해지면서 점점 더 협동적이 되어 친사회적인 성인으로 자라난다. 유아기는 이러한 문화적 가르침을 접하는 장소는 가정이나, 보육시설과 같은 곳이다. 성인은 이러한 환경에서 중요한 역할을 담당하며, 유아의 친사회적 행동변화에 가장 많은 영향을 미친다.

유아기 친사회적 행동은 성인과의 관계에서 뿐만 아니라 친구들과의 관계에서 얻어지는 것도 중요하므로 교사는 프로그램 속에서 유아가 자연스럽게 또래집단 훈련을 할 수 있도록 프로그램을 설계해 주어야 한다.

(4) 공격성

공격성은 사람이나 동물에게 신체적, 정서적으로 아프게 하거나 재산상의 피해나 파괴를 이끄는 행동으로, 언어적 또는 신체적으로 나타나기도 한다.

이러한 공격성은 도구적 공격성과 적대적 공격성의 2가지 유형으로 나누어지는데 공격성에 있어서 가장 중요한 것은 타인에게 해를 끼치려고 하는 의도가 있는가에 대한 것이다. 예를 들어 타인에게 해를 끼치려고 한 의도가 있었는데 실수로 공격적인 행위가 나타나지 않았어도 그 행동은 공격적 행동이라고 볼 수 있다.

도구적 공격성과 적대적 공격성에 대해 자세히 알아보면, 도구적 공격성은 자신이 원하는 것과 자신의 소유물을 지키기 위해, 목적을 위한 수단으로 공격성이 나타나는 것을 의미한다. 예를 들어 영호가 자신의 자동차를 뺏기기 싫어서 친구를 때리거나 아니면 영호의 친구가 영호의 자동차를 뺏고 싶어서 영호를 때리거나 목적을 위한 수단으로 공격적인 행동을 나타내는 것을 의미하겠다. 그 다음, 적대적 공격성은 주목적이 다른 사람을 해치게 하는 데 있다. 즉 타인의 신체적 또는 심리적 고통을 통해 만족감을 느끼는 것을 의미한다.

이러한 유아의 공격성을 표현하는 방법은 인지적으로 성숙되고 다양한 경험이며 시간이 경과되면서 변화이다. 유아들은 주로 목적이 있는 도구적 공격성을 많이 나타내며, 유아기 적대적 공격성을 나타난다. 또는 성별에 따라 공격적 행동을 보이는 방법에서 차이가 나타나는데 남자유아들은 직접적인 신체적 학대를 주로 사용하고, 여자유아는 간접적인 언어적 전략을 사용하기도 한다.

유아의 공격성을 감소시키기 위해서 교사의 역할이 상황에 따라 비 일관적으로 대응하는 것은 비효과적인 전략이라고 볼 수 있다. 유아의 공격성을 감소시키기 위해서 교사는 유아의 행동에 관심을 가지고, 관찰하며, 공격적인 행동이 나타나는 원인과 신호를 이해해야 한다. 유아는 때로는 주변사람의 관심을 유도하기 위해서 공격적인 행동을 하기도 하고, 과거 유아의 공격적인 행위의 대상이 된 경험이 많아서 다른 사람의 행동을 공격적인 행동으로 오해하며 미리 방어하는 경우도 있다. 이 밖에 좁은 교실, 부족한 교구 등 물리적 환경의 문제로 인해 공격성이 자극될 수 있으므로 교실 환경을 잘 살펴보아야 한다.

3. 사회성 발달에 영향을 미치는 요인

1) 부모의 양육태도

먼저 부모의 양육태도에 대해 살펴보면, 유아의 사회성은 기본적으로 양육자와의 상호작용에 의해 영향을 받게 되며 유아의 다양한 사회적 행동 양식은 부모로부터 배우게 되므로 부모의 영향이 매우 중요하다. 부모의 합리적인 지도, 일관성 있는 훈육, 애정적 태도는 유아의 사회적 유능성을 높여주고, 사회적 발달이나 지적 발달에 긍정적인 역할을 한다.

반면, 부모의 과잉보호나 적대적 행동, 학대 등을 경험한 유아는 정서 표현능력이 떨어지며, 낮은 자존감, 우울, 불안과 같은 내면화된 문제를 지니고 있거나, 충동적 행동, 자기 파괴적인 행동과 같은 문제를 나타내기도 한다.

유아의 경우 대부분 부모와의 시간보다 교사와의 시간이 많기 때문에 부모의 양육태도와 더불어 교사의 지도 또한 매우 중요하다고 볼 수 있다.

2) 유아의 정서조절 능력

유아의 사회성 발달에 영향을 미치는 두 번째 요인은 유아의 정서조절 능력이다. 유아의 능동적이고 긍정적인 내적 특성 또한 사회성 발달에 아주 중요한 요인이 될 수 있다. 유아는 일상생활에서 다양한 정서적 경험을 하게 되며 이러한 정서를 조절해야 할 상황에 부딪히게 되므로 유아 스스로 정서조절 방법을 배우고 발달시키는 것은 유아의 사회생활에 있어 매우 중요한 요인이 되며, 사회적으로 유능한 사람이 되기 위해서 필수적이라고 볼 수 있다.

사회적으로 유능한 유아는 집단의 규칙에 반응적이고 자신의 욕구와 다른 유아의 욕구 사이에서 조화를 잘 유지하는 정서조절 능력이 높게 나타난다. 반면, 정서조절에 어려움을 지닌 유아는 대인관계에서 융통성이 부족하고 고립적인 행동을 많이 나타나게 되므로 사회성 발달에 있어 정서조절능력은 매우 중요하다고 볼 수 있다.

3) 문제해결 능력

사회성 발달에 영향을 미치는 세 번째 요인은 문제해결 능력이다. 유아는 자신의 욕구나 생각과는 달리 또래나 교사와 상호작용하면서 여러 가지 문제 상황에 직면하게 된다. 이러한 문제 상황에서 문제를 효과적으로 해결하는 적절한 전략을 가지고 있다면, 유아기 사회적 관계를 지속시킬 수 있는데 큰 도움이 될 수 있다. 그러나 유아기는 문제를 해결하기 위하여 부적절한 전략을 주로 사용한다면, 문제가 해결되지 못할 뿐 아니라 또래집단에 의해 배척되는 등 부정적인 사회적 관계로까지 발전하게 된다. 따라서 유아의 긍정적 문제해결능력은 유아의 사회성 발달에 중요한 요인이 될 수 있는 것이다.

4. 사회성 발달

유아기에 적절한 사회성 발달을 지도하기 위해 사용할 수 있는 지도방법에는 어떤 것이 있는 지에 대해 살펴보도록 하겠다. 유아의 사회성을 발달시키기 위한 지도방법에는 언어적인 지시, 보상과 벌, 모방학습, 이야기 나누기, 역할놀이 등이 있고 이들을 자세히 살펴본다.

1) 지도방법

(1) 언어적 지시

언어적 지시는 여러 번 제공해야 효과가 크며, 유아의 행동으로 인해 나타날 수 있는 부작용에 대해 명확한 지시를 내려주어야 한다. 언어적인 지시는 유아의 행동을 비난하는 것이 아니라 유아의 행동을 있는 그대로 묘사해 주어야 행동수정에 도움이 될 수 있다.

(2) 보상과 벌

보상과 벌에 대해 알아보자면, 칭찬은 구체적이고 서술적이어야 하며, 행동 직후에 바로 제공되어야 효과적이다. 강화와 함께 병행하는 것이 더 좋고, 비교하는 말과 함께 사용하지 말아야 한다. 벌을 줄 때는 왜 벌을 받아야 하는지에 대해 충분히 설명을 해주어야 하며, 벌도 부당한 행동이 일어난 바로 직후에 주어져야 하며, 동일한 상황에 대해 일관성 있는 벌이 주어져야지만 된다.

(3) 모방학습

유아는 다른 사람과 특히 부모나 교사 등의 행동을 모방한다. 친사회적 행동을 향상시키기 위해서는 말과 행동이 일관된 역할모델이 필요하다고 볼 수 있다. 도움주기를 즐기는 모델은 유아에게 남을 도우는 방법을 배우게 하며, 이타적인 행동에 수반되는 좋은 감정을 배우게 한다.

(4) 이야기 나누기

이야기 나누기는 자신의 느낌을 이해하고 말로 표현하도록 하며 다른 사람도 자신과 비슷한 느낌을 가지고 있다는 것을 인식하게 하는데 도움이 된다. 유아들이 이야기를 나눌 때 몇 가지의 주의사항을 잘 지켜준다면 이야기 나누기는 효과적인 사회성 증진 방법이 될 수 있다. 우선 서로 서로가 이야기를 나눌 때 얼굴을 모두 다 볼 수 있도록 둥근 큰 탁자에 둘러앉아 있거나 바닥에 앉아서 이야기나누기를 하면 좋다. 아이들의 참여를 높이기 위해서는 몇 가지 규칙이 정해지어져야지만 되고, 이러한 규칙은 교사가 아니라 유아들이 직접 정하는 것이 훨씬 더 효율적이다.

유아는 이야기 나누기 활동을 할 때는 반드시 몇 가지의 규칙이 포함되어져야 한다.

예를 들어 모든 유아들이 모두 다 돌아가면서 말을 해야 된다거나 친구들이 하는 말은 반드시 경청해야 된다라는 규칙들이 포함되어져야지만 된다.

(5) 역할놀이

집단게임은 서로 협조하면서 원만하게 유아가 살아가는 방법을 알게 해주며, 점차 유아기는 자기중심성에서 벗어나 사회적 존재로 성장하게 하는데 도움이 되므로 다양한 역할놀이는 사회성 발달을 위한 훌륭한 지도방법이 될 수 있다.

유아의 사회성을 길러주기 위한 방법은 시청각 자료보기, 책보기 등 다양하지만, 유아의 이해를 돕기에 가장 편하고 현장학습을 통해서 보고 듣고, 배운 방법으로 유아가 스스로 문제를 설정하고 해결해 나가는 과정을 경험할 수 있는 역할극 놀이나 이야기나누기를 통해서 자연스럽게 사회성의 발달을 돕는 것이 효과적일 것이다.

2) 교사의 역할

이번에는 유아의 사회성 발달을 위한 교사의 역할을 몇 가지로 정리하여 살펴보고자 한다.

첫째, 유아의 사회성발달이 매우중요한 부분임을 교사가 항상 인지하고 있어야 한다.

둘째, 유아의 발달영역에 대한 충분한 이해가 필요하다. 사회성발달은 인지발달이나 신체발달 등 다른 영역과도 밀접한 관계가 있기 때문에 교사는 유아발달의 특성을 이해하고 유아의 개인적인 특성과 일반적인 특성을 기반으로 유아의 발달 영역 간 차이를 파악할 수 있어야 한다.

셋째, 자아개념이 안정적으로 확립된 유아는 사회적인 활동을 주도할 수 있으므로 유아가 긍정적인 자아개념을 형성할 수 있도록 도움을 주어야 한다.

넷째, 또래집단과 어울릴 수 있는 기회를 다양하게 제공해 주어야 한다.

다섯째, 유아기는 또래의 생각과 감정을 잘 이해하고 생각할 수 있도록 기회를 많이 제공해 주어야 한다.

여섯째, 관찰을 통한 모방학습이 가장 효율적으로 이루어지는 시기는 유아기이다. 유아는 교사의 모습을 통해 사회성을 향상시킬 수 있도록 교사가 적절한 모델을 많이 제공해 주어야 한다.

일곱째, 유아기 대한 교사의 일관된 기대는 유아의 사회적 관계에서 문제에 직면했을 때 스스로 문제해결을 할 수 있는 지지가 될 수 있다.

따라서 교사는 유아의 잠재력을 믿어주고 일관된 기대를 해 주어야 한다. 유아기의 교사는 보육자의 역할에서 벗어나 유아의 지지자, 격려자의 역할을 담당해야 한다.

제4절 어머니 역할과 아버지 역할

부모 모두는 자녀 양육에 중요한 역할을 담당하고 있지만 어머니와 아버지는 자녀 양육에 대한 비중과 내용에서 어느 정도 차이를 가진다.

1. 어머니 역할

보편적으로 어머니가 아버지보다 자녀를 양육하는 데 더 많은 시간과 노력을 투자한다. 즉 어머니는 임신 중에는 태아와 10달간을 함께 생활하고, 분만 후에도 자녀에 대한 양육 책임을 더 많이 갖게 된다. 이로 인해 어머니가 아버지보다 자녀와 정서적으로 더 밀착하게 되고 헌신적으로 행동하게 된다고 가정할 수 있다.

어머니는 특히 자녀의 일차적 양육자이고 아동발달에 중요한 존재이다.

1) 어머니는 양육자

어머니는 특히 자녀의 일차적 양육자이고 유아발달에 중요한 존재이다. 어머니는 가장 가깝고 허물 없으며 무엇이든지 요구하면 잘 해결해 주는 존재이다.

- 부모, 요리사, 의사, 약사, 간호사, 이야기꾼, 놀이친구, 상담자, 교사 등이다.

2) 어머니는 따뜻한 보금자리

- 따뜻한 사랑은 아이들의 신체적 발달, 심리·정서적 발달에 큰 영향을 미친다.

3) 어머니는 인생의 본보기

- 아이들은 보는 대로 행하기 때문에 부모가 좋은 본보기를 보이는 일이 중요하다.

2. 아버지 역할

사회가 핵가족화됨에 따라 아버지의 역할이 경제적인 부양자에서 자녀양육에 어머니와 공동 참여하는 것으로 바뀌었고, 아버지는 어머니와 질적으로 다른 영향을 아동에게 미치므로 아버지에 대한 연구도 활성화되고 있다.

1) 아버지는 사회성 발달 중요

아버지는 자녀의 사회성 발달 및 성역할 지도에 중요하다. 아들은 아버지의 가치관을 무의식적으로 흡수하게 되어 역할 개념을 습득하게 되고, 딸에게 아버지는 첫 이성의 본보기로 배우자 선택의 기준이 된다.

2) 아버지는 자녀의 지적 발달

아버지는 자녀의 지적 발달 및 학업성취에 영향을 준다. 가정에서 아버지는 이성적이고 판단적 태도를 취하기 때문에 자녀의 인지 발달에 미치는 영향은 매우 중요하다. 또 학업성취에 있어서는 아버지와 양적·질적으로 긍정적은 상호 접촉과 교류가 많을 때 효과가 있다.

3) 아버지는 자녀의 도덕성 발달

아버지는 자녀의 도덕성 발달에 기준이 된다. 자녀는 동일시를 통해 아버지의 도덕적 특성을 습득하며, 아버지의 훈육을 통해 바람직한 도덕관을 만들어 간다.

4) 공공장소에서 아이 혼내기의 원칙

아이들을 꾸짖을 때는 흔히 "안돼! 하지마! 너 혼날 줄 알아!"라는 식으로 명령조로 말하기 쉽다. 하지만 이렇게 꾸짖는 방법은 그다지 큰 효과를 보지 못한다. 아이는 자신이 가장 좋아하는 엄마가 다른 사람들이 보는 앞에서 자신에게 화를 낸다는 것에 이미 불쾌감을 느끼기 때문이다. 공공장소에서 아이를 꾸짖을 때는 명령이나 금지의 표현보다는 "~하자, 이렇게 해보면 어떻겠니?" 등으로 부드럽게 권유하는 편이 훨씬 효과적이다.

공공장소에서의 예절을 자주 이야기해 준다. 아이의 잘못을 그때그때 꾸짖는 것도 중요하지만 평소 공공장소에서 지켜야 할 예절에 대해 충분히 이야기 해 주는 것이 더 바람직하다. 잘못한 후에 꾸짖는 것보다 훨씬 효과가 있다.

남이 보는 앞에서 아이를 때려서 안 된다. 아이는 엄마에게 혼이 나도 자신이 왜 혼나는지 잘 모르는 경우가 많다.

더구나 맞는다는 것은 영문도 모르는 채 아프다는 느낌만 남아 엄마가 자신을 미워하는 것이 아닌가 하는 생각까지도 하게 된다.

엄마이기 때문에 아이에게 어떤 행동을 해도 좋다는 생각은 하지 말고, 아이가 왜 그랬는지에 대해 설명할 기회를 주도록 한다. 그 다음에 너의 그런 행동이 엄마를 화나게 했다거나 혹은 그렇게 행동하면 여러 사람의 기분이 나빠진다는 것을 설명한다. 그렇다고 해서 나중에 혼내는 것도 의미가 없다. 아이는 그 순간만 지나면 그 뿐이기 때문이다. 그 자리에서 꾸중을 하되 왜 혼나는지에 대해 분명하게 이야기해 주어야 한다.

아이를 꾸짖기 전에 엄마가 먼저 모범을 보인다. 아이에게는 백 마디의 말보다 한 번의 행동이 중요하다. 아이가 버린 휴지를 아이가 보는 앞에서 엄마가 직접 주워 휴지통에 버리거나 공중 화장실에서 차례를 기다리는 모습을 보여준다면 아이도 엄마를 따라 하려고 할 것이다.

이런 규칙을 부모는 알아야 하겠다.

제5절 부모교육의 필요성 및 프로그램

1. 부모교육의 필요성

부모교육의 필요성은 유아의 성장에 중요한 영향을 미치는 부모요인을 강화하게 되는데, 유아의 능력은 부모가 제공하는 환경내의 상호작용을 통해 습득한 사회적 산물이다. 부모는 유아가 태어나 최초로 상호작용을 시작하는 사람으로 부모로부터 사랑과 권위를 경험하고 행동을 모방하고 그들의 가치관을 내면화하기 때문에 부모는 아동의 사회화에 결정적 역할을 하고 있다. 부모가 교육관이나 가치관이 정립되지 않은 채 자녀를 교육할 때, 부모의 양육 방법 및 태도가 일관성을 잃을 것이므로, 유아 교육을 효과적으로 이루기 위해서는 부모 교육 및 가정교육이 더욱 중요하다.

이렇듯 부모교육은 그 주체에 따라 차이가 있다. 먼저 어린이는 행복한 성품, 독립성, 안정성과 자기 존중성을 기를 수 있는 가정환경에서 성장하면서 자신이 갖고 태어난 능력을 최대한 계발할 수 있지만 그렇지 못한 어린이들도 많으므로, 어린이들이 성장하려면 부모 또는 양육자들로부터 신체적, 정서적, 사회적, 지적 배려를 받아야 한다. 부모들은 결혼을 했다고 해서 어린이를 깊이 사랑하고 독립심, 자발성, 창의성, 협동심을 길러줄 수 있는 성숙된 인성을 자발적으로 소유하기는 힘들며, 또 소가족 제도가 보편화되면서 젊은 부모들 스스로 자녀 양육의 책임을 수행하여야 할 상황에 부딪치게 되었다. 또 개인들의 사회 이동 횟수가 증가하면서 자녀 양육을 도와줄 부모교육 프로그램이 필요하게 되었고 여성들의 직장 진출이 늘어나면서 성 역할 개념이 변화되기 시작하게 되고 남성들도 가사와 자녀양육에 적극 참여하게 됨으로써 아버지 됨의 역할을 미리 준비시켜야 할 필요성이 대두되었다. 또한 가정과 가정 밖에서 경험하게 되는 최초의 교육환경인 유치원간의 상호 작용은 유아의 올바른 사회화와 가치관 형성, 인간형성 등의 기본적인 인간관계 형성의 기반이 된다는 점에서 가정교육과 유치원 교육, 즉 부모와 교사간의 교육 일치는 중요하다.

결국 부모의 참여 없이는 유아들만을 대상으로 하는 유아교육에서는 지속적인 교육 효과를 기대하기 어려우므로, 부모는 바람직한 부모로서의 역할을 수행하기 위해 체계적이고 지속적인 부모교육 및 부모 참여는 대단히 중요하다고 하겠으며, 따라서 유아교육 기관에서는 부모들의 교육과 참여를 위한 다양한 프로그램 개발 및 부모교육에 대한 부모들의 요구가 반영되어야 한다.

부모는 자녀에게 있어 최초의 환경이며 그들의 발달과 인격형성에 중요한 역할을 담당하는 지극히 중요한 존재이다. 부모가 자녀에게 미치는 영향력은 그것의 정도가 크고 지속적이기 때문에 자녀의 건전한 성장발달을 돕기 위해서는 부모로 하여금 그들의 역할을 효과적으로 수행하도록 도움을 줄 수 있는 체계화된 부모교육이 절대적으로 필요하다. 따라서 현대사회에서의 부모교육프로그램의 필요성은 다음과 같이 나타낼 수 있다.

1) 부모의 중요성

급격한 사회변화로 인해 급변하는 세상에서 자녀들이 대처할 수 있는 적응력을 길러주어야 하는데 그 일차적 역할의 책임이 부모에게 있다고 할 수 있다. 자녀에게 직접적인 영향을 미치는 사람이 부모이며 부모자신의 인격과 삶의 태도, 가치관, 자녀와의 관계가 자녀의 인격과 생활태도에 직접적인 지대한 영향을 주기 때문이다.

2) 가정구조의 변화

여성고용인구의 증가로 전문 직업을 가지고 있거나 가정경제에 일부를 책임지고 있는 어머니들이 급격히 증가함으로 인해 자녀교육에 변화가 발생하게 되었다.

3) 단산으로 인한 부모의 기대상승

자녀의 숫자가 적어지므로 자녀를 향한 부모의 기대는 더욱 높아졌다. 이로 인해 부모의 인생 만족도 요소에 영향을 미치는 것이 부모와 자녀와의 관계이다. 따라서 부모자신의 만족스러운 삶을 위해서도 부모교육프로그램은 필요하다.

4) 기관의 교육만으로는 자녀의 변화를 기대할 수 없다는 점

오늘날 기관에서의 교육은 21세기를 맞으며 더욱 큰 문제에 봉착하고 있는데 그 주요 원인은 교육인 인격도야와 건전한 가치관 형성의 부분을 소홀히 해 왔기 때문이다. 그러므로 부모와 교사는 자녀교육에 동반자가 되어야 한다. 이와 같이 자녀의 사회적응문제와 올바른 성취능력 개발 인간관계문제해결 능력에 대한 근원적 예방과 해결책은 부모교육에 있다. 부모와 자녀의 관계는 자녀의 대 사회적 인간관계와 직결되어 있으며, 문제해결 능력은 세대에서 세대로 이어지는 것이다. 부모교육프로그램은 단지 자녀의 지도를 잘하기 위해서 뿐만 아니라 부모자신의 인생의 만족도를 높이기 위해서도 그 필요성은 절실하다. 따라서 부모교육프로그램을 통해 부모가 자녀의 성장과 발달을 지도하는 새로운 방법에 대해 배울 수 있고 가정에서 적용할 수 있는 기관에서의 교육은 내용이나 방법에 대한 올바른 이해를 가질 수 있으며, 부모로서의 자신감과 자녀 교육프로그램에 필요한 존재라는 인식을 느끼게 해 줄 수 있는 기회를 제공할 수 있기 때문에 부모교육프로그램은 필요하다고 할 수 있다.

부모는 자녀에게 있어 최초의 환경이며 그들의 발달과 인격형성에 중요한 역할을 담당하는 지극히 중요한 존재이다. 부모가 자녀에게 미치는 영향력은 그것의 정도가 크고 지속적이기 때문에 자녀의 건전한 성장발달을 돕기 위해서는 부모로 하여금 그들의 역할을 효과적으로 수행하도록 도움을 줄 수 있는 체계화된 부모교육이 절대적으로 필요하다. 따라서 현대사회에서의 부모교육프로그램의 필요성은 다음과 같이 나타낼 수 있다.

5) 부모교육 이론에 근거한 다양한 부모교육 프로그램

대표적인 부모교육 프로그램은 드라이커스(Dreikurs)의 민주적 부모교육프로그램, 적극적 부모역할훈련프로그램(APT), 기노트(Ginott)의 인본주의 부모교육프로그램, 효율성 훈련프로그램(PET), 효율적 부모 역할 수행을 위한 체계적 훈련(STEP), 교류분석 부모교육프로그램(TA), 행동수정 부모교육프로그램 등이 있다. 이들 부모교육프로그램의 내용을 약술하면 다음과 같다.

2. 드라이커스의 민주적 부모교육 프로그램

아들러의 개인심리학 상담이론을 부모교육에 적용하여 발전시킨 것으로 부모교육의 목적은 부모가 자녀로 하여금 주어진 한계 내에서 행동을 선택 결정할 수 있도록 하는 민주적 양육태도를 갖는 것이다. 유아는 자신의 위치를 확인하기 위한 시도로써 심리적 목표를 설정하는데 드라이커스가 말하는 잘못된 행동의 목표는 관심끌기, 힘 행사하기, 앙갚음, 무능함보이기다. 이러한 자녀의 잘못된 행동목표를 변경시키기 위해서는 먼저 부모의 변화를 꾀하는 것이 보다 효과적이라고 하였다. 민주적 부모교육은 유아상담 및 가정상담의 경험에서 개발된 것으로 8-12주 동안 8-10명이 주 1회 2시간씩 드라이커스의 민주적 양육방법에 대한 강의를 듣고 참가자 개인들의 문제를 토의하여 부모의 자녀 지도능력을 강화시킨다.

3. 적극적 부모역할 훈련프로그램(Active Parenting Today: APT)

팝킨에 의해 개발된 프로그램으로 아들러의 개인심리학에 근거를 두고 드라이커스, 고든, 기노트의 방법을 체계적으로 종합한 프로그램이다. 팝킨에 의하면 부모역할의 기본목적은 자녀들이 그들이 살고 있는 사회 안에서 생존하고 번영하도록 보호하고 준비해주는 것이며, 이때 자녀에게 필요한 최소한의 자질은 용기, 자기존중감, 책임감, 협동심이라고 하였다. APT는 적극적인 부모역할의 기술습득을 위해 4-12세까지의 자녀를 가진 부모를 대상으로 6-8주 동안 1회 2시간씩 강의 및 토론의 방식으로 진행된다.

4. 기노트의 인본주의 부모교육 이론

로저스의 인본주의 상담에 이론적 기초를 둔 것으로 인본주의 부모교육의 목적은 부모역할을 효과적으로 수행하기 위해서 부모가 자신을 이해하고 인정하여 정서적 안정감과 자신감을 가진 상태에서 자녀에게 효과적으로 반응할 수 있는 기술을 갖도록 하는 것이다. 이를 위해 부모의 정서상태 판단을 통해 정서적 문제를 가진 부모의 심리상태를 변화시키는 부모 중심의 개입방법이 사용된다. 부모들의 공감대 형성을 위해서 자녀 연령이 비슷한 10-12명이 한 집단이 되어 15주 과정으로 주 1회 90분씩 모임을 갖는다.

5. 부모효율성훈련 프로그램(Parent Effectiveness Training: PET)

고든이 로저스 이론에 입각해 만든 부모교육 프로그램이다. 고든은 문제가 있는 부모와 자녀를 대상으로 오랫동안 상담을 해 온 임상심리학자로서, PET 프로그램의 목표 중 하나는 상담가나 심리 치료사들이 정서적 문제나 부적응 등의 문제를 겪는 아이들을 돕기 위해 사용하는 방법들을 부모들에게 가르치는 것이다. 그는 부모-자녀 관계가 애정과 존경에 바탕을 둔 따뜻하고 친밀한 관계여야 하며, 이러한 효율적 인간관계 형성을 위해 의사소통기술의 습득이 필요하다고 하였다. 8주 동안 10명 정도의 집단이 주 3시간씩 실생활에서 직면하는 문제를 중심으로 상호 경험을 나누고 자녀양육방법을 개선해 나간다.

6. 효율적 부모역할 수행을 위한 체계적 훈련(Systematic Training for Effective Parenting: STEP)

STEP 프로그램은 딩크메이어와 맥케이가 드라이커스의 민주적 부모교육프로그램과 고든의 부모 효율성 훈련프로그램의 장점을 종합하여 개발한 부모교육프로그램이다. STEP은 부모들이 자녀들과 좀더 효율적으로 관계를 형성하도록 돕기 위해 부모들에게 양육 기술을 훈련시키는 것을 목적으로 한다. STEP의 훈련과정은 인간의 가치와 존엄이라는 의미에서 부모-자녀관계의 평등성과 상호 존중의 원리에 기초하여 10-12명이 한 집단이 되어 9주 동안 매주 2시간씩 부모-자녀관계에서 생기는 문제들을 효과적으로 해결할 수 있는 양육기술의 이론과 실제를 연구 및 토의하고 훈련한다. 또한 딩크메이어와 맥케이는 자녀양육의 원리와 방법을 영아기, 걸음마기, 그리고 유아기에 각각 구체적으로 적용하여 STEP의 일관적이고 긍정적이며 민주적인 접근을 더 확대 발전시키고 있다.

7. 교류분석 부모교육프로그램

인간관계에 있어서 상호교류 원리에 관심을 둔 번의 교류분석이론을 부모교육에 적용하여 부모-자녀관계를 향상시키고자 하는 목적을 가진 프로그램이다. 이 이론은 인본주의 철학에 기초를 두면서 프로이트의 정신분석학으로부터 큰 영향을 받았고 상담에 활용되기 시작하면서 이론이 정립되기 시작하였다. 이 프로그램은 적절한 행동 모델 제시를 통한 부모의 행동변화를 추구하며 집단상담의 형태로 진행된다.

8. 행동수정 부모교육프로그램

왓슨의 '유아 및 유아의 심리학적 양육'이라는 양육서 출판과 부모교육 강연실시로 호응을 얻기 시작하였으며 1940년대에 이르러 스키너에 의해 행동주의 심리학적 기초를 가진 부모교육 이론으로 널리 알려지게 되었다. 행동주의 심리학에 근거한 부모역할이란 좋은 모델을 자녀에게 보여주며 바람직한 행동들은 더욱 잘할 수 있도록 강화해 주고 바람직하지 못한 행동들은 의도적·계획적으로 수정·변화되도록 훈련하는 것이다. 행동수정 이론을 적용한 부모교육프로그램은 강의를 중심으로 한 집단모임의 형태로 진행된다.

9. 부모교육 프로그램의 효과

부모교육프로그램으로 나타날 수 있는 효과는 다음과 같다.

1) 부모-자녀 사이의 민주적인 인간관계

부모-자녀 사이의 민주적인 인간관계를 성립할 수 있다. 자녀를 부모와 대등한 인격적인 존재로 인정하여 존중하고 민주적인 양육태도를 갖는다.

2) 올바른 자녀교육관

올바른 자녀교육관을 확립할 수 있다.

부모역할의 중요성을 인식하여 적극적으로 부모역할에 참여하고 자녀중심 교육관을 갖는다. 또한 자존감, 책임감, 창의성, 도덕성 있는 자녀로 키우는 것이 중요하다.

3) 자녀에 대하여 올바로 이해

자녀에 대하여 올바로 이해할 수 있어야 한다. 자녀의 발달단계를 이해하고 자녀의 행동의 원인을 이해한다.

4) 부모역할을 위한 바람직한 기술

부모역할을 위한 바람직한 기술을 획득할 수 있다. 효과적인 의사소통의 방법을 익히고 자녀의 학습을 촉진시킬 수 있는 효과적인 방법을 안다. 또한 민주적인 훈육방법을 사용한다. 부모는 '자녀를 이해할 수 있는 마음이 생김', '여유롭고 편안함', '자녀를 대할 때 감정을 조절하게 되어야 하며, 자녀를 대하는 태도가 많이 바뀜' 등과 같은 변화가 나타나는 효과가 있다. 즉 부모들은 자녀양육에서 여유로움과 감정조절 및 자신의 행동 변화 효과가 있다. 자녀는 '규칙을 정하면 지키려고 노력하고 성취감을 느낌', '자신의 생각을 잘 표현하고 짜증이 줄었음', '한계설정으로 자녀의 행동문제를 고쳤음' 등과 같은 변화가 나타나는 효과가 있다. 가족의 변화로 '집안이 화목해진 것 같음', '집안분위기가 부드러워짐', '남편에게도 정보를 주어 함께 양육을 하게 됨', '아빠도 아이와 대화를 하려고 노력함' 등과 같은 변화 효과가 있다. 이것은 부모교육프로그램의 효과가 부모와 자녀에 국한되지 않고 가족전체로 확산되도록 영향을 주는 효과가 있다.

10. 부모교육 자신감

두려움은 역할놀이를 하거나 사물을 이해하면서 사라지게 되며, 세상의 어떤 욕조구멍도 자기를 집어 삼킬 수 없다는 것을 알게 된다. 왜냐하면 아이를 집어삼키기에는 욕조구멍이 너무 작기 때문이다. 개미나 벌레가 아이를 괴롭히지 못하고, 개미나 쥐보다 아이가 더 크고 힘이 세기 때문이다.

부모님과 함께하는 놀이를 통해서 자신감을 키워 주어야 한다.

술래잡기만큼 무서우면서도 짜릿한 즐거움을 주는 놀이는 없을 것이다. 이 놀이는 언제 잡힐까하는 조마조마함과 나를 찾지 못할 것이라는 희망이 어우러져 재미를 느낄 수 있다. 또 아이들에게 두 가지의 역할을 경험해 볼 수 있는 기회를 주어 잡는 사람인 '악당'과 잡히는 사람인 '착한 사람' 두 역할 모두 나름대로의 매력을 가지고 있다. 잡으러 갈 때는 괴물소리를 내면서 해야 더욱 무섭게 느껴진다.

1) 부모교육의 실제

가정통신은 유아의 지도와 유아교육의 성과를 높이기 위해 유아교육기관과 부모가 서로 주고받는 여러 형태의 통신문을 의미한다. 가정통신은 교육기관과 가정을 연결해 주는 다리로서의 역할을 하는 것으로 그 내용은 다양하다. 즉 교육에 필요한 정보를 수집하기 위한 각종 질문지도 가정통신의 한 형태가 된다.

2) 부모회

부모회는 교사와 부모집단과의 의사소통을 통해 부모를 교육시키고 활동에 부모를 참여시키는 효과적인 부모교육 활동의 하나이다. 이 부모회에서 자녀와의 대화기법, 문제행동 지도에 관한 것들을 내용으로 다루게 된다. 또 부모들에게 필요한 지식과 상식으로 가정문제 및 소비생활에 필요한 지식 및 정보, 가족관계, 가족계획 등 부모들이 알아야 할 일반적인 지식과 정보를 알려주기도 한다.

3) 강연회

강연회는 많은 사람들에게 정보를 동시에 전달할 수 있는 이점이 있다. 특히, 입학 초기는 강연회의 효과가 크다. 새로운 교육 환경에 처한 부모들은 교육 목적, 교육 과정, 활동, 교사의 학급 운영 방침, 부모로서 해야 할 일 등에 대하여 알고 싶어 하기 때문이다. 대집단으로 강연회를 한 후 이를 소집단으로 나누어 운영하면 부모들이 소속감을 느낄 수 있을 뿐만 아니라, 대집단 모임에서의 내용에 대해 부모들로부터 반응을 받을 수도 있다.

부모들에게 교육에 필요한 기본적인 지식이나 정보를 알려주기 위하여 그 분야의 전문가나 관련인사를 초빙하여 강연회를 개최하는 것이다. 부모와 교사간의 의사전달이 가장 용이하고 큰 준비 없이 진행할 수 있다.

4) 토론회·좌담회

자녀교육이나 자녀양육에 관한 전반적인 여러 문제를 주제로 선정하여 부모들의 의견과 경험을 서로 토론하여 스스로 문제를 해결하는 방법이다. 부모 자신들이 참여의식을 높여주고 소속감을 높여주게 된다. 좌담회나 토론회를 이끌어 나갈 사람도 자진해서 열심히 할 수 있는 사람을 정하고 주제도 자신들이 결정하여 진행하도록 한다.

5) 역할놀이·단막극

유아의 문제행동을 구체적으로 해결하기 위한 일종의 심리극과 같은 방법인데, 부모와 교사가 공동으로 꾸미는 역할극이다. 부모들이 공통적으로 느끼고 고민하는 문제를 준 다음 즉흥적으로 해보아도 좋다. 역할극을 통해 부모는 자녀 역할을 해봄으로써 자녀의 입장을 더 잘 이해하게 된다.

6) 독서공개

부모들이 독서를 선호하도록 하기 위해 자녀교육과 부모들 자신에게 도움이 되는 책을 선정한 후에 나누어서 읽게 하고 그 내용을 요약해서 자유로이 각자 보고하는 방식이다. 독서공개는 부모들에게 좋은 책이라고 느껴지는 책들을 모아놓고 계속 새로운 책의 목록을 소개하며 내용도 요약해서 통신란에 보내면 흥미를 갖게 된다.

7) 워크숍

교육 활동에 필요한 자료 교구 등을 부모들이 만들도록 하는 모임이다. 워크숍에서 필요한 물건을 만들 뿐 아니라, 유아들이 수업에서 하는 활동들, 노래, 언어, 수 개념 익히기, 동화 등을 부모들과 함께 해 봄으로써 교육 활동에 대한 이해를 도모하고 도울 수 있도록 해 줄 수 있다. 교육기관에서 부모들의 워크숍은 부모들이 실제로 참여하여 배우고 연구하며 주로 실습해 보는 활동이다. 이때에는 교육자료 등을 만들어 내는 활동을 많이 하고 있으며 부모의 능력 및 요구에 따라 취미 활동, 특기 개발 독서회 등을 할 수 있다.

8) 가정방문

교육기관에서의 가정방문은 가정과 기관을 연결시켜 주는 중요한 수단으로 많은 성과를 거두고 있다. 그러나 아직도 일부의 부모님들은 부정적인 시간으로 보기도 한다. 가정방문은 지역사회를 폭넓게 이해하고 가정의 환경, 즉 물리적 환경과 심리적 환경으로서 부모의 양육태도 등을 알며, 부모와 교사간의 친밀감을 형성하게 하여 유아에 대한 이해도를 높이는데 그 목적이 있다.

9) 수업참관

수업참관은 부모로 하여금 가정과 다른 상황에서 나타나는 자녀의 행동과 지적 능력에 대해 객관적으로 살펴보고 그들 또래와의 차이를 발견하게 하여 도움을 주는데 의의가 있다. 또한 실시하는 학습내용의 지도방법과 교육방침 등을 알아 유아를 집에서 지도할 때에 크게 도움을 줄 수 있다.

10) 교구대여 프로그램

이 프로그램은 3세에서 9세 유아의 부모-자녀관계 향상을 위해서 Head Start 프로그램에서 고안되어 처음 실시되었다. 이 프로그램이 목적은 유아의 인지적 발달과 건전한 자아개념의 발달을 위해 도움을 제공하는 것으로 부모를 위한 목표로 유아가 스스로 학습할 수 있다는 것을 알게 하고 유아의 교육에 관계되는 결정에 영향을 미칠 수 있다는 생각을 증진시킨다.

11) 상담

교육기관이 바람직한 교육을 수행하는데 있어서 부모의 상담은 매우 중요한 역할을 하게 된다. 교사와 부모는 함께 유아의 행동 및 생활에 대한 여러 가지 문제에 관해 서로 의견을 나누기도 하고, 부모가 유아에 대한 구체적인 문제행동을 가지고 상담을 요청할 수 있다. 상담을 통하여 부모에게 자녀에 대한 이해를 증진시키고 문제에 대하여 합리적이고 효과적인 방법을 사용하는 기술을 도와주게 된다. 따라서 부모는 기관에 대한 신뢰감을 가지고 교사의 교육방법이나 철학에 대하여 믿고 따르게 된다. 상담은 일반적으로 개인면담과 집단면담으로 나누어 볼 수 있다.

11. 부모교사

우리나라 교육기관의 경우에 교사 대 유아의 비율은 높게 나타나고 있으며, 교사 이외에 교육기관에서 여러 가지 일을 나누어 맡은 사람이 절대적으로 부족한 현실이다. 따라서 교사의 업무량은 매우 많다. 이러한 여건 속에 유아 개개인을 위한 개별적인 교육활동은 실천되기 매우 어렵다. 따라서 부모들에게 일정한 교육을 하여 그들이 교육기관의 교육활동에 참여하게 함으로써 문제점들을 다소나마 해결해 나갈 수 있을 것이다. 그뿐 아니라 이러한 부모교육의 과정을 통해 부모들이 유아교육을 위한 자신들의 역할과 능력을 새로이 인식할 수 있게 된다. 또한 교육에의 부모참여에는 교육의 효과를 높이고 또 지속시키는 데에도 상당한 공헌을 할 수 있을 것이다.

1) 부모교육(부모교육프로그램)의 기대효과

부모교육을 실시한 후 부모역할은 긍정적으로 변화되는 것이 일반적이다. 즉, 어머니와 자녀와의 관계, 자녀와의 대화에서 자세히 설명하고 격려하는 등의 개선된 모습들을 찾아 볼 수 있다. 특히 영·유아 부모교육에서 부모의 행동에 대한 효과가 더 크게 나타났다.

교육기관에서 실시한 부모교육활동 이후에는 질문지, 인터뷰, 관찰을 통해 평가를 실시하는 것이 필요하다. 이러한 평가를 통해 얻을 수 있는 부모교육의 구체적인 효과는 첫째, 자녀들이 다니고 있는 유아 교육기관의 교육과정과 전반적인 유아교육 활동에 대한 이해도가 증진되고, 둘째, 부모교육에서 얻은 경험을 가정에서 활용하여 자녀와의 친밀감을 도모할 수 있으며, 셋째, 자녀의 발달단계를 알게 됨으로써 자녀의 행동에 대한 이해가 커지며, 넷째, 부모와 자녀 관계에서의 대화방법을 배움으로써 자녀에게 적절한 언어표현을 하는데 도움이 되며, 다섯째, 자녀 스스로 문제를 해결할 수 있도록 자녀에 대한 신뢰를 가질 수 있으며, 여섯째, 부모교육에 참여하는 동안 학부모들 간에 친밀감이 도모되고 서로 자녀 양육법에 대한 의견을 적극적으로 교환할 수 있게 된다.

12. 부모교육의 역사·문화적 관점

1) 서구의 부모교육

- 고대 그리스 시대는 부모역할의 중요성 강조되었다(플라톤, 아리스토텔레스의 주장).
- 로마 시대는 어머니 무릎에서 이루어지는 가정교육이 자녀 성격과 생활태도 확립에 영향이 있었다.
- 중세 시대는 부모교육에 대한 논의는 성서에 바탕을 두었다.
- 근대 시대는 중요한 이론가들의 영향이 있었다(코메니우스, 로크, 루소, 페스탈로찌, 프뢰벨).
- 20세기 교육은 초기에는 왓슨과 행동주의의 영향이 있었다.

중기에는 게젤과 스포덱 등의 영향이 있었고, 1960년대 이후 피아제와 비고츠키의 영향이 있었다.

2) 우리나라의 부모교육

전통사회의 부모교육 조기교육, 발달단계별 교육, 개인차 동기유발 생활습관의 교육을 하였다.

- 20세기 교육은 1900년대 초부터 서구의 부모자녀관계에 대한 이론을 도입하였다.
- 1960년대 이후 적극적인 부모역할과 부모교육이론을 도입하였다.
- 2000년 현재는 다양한 이론적 논의와 실천이 혼재하였다.

13. 자녀 부모 사회의 상호작용

1) 상호작용과 자녀발달

(1) 자녀의 발달에는 유아자신과 부모, 사회가 각각 중요한 역할을 가지고 있고 각각은 다른 둘의 행위에 영향을 받는다.

(2) 한 요인의 효과는 다른 둘 간의 관계에 의존하기 때문에 Bronfenbrenner와 Morris는 이를 상호작용 효과라고 명명한다.

2) 상호작용의 효과

Jay Belsky와 동료들은 자녀와 부모, 그리고 사회의 상호작용을 통한 유아 역능감 예측 모형 제안, 여기서 제안으로 유아의 정서적 안정성, 독립적 행위역량, 또래집단과의 사회적 기술, 학업성취에 반영된 능력들의 조합이다.

(1) 모든 요인들이 지지적일 때 유아 역능감 개연성은 높다.

(2) 3요인 중 둘이 지지적이면, 유아의 역능감 가능성은 여전히 양호하다.

예를 들어, 학습 장애가 있는 아이의 부모가 개인적 자원이 충분하고 교사들이 실용적인 도움과 정서적 지원을 충분히 제공하면 그 아이의 역능감 개연성은 높다.

(3) 아이가 기술과 긍정적 자질을 가지고 있을지라도, 사회적 지지와 부모의 관여가 부족하면 낮은 유아 역능감이 낮다. 이들은 모든 것이 잘못되어 갈지라도 부모가 자신들의 개인적 자원을 아이를 위해서 쓴다면 그 아이는 평균적인 역능감을 발달시킬 수 있다.

3) 상호작용효과의 역사문화적 맥락

(1) 이 과정의 핵심은 대개 결혼을 한 어머니와 아버지이다.

(2) 이들은 서로의 결혼 유대가 끊어지거나 각자 다른 사람과 재혼한 경우라도 지속되는 양육을 위한 결속을 형성한다.

(3) 때때로, 한 명만의 부모인 경우 다른 동반자와의 결속이 없기도 하다.

(4) 부모는 아이들을 돌보는 양육행위나 양육 유대로부터 아이들로 뻗친 일방향 화살에도 관여한다. 이어서 아이들은 그 양육행위에 반응한다.

(5) 부모는 또한 그들의 원래 가족이나 부모, 형제자매, 다른 친척에 연결되어 있는데 이들도 원래 가족구성원과 그들의 아이들에 연결되어 있다.

(6) 부모는 가족을 둘러싼 이웃이나 지역사회에서의 직업과 친구, 활동에 연관되어 있다.

(7) 이웃이나 지역사회는 어떤 역사적 시간 내 특정 문화적 맥락에서의 사회적 위계의 부분을 이룬다.

(8) 가족은 사회적 지원 층에 끼워져 있어서 본질적으로 사회의 아주 중요한 역할을 한다.

- 나이든 부모들은 보다 안정된 결혼생활을 유지하고 있어 아이들에게 더 많은 관심을 쏟고 아이들 문제에 민감하게 대처할 수 있다.

14. 부모의 주요과제

사회과학자들에 따르면, 부모의 주요과제는 다음을 아이에게 제공한다.

- 생명 유지를 위한 물리적 필요－음식, 안식처, 의복을 제공한다.
- 인생의 정서적 필요－사랑, 정감, 관심, 민감하고 반응적인 돌보기를 한다.
- 보호와 안전이 최우선이 되어야 한다.
- 신체적, 지적, 사회적 기술 발달을 위한 적절한 자극과 기회로 한다.
- 가족과 지역사회의 행복하고 헌신적인 구성원의 모범을 보인다.

1) 부모의 양육차원

연구자들은 개개인이 갖는 부모 역할 지각을 이해하기 위해 질문지를 사용하여 아동기에 걸친 중요성이 변동하는 양육의 여섯 개 차원을 찾아냈다(Mowdar, 1993). 그 차원은 결속, 보호, 민감성, 반응성, 교육, 훈육이다.

- 결속은 유아기 전반에 걸쳐 매우 중요한 차원이다.
- 보호와 민감성, 반응성은 유아기에 동등하게 중요한 행동차원이다.
- 교육과 훈육은 유아기에 약한 양육행동 차원에 속한다.
- 걸음마를 하는 유아는 교육과 양육이 영아기 때보다는 더 중요한 행동차원이 되지만,

반응성, 민감성, 보호는 여전히 매우 중요한 양육행동이다.

- 사춘기에 들어서 부모성의 여러 차원들 간의 특별한 차이는 없고 모두 중요한 차원으로 여겨진다.

사회적 책무 때문에 그들의 인생에 계획치 않은 자녀를 끌어들이는 경우 힘들어 하게 된다.

2) 정서적 역능

(1) Daniel Goleman의 주장

- 그의 베스트셀러인 정서 지능(Emotional Intelligence)에서 흥분과 감정표현의 조절과 통제를 배우는 것이 지적 역능보다 개인과 사회 모두에게 더 중요하다고 주장했다.
- 그는 감정 조절의 역량과 직업에서 그리고 가족과 친구와의 관계에서의 성공 간의 관계를 강조한다.
- 개인이 감정을 효과적으로 조절하지 못할 때 뒤따르는 우울증, 섭식장애, 불안 같은 심리적 문제의 증가와 이 문제들로 인해 직업 및 가정생활에 영향을 미친다.

(2) 정서적 역능과 부모의 영향

- 부모들은 자녀의 정서적 조절을 발달시키는 데 직접적 도움을 주는 데 있어 핵심적인 역할을 한다.
- 부모의 물리적 실제는 어린 아이들의 생리적 기능의 외적 조절로 작용한다.
- 부모의 민감하고 수용적이며 반응적인 양육행위는 부정적 효과의 야기를 최소화시키고, 유아가 부정적 또는 중성적 기분상태에서 긍정적인 관심을 기울이는 상태로 전이하도록 돕고 강한 감정으로 압도당하는 것을 방지한다.
- 부모들은 아이들에게 자신의 야기된 감정을 잘 조절할 수 있는 책략을 제공하고 장려한다.
- 그들은 사랑과 보호뿐만 아니라 좌절과 분노를 다루는 방법에 있어 모범이 된다. 자녀들이 자신의 조절 책략을 발달시켜 갈 때, 부모들은 이 책략들을 더 정교화시키도록 지원하고 격려한다.

15. 도덕적 역능

1) 도덕적 역능의 의미

- 타인에게 자발적으로 도움을 주고 혜택을 주는 긍정적 행위의 수행이 역기능이다.
- 타인에게 해를 주는 행동 거짓말하기, 훔치기 신체적 공격의 금지 역기능이다.
- 행동을 방향지우는 양심 또는 내적 표준의 발달이 역기능이다.
- 도덕적 판단력 획득이 역기능이다.

2) 도덕적 역능에 영향을 주는 요인

- 타인에 대한 감정이입을 장려함으로써 아이들의 돕는 행위에 직접적인 영향을 주는 요인이다.
- 가정의 정서적 분위기는 아이들의 타인에 대한 동정과 관심 수준에 영향을 주는 요인이다.
- 아이들이 부적 감정 상태에 있을 때 도움을 주는 부모를 가진 아이들은 더 동정적이고 친 사회적인 경향이 있다.
- 부모들이 심한 훈육을 강제하고 자녀행동에 대한 비 일관적이고 피상적인 관심을 보일 때 아이들의 유해한 행동이 증가한다.
- 부모들이 아이들의 행동을 일관적으로 감독 감시하지 못할 때, 아이들은 타인에 대해 더 공격적이 되고 더 무관심하게 된다.
- 아이들의 견해를 비판하고 아이들의 관점에 반박하고 새로운 정보로 아이들의 생각을 수정하는 것은 아이들의 도덕적 성장과 특별한 연관이 없다.

16. 권위 있는 양육의 역할

여러 영역의 역능과 관련된 양육행동은 Diana Baumrind가 말한 권위 있는 양육(authoritative parenting)에 중심을 둘 수 있다. 그녀는 유아원 아이들의 발달을 추적 연구하면서 세 양육 유형을 확인했다.

1) 권위 있는 부모의 행동특성

- 아이들의 행동에 분명한 통제를 가하지만 아이들의 독립성과 개성을 강조한다.
- 부모들은 아이들이 해야 할 현재와 미래의 행동 기준에 대해 분명한 생각을 가지고 있지만, 아이들의 욕구와 선호에 대해 합리적이고 융통성을 보이면서 꾸준한 관심을 보인다.
- 이들의 아이들은 자기 신뢰적, 자기 확신적이고, 흥미와 즐거움을 가지고 주변세계를 탐색한다.

2) 권위주의적 부모의 행동특성

- 아이들에게 분명한 통제를 사용하지만 아이들의 개성을 존중하지 않고 임의적이고 권력 지향적인 방식으로 양육한다.
- 부모는 아이들 행동을 통제하는데 있어 양육이나 지지라는 방법 없이 통제만을 강조한다.
- 권위주의적 부모의 아이들은 상대적으로 행복하지 않고 위축되어 있으며 억제되어 있고 의심이 많다.

3) 허용적 부모의 행동특성

- 아이들 행동에 제약을 거의 주지 않는다.
- 이들은 아이들의 욕구 충동을 수용해 주면서 신체적 안전을 유지하는 선 안에서 가능한 한 많은 자유를 준다.
- 이 부모들은 아이들의 행동에 대해 태연하고 관여하지 않는 것처럼 보인다.
- 때때로 이들은 자신들을 화나게 하는 행동조차 수용하곤 하지만, 그런 표현되어야 할 자신들의 분노에 대해 편하게 느끼지는 않는다.
- 결과적으로 이런 분노는 조절할 수 없을 정도까지 쌓여가게 된다.

- 그렇게 되면 필요하다고 생각되는 것 이상으로 아이들을 혼내게 되어 상처를 주는 경우 있다.
- 이런 부모의 아이들은 독립심과 자기 통제력이 아주 약하여 미 성숙된 아이로 분류되게 된다. 따라서, 개성존중, 온정과 양육의 제공, 행동표준의 설정, 아이 행동의 감독 감시, 바람직한 행동의 적극적 교육 이 모두가 각 영역의 역능과 관련지어진다.

제15장 어린이를 위한 안전 교육

제 1 절 어린이를 위한 안전 교육

1. 안전관리

영유아들은 주변 환경을 탐색하고자 하는 왕성한 호기심을 가지고 있는 반면, 예기치 못한 상황에서 판단 및 대처 능력이나 신체기능 조절능력이 미숙하여 안전사고가 일어날 수 있는 위험성이 높다. 또한 영유아의 안전사고는 부모나 교사가 환경을 안전하게 준비해주고 관리해야 하며, 아이들에게 주어진 환경에서 안전하게 생활하는 데 필요한 지식과 태도를 길러줌으로써 사전에 예방할 수 있는 것이 대부분이다. 따라서 영유아를 건강하고 안전하게 키우기 위해 안전한 환경을 제공하고, 위험한 사고가 발생하지 않도록 항상 주의를 기울이는 것은 매우 중요한 부모와 교사의 역할이다. 그러므로 보육시설 및 유아교육기관의 교사와 직원들은 안전을 우선으로 인식하여, 영유아들에게 안전한 실내·외 환경을 마련해 주고, 안전사고에 관한 관리지침을 마련하여 숙지해 둠으로써 안전사고의 발생을 최대한 예방하고 응급상황의 경우 신속한 처리를 하여야 한다. 이 장에서는 가정이나 보육시설 및 유아교육기관에서의 생활환경을 중심으로 한 안전관리를 간략하게 살펴보고자 하며, 안전관리에 관한 전반적인 내용은 '대한간호협회 병원간호사회-간호사가 알려주는 홈 케어'의 자료를 기초로 하여 인용·기술하였다.

1) 침대나 가구

- 6세 이하의 아동에게는 이층침대를 사용하지 않도록 하는 것이 좋다.
- 탁자는 아이가 올라가 뛰어도 충분히 버틸 수 있을 만큼 견고해야 한다.
- 탁자 위에 무거운 짐을 많이 두지 않도록 한다.
- 가구의 모서리는 뾰족하거나 돌출된 부분이 없이 둥근 것이 좋다.
- 표면이 기울거나 유리로 된 탁자는 아이가 그 위에 올라가서 뛰거나 앉을 때 떨어지거나 깨질 수 있으므로 위험하다.
- 아이가 의자를 이용하여 높은 곳에 올라가는 것을 방지하기 위해 의자는 항상 탁자나 식탁 안으로 밀어 넣어 둔다.
- 무거운 물건은 벽에 걸지 않는다.

2) 방과 거실

- 타일이나 바닥의 표면이 미끄럽지 않도록 한다.
- 난방기구나 선풍기는 보호망을 씌워서 아이의 손에 직접 닿지 않도록 하고 만지면 안 된다는 것을 알려준다.
- 아이가 자고 있거나 혼자 있을 때는 에어컨, 선풍기, 난로 등을 켜지 않는다.
- 카펫이나 깔개는 발이 걸려서 넘어지지 않도록 구멍이 나면 즉시 수선하고 끝이 말리지 않도록 하여 사용한다.
- 아이가 가구를 끌고 다닐 위험이 있으므로 아이 방에 가벼운 가구를 두지 않는다.
- 전등은 벽이나 천장에 고정된 것이 탁자 위에 놓인 것보다 안전하다.

3) 화장실

- 목욕탕 바닥재 타일은 그 표면이 매끄럽지 않은 것으로 한다.
- 욕조의 바닥에 미끄럼방지 매트를 깐다.
- 욕조가 설치된 벽면에는 손잡이를 부착하여 미끄러지는 사고를 예방한다.
- 욕조 속에서 아이가 수도꼭지에 머리를 부딪칠 위험이 있으므로 수도꼭지에 보호덮개를 씌운다.
- 3세 이하의 영유아는 욕실에 혼자 남겨두지 않는다.
- 욕실 앞 깔개는 바닥에 미끄럼방지처리가 된 것을 선택한다.
- 아이가 욕실 바닥에 물건이나 장난감을 늘어놓고 장난을 하지 않도록 한다.

- 세면대가 아이의 키에 맞지 않아 받침대를 사용할 경우는 미끄러질 위험이 있으므로 세숫대야에 물을 받아 바닥에서 몸을 씻도록 한다.
- 비누, 치약, 샴푸 등 모든 세제는 아이의 손이 닿지 않는 곳에 보관한다.

4) 주방

- 바닥에는 왁스칠을 하지 말며, 물기가 있을 때는 즉시 닦는다.
- 싱크대 문을 여닫을 때 아이의 손가락이 문에 끼지 않도록 주의한다.
- 수납장과 서랍은 잠금장치를 하거나 아이가 손쉽게 열 수 없는 손잡이를 부착한다.
- 칼, 가위 등 날카로운 물건은 아이의 손이 닿지 않는 곳에 보관한다.
- 아이가 가스레인지를 만지지 않도록 하며, 항상 중간 밸브를 잠그고 가스누출 차단 장치를 설치한다.
- 아이가 쓰레기통을 뒤질 수 있으므로 반드시 뚜껑이 있는 쓰레기통을 사용한다.
- 식탁보를 잡아당겨 사고가 날 수 있으므로 식탁보를 사용하지 않는 것이 좋다.
- 온수가 나오는 정수기는 화상의 위험이 있으므로 온수 부분은 꺼둔다.
- 요리를 하는 동안 아이가 가까이 오지 않도록 하며, 주전자 등의 손잡이가 위쪽을 향하도록 돌려놓는다.
- 창문이나 베란다에는 창문 보호대나 난간을 반드시 설치한다.
- 아이가 창문 밖으로 상체를 내밀거나 베란다 난간에 기대어 서지 않도록 한다.
- 창문 가까이 가구나 영유아의 시선을 끄는 물건을 두지 않는다.
- 문이나 창문에는 잠금장치를 하여 아이가 혼자 창문을 열 수 없게 한다.
- 창틀 위에 어린이용품을 올려놓지 않는다.

5) 계단

- 표면이 미끄러운 재료를 사용하거나 왁스칠을 하지 않는다.
- 계단에는 충분한 높이의 난간을 양쪽에 설치한다.
- 난간은 계단이 끝나는 지점까지 설치하고 수시로 점검한다.
- 계단은 항상 밝게 조명되어야 하며 불필요한 물건이나 물기가 없어야 한다.
- 계단에 카펫을 깔 경우에는 계단의 폭이 줄어 안전하지 못하다.
- 계단 옆의 벽에 아이의 시선을 끌 수 있는 그림이나 사진을 걸지 않는다. 계단을 오르내릴 때 시선을 끌어 추락할 수 있다.
- 계단에 물건을 놓지 말고, 만약 놓인 물건이 있다면 치우도록 한다.

6) 라이터 및 전열제품

- 영유아의 손이 미치는 곳에 라이터나 성냥을 두지 않는다.
- 자주 다니는 통로에 난로, 전기밥솥, 스토브 등을 두지 않는다.
- 영유아의 놀이재료로 라이터나 성냥을 이용하게 되면 아이들이 장난감으로 인식해서 어른이 없을 때 혼자 불을 켜려고 시도할 수 있기 때문에 어른과 함께 있을 때도 라이터나 성냥을 주면 안 된다.
- 전기밥솥, 가열된 다리미, 전기포트 등의 뜨거운 가전제품은 아이의 손이 닿지 않는 곳에 두도록 한다.

7) 수도

- 영유아가 있는 가정에서는 온수 물이 지나치게 뜨거울 때에는 당연하게 받아들이지 말고 최고 온도를 낮추는 방법을 찾아 안전하게 사용해야 한다.
- 아이를 목욕시킬 때에는 반드시 손목이나 팔꿈치로 물의 온도를 확인한다.
- 아이에게 수도꼭지에서 뜨거운 물이 나올 수 있다는 것을 주지시키고 수돗물을 혼자 틀지 않도록 교육한다.

8) 전기

- 아이의 손이 닿을 수 있는 콘센트에는 안전장치나 덮개를 씌운다.
- 껍질이 벗겨진 전선이나 전원은 즉시 교체하도록 한다.
- 아이가 전원에 열쇠나 핀 등의 쇠붙이를 꽂지 않도록 한다.
- 전기용품을 사용하다가 물에 빠뜨렸을 때에는 플러그를 먼저 뽑고 나무집게 등의 절연체를 이용하여 건져낸다.
- 플러그를 뽑거나 꽂을 때는 연결선을 잡지 말고 반드시 플러그를 잡고 사용한다.
- 전기 연결선 등은 벽이나 천장에 부착하는 것이 좋으며 아이가 전기 코드나 연결선을 건드리며 놀지 않도록 한다.
- 텔레비전의 뒷부분을 만질 수 없도록 설치하고 라디오, 레코드 등은 아이의 손이 닿지 않는 곳에 두도록 한다.

9) 자동차

- 7세 미만의 아동을 자동차에 태울 때는 아동용 자동차 안전의자를 뒷좌석에 장착하

여 사용하도록 한다.

- 아기를 자동차 좌석이나 무릎에 앉히지 않는다.
- 아기가 탄 유모차를 주차된 자동차 뒤에 방치하지 않도록 한다.
- 아기가 주차된 자동차 뒤로 기어다니지 못하게 한다.

10) 놀이터

- 되도록 활동하기 편한 옷을 입히도록 한다.
- 놀이기구 사용법을 알려주고 아이가 익숙해질 때까지 가까이에서 지켜본다.
- 놀이기구에 올라가거나 미끄럼틀에서 내려올 때 다른 아이를 밀지 않도록 교육한다.
- 놀이기구를 사용할 때 싸우지 않도록 교육한다.
- 흙이나 물건을 다른 아이들에게 던지지 않도록 한다.
- 순서를 무시하고 다른 아이를 밀어 제치지 않도록 한다.
- 동물과 함께 또는 손에 물건을 들거나 가방을 메고 놀이기구를 이용하지 않도록 한다.
- 자전거나 롤러스케이트를 타고 놀이기구에 올라가지 않도록 한다.
- 여름철에 놀이기구가 뜨거워졌거나, 겨울철 얼었을 때는 이용하지 않도록 한다.

11) 에스컬레이터 및 엘리베이터

- 영유아는 반드시 보호자와 함께 이용하도록 한다.
- 엘리베이터 안에서 위험한 장난을 하지 않도록 교육한다.
- 에스컬레이터를 탈 때는 꼭 손잡이를 잡도록 한다.
- 에스컬레이터 손잡이 위에 올라타거나 장난을 하지 않도록 한다.
- 에스컬레이터 노란 경계선 안쪽에 발을 들여 놓도록 한다.

12) 장난감

- 셀룰로이드나 가연성 재료로 만든 장난감은 사용하지 않는다.
- 자동차 등 금속성 장난감은 날카로운 가장자리가 없는 것을 선택한다.
- 플라스틱 장난감은 깨어지지 않는 재로로 만든 것을 선택한다.
- 장난감 재료는 아동에게 해로운 염료나 페인트 속에 납성분이 허용치 이상 사용되지 않는 것으로 선택하여 사용하도록 한다.
- 전동 장난감은 모터의 전압이 낮은 것을 사용하는 것이 좋다.

- 장난감의 움직이는 구조의 부분을 손으로 만지지 않도록 하며, 태엽을 감을 때 너무 많이 감다가 튕겨서 사고가 날 수 있으므로 주의하도록 한다.
- 탈 수 있을 만큼 큰 놀이기구는 균형을 잃지 않도록 안정감이 있는 것으로 골라야 하며 끝이 무딘 것이 좋다.
- 나사나 못이 많은 장난감이나 놀이기구 등을 사용할 때 나사나 못에 다치지 않도록 주의한다.
- 비닐포장지는 질식의 원인이 되므로 사용 전에 반드시 제거한다.
- 장난감, 놀이기구 등에 위험한 부품이 있는지 조사하여 제거하도록 한다.
- 목재 놀이기구는 거친 가장자리와 표면이 가시를 사포로 매끄럽게 한다.
- 장난감, 놀이기구 등을 수리할 때는 안전장치에 이상이 생기지 않도록 한다.
- 고장 난 부품을 대체할 때는 규격에 맞지 않는 유사품을 사용하지 않는다.
- 장난감 보관함 등 상자에 다시 페인트칠을 해야 할 때는 쓰다 남은 오래된 페인트를 사용하지 않는다.
- 실외놀이를 위한 놀이기구 등을 녹이 생길 수 있으므로 비를 맞히지 않도록 한다.

13) 블록놀이

- 블록은 아이가 안전하게 꺼낼 수 있는 크기와 높이의 정리함에 정리한다.
- 아랫부분에 무겁고 큰 블록을, 윗부분에는 가볍고 작은 블록이 위치하도록 정리한다.
- 블록은 끝부분이 날카롭거나 끼우기 빡빡하지 않은 것으로 선택한다.
- 아이가 블록으로 친구를 때리거나 친구에게 던지지 않도록 교육한다.
- 아이가 총, 칼 등을 만들어서 위험한 놀이를 하지 않도록 지도한다.
- 부서진 블록은 그때그때 치우도록 한다.
- 아이가 작은 블록을 입 속에 넣지 않도록 교육하고 살펴본다.

14) 소꿉놀이

- 선반이나 옷장, 싱크대 등은 안전한 재질로 제작되고 유아의 신체 크기에 맞는 것으로 선택한다. 장난감 상태를 점검하여 고장나거나 망가진 것은 수리하거나 교체해 준다.
- 유리 등 위험한 재질의 용품은 사용하지 않도록 지도한다.
- 소꿉놀이용품 중 모형 음식이나 모형 그릇은 입에 넣지 않도록 교육한다.
- 아이가 젓가락을 코나 귀에 넣지 않도록 지도한다.
- 병원놀이를 할 때 눈, 코, 입, 귀 등에 물건을 넣지 않도록 교육한다.

15) 미술놀이

- 아동이 사용하는 미술재료는 먹거나 마시거나 피부에 닿아도 해롭지 않는 것으로 선택한다.
- 미술놀이를 할 경우에는 쉽게 바닥을 닦을 수 있는 비닐이나 종이를 깔되 물기가 생기면 즉시 닦아 미끄러지지 않도록 주의한다.
- 종이에 손이 베이지 않도록 주의하고 베이면 물로 깨끗이 씻고 소독한다.
- 색종이, 점토 등의 색소는 유해할 수 있으므로 입에 대지 않도록 지도한다.
- 연필, 크레용, 붓 등을 입 안에 넣지 않도록 지도한다.
- 가위는 끝이 무디며 가볍고 안전한 것으로 준비한다.
- 가위, 호치키스, 펀치 등의 도구에 대한 안전한 사용법을 알려주고, 사용 후에는 정해진 장소에 보관하도록 지도한다.

16) 과학놀이

- 아이에게 여러 가지 탐색도구(거울, 자석, 프리즘, 확대경, 현미경, 청진기, 흡입기 등)의 안전한 사용법을 알려준다.
- 측정도구(자, 저울, 시계 등)를 위험하게 사용하지 않도록 지도한다.
- 실내에서 기르는 동물, 곤충, 식물 등을 함부로 만지지 않도록 한다.
- 컴퓨터를 설치할 경우에는 별도의 스위치를 사용하도록 한다.

제 2 절 어린이를 위한 안전 교육의 개념 및 필요성

1. 안전교육의 개념

안전교육이란 교육이라는 수단을 통하여 일상생활에서 개인 및 집단의 안전에 필요한 지식, 기능, 태도 등을 이해시키고, 자신과 타인의 생명을 존중하며, 안전하고 건강한 생활을 영위할 수 있는 습관을 형성시키는 활동을 의미한다. 즉, 영유아를 상해로부터 보호하고, 생명을 지키는 활동이다. 개인과 집단의 안전성과 건강을 최고도로 발달시키는 교육이며, 근본적으로는 인간 생명의 존엄성을 인식시키는 것이다. 이를 세분화하면 다음 세 가지로 나누어 정리할 수 있다.

- 일상생활 전 영역에서 안전을 위해 필요한 사항 등에 관해서 이해시키고, 안전의 규칙을 지키며, 안전하게 행동할 수 있는 능력을 기르는 것이다.
- 일상생활 속에 잠재해 있는 위험을 예측해서 항상 안전상의 위험을 확인하고, 정확한 판단으로 안전하게 행동할 수 있는 태도와 능력을 기르는 것이다.
- 자신이나 타인의 안전생활을 존중하고 기관, 가정, 지역사회 등에서 안전하게 역할을 수행할 수 있는 태도와 능력을 기르는 것이다.

2. 안전교육의 필요성

안전의식은 하루아침에 이루어지지 않는다. 어려서부터 가정과 기관에서 안전 교육이 체계적이고 조직적으로 이루어질 때 안전에 관한 지식은 물론 안전 의식이 형성되어 생활태도로 나타날 것이다. 이러한 점을 고려하면 기관에서 보다 체계적인 안전사고 예방교육 방법을 연구하여 영유아 개개인은 물론 가정에 까지 확산, 보급함으로써 가정과 기관의 연계 지도가 필요하다고 할 수 있다.

각종 체험활동 등의 야외 활동의 빈도가 점점 늘어나고 있는 추세여서 안전사고 예방의 필요성이 더욱 절실해지고 있다. 그러나 현실적으로는 기관의 각종 행사에 적합한 안전사고 예방 지침이나 교재 개발이 매우 미흡한 실정이다. 이에 본 연수원에서는 교사 대상의 안전교육 연수의 확산이 절대적으로 필요하며, 영유아 교육활동 중 직면하게 되는 각종 상황에 따른 안전교육 지도 자료를 개발, 제작하여 여러 기관에 보급하여 그 활용을 통해 영유아들의 안전생활 습관에 도움을 줄 수 있게 되어야 한다.

3. 안전 교육의 유의점

아동으로 하여금 안전 지식에 기초하여 안전한 생활 태도를 형성하고 기술을 익히는 것이 중요하다. 안전 지식과 태도는 적어도 초등 저학년 이전까지 일상생활 속에서 이루어져야 하며 연령의 증가에 따라 안전에 대한 보다 깊고 확장된 이해를 지속적으로 지도해야 한다.

미국 화재예방협회에서 제공한 안전 교육 프로그램의 유의점을 다음과 같이 제시하고 있다.

제 3 절 아동질병 예방 및 관리

1. 감염성 질환의 예방

감염성 질병은 박테리아, 바이러스, 곰팡이 등에 의해 감염되는 질병이다.

〈표 15-1〉 전염성 질환의 예방 및 관리

박테리아	박테리아 (bacteria)【명사】〔생〕세균
바이러스	바이러스 (virus)【명사】① 보통의 현미경으로는 볼 수 없을 정도의 극히 작은 미생물《유행성 감기 · 천연두 따위의 병원체임》.
곰팡이	【명사】〔식〕하등 균류의 총칭. 동식물에 기생하며 특히 습할 때 음식물 · 의복 · 기구 등에 남. 포자로 번식함.

2. 전염성 질환의 예방

〈표 15-2〉 전염성 질환의 전파 경로

경 로	매개물	주요 질환
호흡기 감염	눈물, 콧물, 침, 가래	감기, 인플루엔자, 디프테리아, 백일해, 홍역, 수두, 결핵
경구 감염	음료수, 음식	콜레라, 장티푸스, 이질, 소아마비, 장염, 식중독
접점을 통한 감염	직접접촉	임질, 매독, 간염, 후천성면역결핍증, 트라코마
중간 매개물에 의한 감염	오염된 약물, 혈액	B형간염, 후천성면역결핍증
곤충에 의한 감염	병원균	뇌염, 말라리아

※ 인플루엔자: (influenza) 유행성 감기. 독감(毒感).
디프테리아: (diphtheria) 디프테리아균으로 인한 급성전염병. 2-7살쯤까지 잘 걸리며 열이 나고 목이 아프며 음식을 잘 삼킬 수 없고 심장 마비를 일으킴.
백일해: (百日咳) 경련성의 기침을 일으키는 어린아이의 급성 전염병. 겨울·봄에 걸쳐 걸리며, 오래되면 기관지염·폐렴을 일으키기 쉬움. 한번 걸리면 일생 면역이 됨. 백일기침.
트라코마: (trachoma) 전염성 만성 결막염《결막 분비물에 따라 전염함》.

1) 손씻기 운동

손씻기 운동은 아동의 질병과 전염병을 예방 하는데 최선의 방법이다.

*1830 운동은 하루에 8번 30초 손씻기

〈표 15-3〉 청결하고 위생적인 환경을 관리하는 방법

- 철저히 손을 씻는 습관을 기른다.
- 실내 공기를 자주 환기시킨다.
- 오염이 되기 쉬운 곳은 커버를 씌우고, 물과 비누로 닦을 수 있는 용품을 사용한다.
- 장남감은 깨끗하게 씻고 말려, 소독해서 사용한다.
- 실내공간, 장난감, 교구 등은 정기적으로 청소와 소독을 실시한다.
- 기저귀는 정해진 장소에서 갈아주고 장소를 깨끗하게 관리한다.

〈표 15-4〉 전염성 질환에 대한 예방접종

예방접종이란?
전염병의 발생을 예방하고 유행을 억제할 목적으로 병원성 미생물의 병원성을 약화시키거나 활동하지 못하게 만든 면역원(백신)을 접종하여 특정한 질병에 대하여 면역력을 가지도록 하는 것.

① 기본접종	우리나라 아동이면 반드시 접종해야 하는 예방접종
	BCG백신, B형간염백신, 디프테리아, 백일해, 파상풍 혼합백신, 소아마비백신, 홍역, 유행성이하선염, 풍진혼합백신, 일본뇌염백신
② 추가접종	기본접종 후 얻어진 방어면역을 장기간 유지하기 위해 일정 기간 후 재차 시행하는 예방접종
③ 선별접종	감염질환에 노출되어 질병이 발생할 때에 심한 감염질환에 걸릴 수 있는 고위험아동을 대상으로 실시하는 예방접종
	뇌수막염, 폐구균, A형간염, 인플루엔자 접종 등

〈표 15-5〉 예방접종 시 주의사항

구분	주의사항
접 종 전	· 접종하는 날 아침에 집에서 체온을 측정한다. · 영유아의 건강상태를 잘 알고 있는 사람이 병원에 데리고 간다. · 영유아의 건강수첩을 지참한다. · 접종 전날이나 아침에 목욕을 시키고 깨끗한 의복을 입힌다. · 예방접종을 하지 않을 아동은 동반하지 않는다.
접 종 후	· 접종 당일과 다음 날은 심한 운동을 하지 않도록 한다. · 접종 당일은 목욕을 시키지 않는다. · 접종 부위를 청결하게 유지한다. · 접종 후 고역, 경련이 있을 때에는 즉시 병원을 방문하여 진료를 받도록 한다.

〈표 15-6〉 예방접종에 대한 특별한 사항

- 미열을 동반한 가벼운 감기증상이나 설사가 있는 경우는 전문의 진찰 후 예방접종을 실시해도 무방하다.
- 예방접종 후에 나타나는 부작용(주사부위 통증, 부종, 발적, 발열 등)은 예방접종의 효과에 아무런 영향을 미치지 않는다.
- 예방접종에 대한 지식과 경험을 갖춘 의료인이 있는 의료기관에서 접종하여야 한다.
- 예방접종을 하기 전에 예방접종의 장점과 부작용에 대하여 의료인으로부터 충분한 설명이 있어야 하며, 궁금한 점은 반드시 질문하여야 한다.

〈표 15-7〉 예방접종을 위한 교육

· 부모나 교사가 먼저 흥분하지 않도록 하고 특별한 일이 아니라는 듯이 자연스럽게 행동한다. · 3-4세 유아들에게는 아프면 울어도 좋으나 예방접종은 꼭 필요한 것이므로 용감하게 맞자고 이야기한다. · 5-6세 유아들에게는 왜 예방주사를 맞아야 되는지 이해하기 쉽도록 설명해 준다. · 주사를 다 맞고 난 후 칭찬을 해준다.

3. 예방접종에 따른 건강관리

〈표 15-8〉 결핵 예방접종(BCG백신)

① 접 종 시 기	· 출생 후 4주 이내에 접종 · 피내용 및 경피용의 경우에는 두 가지 방식 중 한 가지만 접종
② 재 접 종	· 접종 후 6주 후에 투베르쿨린 반응검사를 실시하여 음성이면 다시 접종한다.
③ 접종 후 반응	· 접종부위에 결절이 형성되고, 붉은 색의 변화와 궤양, 국소적 염증과 임파선 염이 생길 수 있다.
④ 주 의 사 항	· 주사 부위의 흠집이 1-2주까지 갈 수 있다. · 진물이 나오면 치료를 받아야 한다.

〈표 15-9〉 디프테리아, 백일해 및 파상풍 예방접종(DPT백신)

① 접 종 시 기	· 출생 후 2개월부터 시작, 2개월 간격으로 3회 접종(출생 2, 4, 6개월) ※ 소아마비 예방접종과 동시에 실시한다.
② 재 접 종	· 출생 후 15-18개월과 만 4-6세 때 접종 · 만 11-12세 때는 성인용 Td만 접종
③ 접종 후 반응	· 접종 후 2-3일간은 약간 열이 있으며 식욕부진, 소화불량, 수면장애 등을 일으킬 수 있다.
④ 주 의 사 항	· 열, 감기, 그 밖에 건강이 좋지 않을 때는 접종을 않는다. · 오한, 구토, 두통, 발열, 종창 등의 증상이 나타날 수 있는데 증상이 심한 경우 의사의 지시에 따른다.

〈표 15-10〉 소아마비 예방접종

① 접 종 시 기	·출생 후 2개월부터 시작, 2개월 간격으로 3회 접종(출생 2, 4, 6개월)
② 재 접 종	·출생후 18개월과 만 4-6세에 접종한다.
③ 주 의 사 항	·소아마비가 유행하는 계절(8-11월)은 피한다. ·마비증상(1/870만)이 생길 수 있다.

〈표 15-11〉 홍역, 유행성이하선염(볼거리) 및 풍진 예방접종(MMR혼합백신)

① 접 종 시 기	·1차 출생 후 15개월에 ·2차는 만 4-6세
② 접종 후 반응	·1주까지는 반응이 없음, 1주 후 감기와 비슷한 증상이 나타나고 대개 15일 이후면 회복된다.
③ 주 의 사 항	·홍역이 유행하는 시기에는 접종하지 않는다.

〈표 15-12〉 B형 간염 예방접종

① 접 종 시 기	·B형간염 항원여부 혈액검사를 실시하여 음성반응으로 나타난 아이에게 3회 접종(출생 후 1일, 1개월, 6개월)
② 재 접 종	·5년마다 1회 접종
③ 주 의 사 항	·예방접종을 실시하기 전에 건강상태를 잘 살펴서 건강할 때 접종한다.

〈표 15-13〉 일본뇌염 예방접종

① 접 종 시 기	·사백신 기본접종 3회 생후 12-24개월에 해당하는 영유아에게 1-2주 간격으로 2회 접종한 다음, 2차 접종 후 12개월 후에 3차 접종한다. ·생백신 기본접종 2회 생후 12-24개월에 해당하는 모든 건강한 영유아에게 1회 접종한 다음, 1차 접종 후 12개월 후에 2차 접종한다.
② 재 접 종	·사백신: 만 6세와 12세에 각 1회 추가접종 ·생백신: 만 6세에 1회 추가접종

〈표 15-14〉 뇌수막염 및 폐구균 예방접종

① 접 종 시 기	• 기본접종은 출생 후 2개월부터 2개월 간격으로 3회 접종 • 면역기능이 저하된 고위험군은 만 5세 이후에도 2개월 간격으로 1-2회 접종
② 재 접 종	• 출생 후 12-15개월에 추가접종

〈표 15-15〉 우리나라 표준 예방접종 일정표

<table>
<tr><th colspan="3">나이
종류</th><th>0
개
월</th><th>1
개
월</th><th>2
개
월</th><th>4
개
월</th><th>6
개
월</th><th>12
개
월</th><th>15
개
월</th><th>18
개
월</th><th>24
개
월</th><th>36
개
월</th><th>만
4세</th><th>만
6세</th><th>만
11
세</th><th>만
12
세</th></tr>
<tr><td rowspan="11">국가필수 예방접종</td><td colspan="2">BCG(피내용)</td><td>1회</td><td></td><td></td><td></td><td></td><td></td><td></td><td></td><td></td><td></td><td></td><td></td><td></td><td></td></tr>
<tr><td colspan="2">B형간염</td><td>1차</td><td>2차</td><td></td><td></td><td>3차</td><td></td><td></td><td></td><td></td><td></td><td></td><td></td><td></td><td></td></tr>
<tr><td colspan="2">DTaP</td><td></td><td></td><td>1차</td><td>2차</td><td>3차</td><td></td><td colspan="2">추가 4차</td><td></td><td></td><td colspan="2">추가 5차</td><td colspan="2">추가6차
(성인용Td)</td></tr>
<tr><td colspan="2">폴리오</td><td></td><td></td><td>1차</td><td>2차</td><td>3차</td><td></td><td></td><td></td><td></td><td></td><td colspan="2">추가 4차</td><td></td><td></td></tr>
<tr><td colspan="2">MMR</td><td></td><td></td><td></td><td></td><td></td><td colspan="2">1차</td><td></td><td></td><td></td><td colspan="2">2차</td><td></td><td></td></tr>
<tr><td colspan="2">수두</td><td></td><td></td><td></td><td></td><td></td><td colspan="2">1회</td><td></td><td></td><td></td><td></td><td></td><td></td><td></td></tr>
<tr><td colspan="2">일본뇌염
(사백신)</td><td></td><td></td><td></td><td></td><td></td><td colspan="4">1-2차</td><td>3차</td><td>추
4차</td><td></td><td></td><td>추
5차</td></tr>
<tr><td colspan="2">인플루엔자</td><td></td><td></td><td></td><td></td><td></td><td colspan="9">고위험군에 한하여 접종</td></tr>
<tr><td rowspan="2">장티프스</td><td>경구</td><td></td><td></td><td></td><td></td><td></td><td></td><td></td><td></td><td></td><td></td><td></td><td colspan="3">고위험군에 한하여 접종</td></tr>
<tr><td>주사</td><td></td><td></td><td></td><td></td><td></td><td></td><td></td><td colspan="7">고위험군에 한하여 접종</td></tr>
<tr><td colspan="2">신증후군
출혈열</td><td colspan="14">고위험군에 한하여 접종</td></tr>
<tr><td rowspan="5">기타 예방접종</td><td colspan="2">BCG(경피용)</td><td>1회</td><td></td><td></td><td></td><td></td><td></td><td></td><td></td><td></td><td></td><td></td><td></td><td></td><td></td></tr>
<tr><td colspan="2">일본뇌염
(생백신)</td><td></td><td></td><td></td><td></td><td></td><td colspan="4">1차</td><td>2차</td><td></td><td>3차</td><td></td><td></td></tr>
<tr><td colspan="2">뇌수막염
Hib</td><td></td><td></td><td>1차</td><td>2차</td><td>3차</td><td colspan="2">추 4차</td><td></td><td></td><td></td><td></td><td></td><td></td><td></td></tr>
<tr><td colspan="2">A형간염</td><td></td><td></td><td></td><td></td><td></td><td colspan="5">1-2차</td><td></td><td></td><td></td><td></td></tr>
<tr><td colspan="2">폐렴</td><td></td><td></td><td>1차</td><td>2차</td><td>3차</td><td colspan="2">추 4차</td><td></td><td></td><td></td><td></td><td></td><td></td><td></td></tr>
</table>

※ BCG(피내용): 결핵백신을 주사기 이용 피하지방 접종
BCG(경피용): 결핵백신을 피부에 접종(도장형태)
DTaP: 디프테리아 백신
폴리오: 소아마비 백신
MMR 혼합백신: 홍역+이하선염+풍진 혼합 백신
일본뇌염(사백신): 멸균/열처리된 백신(5회까지 접종)
일본뇌염(생백신): 살아있는 백신(2회 접종)

*병원성(病源性)을 약하게 한 병원균으로 만든 백신《비시지(BCG)·우두 백신 따위》. 생균(生菌) 백신

경구 : ① 약 따위를 입으로 먹는 일. ② 세균 따위가 입을 통해서 몸속으로 들어감.

4. 전염성 질환의 종류와 관리

〈표 15-16〉 가. 결핵

① 감염체	결핵균
② 감염경로	공기를 통해 호흡기 계통으로 ※ 가족 등 같이 생활하는 사람 간에 쉽게 감염됨
③ 증상/합병증	· 초기에는 오후에나 저녁에 미열, 마른기침, 피로 · 진행되면 발열, 기침, 식욕부진, 체중감소, 감기증상 · 치료방치하면 혈액, 뇌막, 신장 등 다른 부위로 전이 · 영유아인 경우 결핵성 뇌막염이 합병증으로 나타남
④ 치료/예방	· 이소니아지드와 리팜핀 또는 에탐부톨 등 항결핵약 · 예방: 예방접종(BCG 백신)

나. B형간염

① 감염체	B형 간염 바이러스
② 감염경로	주로 혈액, 정액에 의해 감염 ※ 침(타액)을 통한 감염은 거의 없음 어머니가 B형 간염 표면 항원이 양성일 경우 출산시 약 60% 감염 확률. 어머니가 자녀에게 수직감염이 많음
③ 치료/예방	· B형 간염 바이러스를 없앨 수 있는 치료제 미개발 · 수직감염 예방을 위해 출산 12시간 이내에 면역 클로불린과 B형 간염 백신 접종 ※ 어머니에 의한 수직 감염되면 B형 간염 바이러스 보균자로 살게 되고 20대 후반 - 30대 후반에 B형간염 발병 높음

※ 우리나라는 B형 간염이 많이 발생하는 지역으로 모든 국민이 B형 간염 예방접종 대상자임

다. 디프테리아

① 감염체	디프테리아균
② 감염경로	균의 서식처는 인후(咽喉: 목구멍): 호흡을 통해 전염 ※ 2-7세 유아에게 많이 발생
③ 증상/합병증	· 38도의 발열로 시작 · 24시간이 지나면 편도, 인두, 기도점막이 침윤되어 괴사하고 회백색 위막이 형성 · 영유아에서는 위막에 의한 기도폐쇄로 호흡곤란으로 사망 가능 · 균은 감염국소에서 증식하여 디프테리아 독소를 생산 혈액 속으로 들어가면 전신적인 중독증상 일으킴
④ 치료/예방	예방접종(DPT혼합 백신)

※ 인두(咽頭): 【명사】 식도와 후두에 붙어 있는 깔때기 모양의 근육성 기관
DPT혼합 백신: 디프테리아+파상풍+백일해

라. 백일해(百日咳): 경련성의 기침을 일으키는 어린아이의 급성 전염병. 겨울·봄에 걸쳐 걸리며, 오래되면 기관지염·폐렴을 일으키기 쉬움. 한번 걸리면 일생 면역이 됨. 백일기침

① 감염체	백일해균
② 감염경로	균의 서식처는 호흡기계: 호흡을 통해 전염 ※ 5세 이하 유아에게 많이 발생
③ 증상/합병증	· 잠복기는 7-10일 · 감기 증상이 1-2주 계속되어 콧물, 미열이 있음 · 발병 2주후 얼굴이 창백해지고, 기침이 심해지며 식욕 부진으로 기운이 없고 축 늘어짐 · 발병 4주가 지나면 회복기로 들어서나 38도 이상의 체온이 계속되면 폐렴이나 기관지염 등 합병증 의심
④ 치료/예방	예방접종(DPT혼합 백신)

마. 파상풍(破傷風): 외상(外傷)에서 체내에 들어간 파상풍균의 독소로 일어나는 전염병《사망률이 높음》

① 감염체	파상풍균
② 감염경로	균의 서식처는 토양 피부에 난 상처를 통해 균이 침입 파상풍균이 오염된 곳에서 출산하거나 오염된 가위로 탯줄을 자를 경우에도 감염
③ 증상/합병증	· 상처 감염이 된 후 서서히 진행 · 목과 턱의 근육이 강직되고 신경계를 따라 뇌까지 파급 · 두통, 미열, 오한, 신경과민, 전신통증이 나타남 · 경연성 수축상태(턱과 경부근육이 서로 반대방향 수축)를 유지하여 입을 벌릴 수 없고 연하작용 어려움 · 가장 심각한 증상이 호흡기계 마비이며 이 증상이 주요 사망원인 임.
④ 치료/예방	· 치료: 독소를 중화시키는 과면역글로블린, 페니실린, 항경련제 등. · 예방: 예방접종(DPT혼합 백신)

바. 소아마비(小兒痲痺): 어린아이에게 발생하는 운동 기능의 마비성 질환《선천성인 척수성 소아마비와 후천성인 뇌성 소아마비로 나눔》

① 감염체	소아마비 바이러스
② 감염경로	이 바이러스를 가진 사람의 배설물이나 배변시 접촉된 손 등을 통하여 구강경로로 감염. 바이러스는 혈류를 통해 신경계로 침입하여 중추신경계에 영향을 미칠 수도 있음.
③ 증상/합병증	· 대부분의 감염은 무증상이거나 매우 완만하다. · 초기에는 발열, 두통, 인후통, 소화기 장애 및 근육통 · 진행되면 목이 뻣뻣해지며, 심한 근육통, 마비증상 · 더 진행되면 늑간근육이나 횡경막 등 호흡근육의 마비
④ 치료/예방	· 치료: 유용한 항바이러스 치료방법은 없음. · 예방: 예방접종(사빈과 소크 백신)

※늑골(肋骨) 흉곽을 구성하는 활 모양의 뼈《좌우 열두 쌍임》. 갈비, 갈비뼈.

사. 홍역

① 감염체	홍역 바이러스
② 감염경로	·비말감염: 환자의 코와 입을 통한 분비물에 직접접촉 ·공기중 홍역 바이러스로 전염(매우 드뭄)
③ 증상/합병증	·5-10세 아동 주로 발생, 9-11일 잠복기 ·가벼운 발열, 재채기, 콧물, 눈물, 눈곱 ·2-4일 후 입안에 코플릭 반점이 나타남(확진) ·발진은 귀 뒤, 얼굴, 목에 나타나기 시작 2-3일 동안 머리에서 발쪽으로 전신으로 퍼지면 열이 내림 ·중이염, 경부 림프절염 및 기관지염, 폐렴이 합병증으로 발생
④ 치료/예방	·홍역이 의심되면 발진이 나타나고 4-5일 격리 ·발열에 의한 수분의 공급에 유의 ·먹기 좋고, 소화가 잘되는 음식 섭취 ·유용한 항바이러스 치료방법은 없음 ·예방접종(MMR 혼합 백신)

아. 유행성이하선염(볼거리)(流行性耳下腺炎): 법정 전염병의 하나. 이하선 또는 다른 타액선의 종창(腫脹)이 주되는 증세의 병. 항아리손님.

① 감염체	유행성이하선염 바이러스
② 감염경로	·비말감염으로 환자의 타액(비말)이 공기중에 산포되어 전염됨 ※ 초기 감염부위는 상부호흡기계, 바이러스는 국소 림프절로 확산
③ 증상/합병증	·이하선(타액선)이 붓는 1-2일 동안 발열, 두통, 식욕부진, 구토, 근육통 등이 나타남
④ 치료/예방	·부드러운 식사, 수분을 조금씩 자주 섭취 ·부어오른 부분 냉찜질 ·유용한 바이러스 치료제는 없음 ·예방접종(MMR 혼합 백신)

※ 종 : 창(腫脹): 염증이나 종양 등으로 부어오름. 또는 그 상처. 림프(lymph): 고등 동물의 조직 사이를 채우는 무색의 액체《혈관과 조직을 연결하며, 장에서는 지방을 흡수하고 운반을 함. 세균의 침입을 막고 체표(體表)를 보호함》. 임파(淋巴), 림프액.

자. 풍진(風疹): 바이러스에 의한 발진성(發疹性)의 급성 피부 전염병의 하나. 흔히 어린이들에게 많음.

① 감염체	풍진 바이러스
② 감염경로	·기침이나 재채기, 말할 때 튀어나오는 작은 비말에 의한 비말감염
③ 증상/합병증	·가벼운 발열 및 인후염 증상 ·귀두, 목뒤, 후두부의 림프선이 붓는 특징 ·발진은 림프선이 커진 후에 나타 남 ·대개 합병증 없이 자연적으로 치유되나 드물게 뇌염이 동반 ·임신 3개월 이내 임신부가 풍진에 감염되면 태아에게 영향을 주어 선천성 기형아를 출산할 수 있음 ※ 여자 아동들에게는 13세경까지는 예방접종 필수
④ 치료/예방	·유용한 항바이러스 치료방법은 없음 ·예방접종(MMR 혼합 백신)

차. 수두(水痘) 작은 마마

① 감염체	수두 바이러스
② 감염경로	·기침이나 재채기, 말할 때 튀어나오는 작은 비말에 의한 비말감염
③ 증상/합병증	·영유아기(3-9세)가 가장 전염력이 강한 질환 ·초기감염은 호흡기계에 나타남 ·바이러스는 혈류를 통해 내부장기로 퍼져 나가고 그 이후에 피부로 확산됨 ·수두바이러스는 감각신경세포에 잠복기로 남게 되고 고령이나 면역이 저하된 사람에게 대상포진을 일으킬 수 있음 ·초기증상: 발열, 권태감, 식욕부진. 하루가 지나면 가슴부터 발진이 시작되어 온몸에 퍼짐 ·시간이 경과하면 반점, 구진(동그란 모양의 염증), 수포(물집이 생긴 염증상태), 농포(끝이 곪은 염증상태)로 변화 함 ·수포가 생길 무렵 몹시 가려운데 이때 긁어서 피가 나면 2차 세균감염의 위험성이 큼 ·뇌염, 폐렴 등의 합병증이 나타날 수 있음
④ 치료/예방	·치료: 면역이 약화된 환자에게 항바이러스 치료제 투여 ·예방접종(수두 백신) ※ 한번 걸리면 평생 면역이 됨

※ 대상 포진 (帶狀疱疹) 바이러스의 감염으로 일어나는 수포성 질환 《몸에 띠 모양으로 수포가 생기며 열이 남》

타. 일본뇌염(日本腦炎): 바이러스의 감염으로 일어나는 유행성 뇌염 《늦여름에 모기에 의해 퍼지는데 혼수상태 · 고열 · 두통 따위의 증상이 나타나며 사망률이 높음》

① 감염체	일본뇌염 바이러스
② 감염경로	· 일본뇌염 바이러스를 보균한 모기가 사람을 물어 그 바이러스가 뇌에 염증을 일으켜 발생
③ 증상/합병증	· 약간의 두통, 미열 등 가벼운 증상후 저절로 완쾌되기도 함 · 38도 이상의 고열, 구토, 목부위 통증과 경직, 방향감각 상실, 경련, 경련성 발작, 의식혼미, 혼수상태 등 증상은 병원으로 데리고 가서 진료 · 합병증 없이 회복되기도 하나, 치사율 40-70%의 무서운 질병
④ 치료/예방	· 모기 서식처 방역, 모기에 물리지 않도록 조치 · 예방접종(일본뇌염 백신)

파. 장티푸스(腸typhus) 급성 전염병의 하나. 티푸스균이 창자에 들어가 일으키는 병. 장질부사

① 감염체	장티푸스균
② 감염경로	· 장티푸스균에 오염된 음식이나 물을 섭취 · 감염된 사람의 배설물이나 배변에 접촉한 손등을 통해 구강경로로 감염 ※ 균의 서식처는 인체의 결장(結腸)
③ 증상/합병증	· 감염후 6-14일 이내 두통과 고열이 발생, 열은 몇 주간 계속되며 40도까지 오름 · 연령이 높은 아동들에게는 발병이 서서히 진행되나 영유아는 갑자기 시작되는 경우가 많음 · 장출혈, 장천공, 뇌혈전, 화농성 뇌막염, 뇌농양, 기관지염, 폐렴, 간염, 신우염 등의 합병증이 생길 수 있음
④ 치료/예방	· 치료: 세프트리악손, 암피실린 약제 · 예방접종(장티푸스 백신) · 예방활동 오수처리 등 공중위생 및 보건정책 시행 수돗물 염소소독, 끓인 물 섭취, 손을 깨끗하게 씻기 등 · 주변 환경을 깨끗하게 하는 생활

※ 결장(結腸): 대장의 맹장과 직장 사이에 있는 부분 《작은창자에서 소화된 음식물에서 수분을 흡수하는 구실을 함》

2) 아동 미아예방 3단계 구호

보건복지부 위탁 "초록우산 어린이 재단 실종아동전문기관 미아 예방 3단계 구호" 아이가 언제든지 자신을 지킬 수 있도록 예방교육하고 아이들에게 인지해야 한다.

- 멈추기: 부모와 헤어진 자리에 서서 부모가 오기를 기다리는 것

• 생각하기: 자신과 부모의 이름 전화번호를 열 번씩 외우고 있을 것
• 도와주세요: 주위에 있는 경찰이나 아이와 함께 있는 아주머니에게 도움을 구하는 것
또한, 요즈음, 공중전화가 많이 없지만 112 긴급 버튼 누리고 도움을 청하는 것을 지도해야 한다. 아동의 안전교육하고 아이들에게 인지가 필요하다.

제16장 아동 발달장애

제 1 절 영아기 발달장애

발달이란 아동의 성장 시기에 적절하게 정상적 능력을 획득하는 것이다. 그러나 이러한 능력이 결여되어 이상발달의 현상을 보이는 경우가 있다. 아동의 이상행동이나 심리적 장애는 주로 어린나이에 처음 시작된다. 아동의 발달단계에 따라 주로 발견되는 이상발달의 유형에 따른 특징과 원인, 치료방법에 대해서 자세히 살펴보고자 한다.

1. 영아기 발달장애

1) 감각장애

감각장애란 뇌의 신경과정의 장애 때문에 적응 반응을 유발하는 감각정보의 효과적인 활용을 저해하고 있는 상태라고 볼 수 있다. 영아기에 감각장애가 있으면 환경의 반응을 적절히 받아들이거나 또 그 자극에 의하여 환경을 유난히 변화시켜 나가는 학습장애력이 충분하게 개발되어지지 않기 때문에 될 수 있는 한 빠른 시기에 치료를 하는 것이 중요하다. 발달상의 장애의 경우는 감각장애를 포함하고 있다고 볼 수 있다.

(1) 청각장애

청각장애(hearing-impaired)란 일반적으로 경도부터 최중도에 이르는 청각장애를 의미하며 농과 난청을 포함한다. 듣기능력에 제약을 받으며 이로 인해 사물의 특성을 지각하고 이해, 사고하는 과정이 지체된다. 청각장애의 가장 주된 특성은 언어발달의 지체이다.

청각장애의 원인으로는 유전적인 원인과 후천적 원인을 들 수 있다.

유전적인 원인으로는 Waardenberg 증후군, Ushers 증후군 등을 들 수 있고, 후천적인 원인으로는 태아기의 모체 풍진감염, 모자 핵액 부적합, 미숙아 등과 출생 시 겸자 사용에 의한 뇌손상, 난산으로 인한 산소결핍, 그리고 출생 후의 원인으로 성홍열, 인플루엔자, 뇌막염 등의 질병과 사고에 의한 청각손실을 들 수 있다.

이 특수학교에서의 조기 교육을 필요로 하지만 일반학교에서의 통합교육을 시도하기도 한다.

(2) 시각장애

시각장애(blindness)는 인과학에서 나타나는 시력으로 시각장애 여부를 판단하여 시력의 정도에 따라 맹, 준맹, 약시로 구분하고 있다. 프로이버그(Fraiberg, 1977)는 시각장애아도 생후 4주 정도에 정상아처럼 미소를 수 있지만 그 횟수와 강도가 미약해져 그러한 시각장애아의 반응이 부모와의 상호작용을 제약하기도 한다. 시각장애아는 타인의 판단과 반응을 수용하여 자신을 경시할 수도 있고 적응에 문제를 일으키기도 한다. 그러나 시각장애아의 지능은 일반 유아와 크게 차이가 나지 않는다(Vander kolk, 1977).

시각장애의 원인은 산전 원인이 64%로 가장 높으며, 전염병, 중독, 종양 등을 들 수 있다. 백내장, 시신경 위축 등은 우성유전으로 안구, 각막, 수정체, 망막, 시신경 등을 손상시켜 시각장애를 일으킨다. 당뇨, 매독, 녹내장, 각막염도 그 원인이 될 수 있다(김승국, 1995). 환경적 조건으로는 미숙아의 보육기에 산소 과다 사용으로 발생하는 렌즈 후부 섬유증식증과 풍진 등이 원인이 될 수 있다.

시각장애아는 일반 교육과정에 보행훈련, 점자훈련, 시기능 훈련, 듣기훈련, 사회적 기능훈련 등을 포함시켜 함께 지도할 수 있다. 무엇보다 부모와의 애착관계를 형성하고 발전할 수 있도록 기회를 제공하는 것이 중요하다.

2) 언어장애

영아기는 초기 언어획득의 시기로 언어발달상 중요한 의미를 지닌다. 언어장애(speech and language disorders)는 선천적 혹은 후천적 원인으로 인해 언어습득 및 발달에 지장을 초래하여 음성언어 발성에 곤란을 겪는 현상을 일컫는다. 즉, 언어 이해나 언어 표현이 정상에서 이탈된 경우로, 특히 개인의 비언어적 능력의 발달 정도와 비교해 볼 때 2/3선에 미치지 못하는 경우를 언어장애라고 한다.

언어장애 중에서 조음장애는 연령에 적합한 말을 하지 못하고 발음을 생략, 첨가, 왜곡 또는 대치하여 사용하는 경우를 말한다. 말더듬이는 어떤 특정한 음절의 반복과 발음의 연장으로 인해 언어의 유창성에 결함을 보이는 증상이다. 선택적 함묵증은 언어금지, 언어공포, 언어회피증이라고도 명명하는데 사람이나 장소에 따라 입을 다물고 일정 시기 동안 말을 하지 않는 증세를 나타낸다.

이러한 언어장애는 선천적인 원인과 후천적인 원인을 들 수 있는데, 선천적인 농아, 중이염의 악화, 성대의 이상, 언청이 등을 기질적인 장애로 볼 수 있다. 또한 정신기능의 발달이 지체되거나 자폐와 같은 정서적 장애로 말을 하지 않거나 타인과의 상호작용을 경험하지 못하는 과잉보호아의 경우에도 언어발달이 지연될 수 있다. 환경적 요인은 사회·문화적 변인, 경험, 물질적 배경 등의 이유로 한정된 언어만을 사용하는 경우도 언어발달 지체나 장애를 초래할 수 있다.

이처럼 언어장애의 유형이나 원인이 다양하므로 언어장애의 유형에 따라 발성, 발어훈련, 단어와 어휘훈련, 생활경험을 통한 어휘훈련, 문장훈련 등 다양한 교정 지도를 해 주는 것이 바람직하다. 또한 유아를 있는 그대로 인정하고 받아들여서 심리적 안정을 유지시켜 주는 것도 중요한 한 가지 방법이다.

3) 자폐증

자폐증(autism)은 대인관계를 전혀 형성하지 못하고 의사소통 능력이 결핍되거나 계속적인 강박행동을 나타내는 행동을 의미한다. 그 원인이나 증후는 개인차를 보이지만 거의 공통적으로 보이는 증상은 사람의 눈맞춤을 꺼리거나 말을 전혀 못한다거나 반향음을 내는 것과 같은 언어장애를 나타낸다. 또한 낯선 물건, 장소, 사람에게로의 접근을 피하는 것과 동일한 행동의 반복, 집중력 부족, 과잉행동, 자해행위 등을 나타낸다.

1943년 아동정신과 의사인 캐너(L. Kanner)가 아동기 정신분열증과 분리하여 자폐의 증후군을 밝혀냈으며, 출생 후 2년 반 이내에 일어났을 때 이를 유아 자폐증(infantile autism)이라고 명명하였다. 유아 자폐증의 주된 증후로는 극단적인 자폐적 고립, 언어 및 의사소통에 있어서의 심한 장애, 그리고 동일성에 대한 강한 욕망 등을 들 수 있는데 이는 자폐증 진단의 기초가 되고 있다.

자폐증의 선천적인 원인으로는 여러 가지 종류의 중추신경계 결함을 들 수 있다. 자폐증이 유아발달 초기에 출현한다는 사실은 선천적 원인에 의한 발병 가능성을 좀더 확고히 하는 것이다. 환경적 원인으로는 뇌손상, 대인관계의 장애 및 결핍으로부터 빚어지는 정신적 외상을 들 수 있다. 또한 그 원인을 영아기에 중요한 영향을 미치는 어머니와의 상호작용에서 애착형성이 잘 이루어지지 않았기 때문이라고 주장하기도 한다. 이 밖에도 감각기능이나 대뇌기능의 손상 때문에 생기는 정보처리 능력과 같은 인지기능의 장애로 간주하기도 한다.

이를 위한 특정 치료법은 없으나 놀이치료나 행동수정 요법을 사용하여 자폐적 행동을 제거하고 바람직한 행동을 강화하도록 할 수 있다. 정신적 훈련을 위한 행동수정의 기본 방법으로는 시선 붙잡기, 사랑 느끼게 하기, 균형적으로 정서 계발시키기, 흥미 유도하기, 자신감 심어주기, 자신의 존재 인식시키기, 반복 칭찬과 보상해 주기, 성취감 일깨우기 등이 있다. 특히 껴안아 주기는 자폐증 증세를 소거하는 치료의 지름길과 같은 행동수정 방법이다. 무엇보다 자폐아에 대한 지속적인 관심과 사랑이 필요하다.

4) 애착장애

영아기의 중요한 발달과업은 애착(attachment)형성이라 할 수 있으며 영아는 애착을 통해 사회 환경에 대한 기본적인 신뢰감과 안전감을 발달시킬 수 있다. 보울비(J. Bowlby)는 모자간의 유대관계를 설명하면서 애착이라는 용어를 최초로 사용하였다(강문희, 2000). 에인스워스(M. D. S. Ainsworth) 등(1978)은 영아와 어머니의 애착의 질을 측정하기 위해 낯선 상황을 고안하여 처치한 후 영아의 행동을 관찰하여 애착의 질에 따라 애착행동 유형을 분류하였다.

첫째로 회피적 애착유형의 유아는 어머니가 떠나도 불안해하지 않고 거의 울지 않았다. 어머니가 돌아왔을 때는 어머니에게 가까이 다가가지 않고 피하는 반응을 보였다. 어머니가 안아주어도 기피하고 신체적 접촉에 저항을 나타내는 영아인데, 전체의 20~50%가 이 유형에 속한다. 둘째로 양가적인 애착유형의 영아는 어머니가 떠나기 전에는 어머니와의 접촉을 시도하였고, 보이지 않자 몹시 당황하는 반응을 보였으며 되돌아온 후에는 화를 내며 저항하는 반응을 보였다. 자신의 양가감정을 표현하는 영아인데 전체의 15%가

이 유형에 속한다. 실제로 바글로우(Bargaow)와 본(Vaughn), 몰리터(Molitor, 1987)의 연구 결과에 의하면 출생 후 초기 1년 동안 어머니가 직장에 다닌 영아들은 어머니와 불안정한 애착을 보일 가능성이 높다고 하였다. 셋째로 안전하게 애착된 영아는 낯선 사람보다 어머니를 뚜렷하게 선호하여 보이지 않으면 울지만, 어머니가 되돌아오면 즉각 울음을 그치고 어머니와 적극적인 접촉을 시도한다. 전체 영아의 65%가 이 유형에 속하며 이러한 영아기에 형성된 애착의 질은 후기 발달에 영향을 미칠 수 있다.

안정적인 애착을 형성한 영아들은 유아기에 인지발달과 사회·정서 발달에 긍정적인 영향을 미칠 수 있다. 어머니와 안정된 애착을 형성한 유아는 자기존중감과 사회적 유능감이 높고, 협동적이며 감정이입적이고 또래 인기도가 높다. 반명 불안정한 애착을 형성한 유아는 또래와 관계를 잘 맺지 못해 고립되고, 양가적인 애착을 형성한 유아는 파괴적이고 까다로우며 불끈 화를 잘 낸다. 이들의 의존성은 상처받거나 실망했을 때 위축되고 스트레스 수준이 아주 낮을 때만 성인과의 접촉을 추구한다고 밝혔다(Sroufe, Fox & Pancake, 1983). 또한 회피적인 애착이 형성된 영아는 또래에게 긍정적인 반응을 받지 못하며 양가적인 애착을 형성한 영아는 또래에게 공격적이고 저항적인 행동을 보였다(Jacobson & Wille, 1986). 보울비(1973)는 부적절한 부모양육이 애착과 탐구행동의 역동적 균형을 방해하고 불안한 애착을 촉진한다고 하였다.

5) 정서장애

정서장애(emotional disturbance)란 정서적 자극에 대해 연령에 어울리는 정상적인 반응을 보이지 못하거나 혹은 정서적 감수성이 나이에 맞게 발달하지 못한 것을 의미한다. 열등감, 지나친 자아의식, 사회적 위축, 수줍음, 불안, 공포, 과민, 우울 등 일상생활이 힘들고 정서와 감정발달에 문제가 생기는 장애이다.

정서장애는 발달적 측면과 관련시켜 볼 때 부모와 자녀관계에서 일차적으로 그 원인을 찾을 수 있다. 자녀에 대한 부모의 바람직하지 못한 태도는 자녀로 하여금 바람직하지 못한 반응으로 대응하게 만든다. 부모의 태도 중에서 가장 문제가 되는 것은 거부와 과잉보호이다. 또한 부모 자신의 정서상태도 중요한 요인이 된다. 비어슬리(Beardslee, 1996)는 부모가 정서장애를 보이는 경우에 자녀에게서 정서장애가 발병할 확률이 높은데, 이는 정신사회적 요인과 유전적 영향이 합쳐진 결과라고 보았다.

정서장애아는 정서 표출이 나이에 어울리지 않게 변화가 심하고, 가까운 사람들에게 애정적인 접근을 하지 못해서 일상적인 생활에 부적응을 초래하기도 한다. 정서장애의 증후는 손가락 빨기, 빈번한 설사, 구토, 잦은 용변, 피부질환, 발열, 물어뜯기, 과잉활동, 주의 산만 등을 들 수 있다. 휘태커(Whittaker, 1975)는 정서장애아는 빈통증후군(empty-bucket syndrome)을 겪게 된다고 하였고, 낮은 충동 통제력, 낮은 자아개념, 낮은 정서 조절력, 대인관계 결핍, 가정의 불안정, 학습부진, 제한된 놀이능력을 공통적 특징으로 제시하였다.

정서장애아를 조기에 발견할 수 있는 곳은 가정이다. 그러나 문제의 원인이 가족 안의 상호작용에 있는 경우에는 가정에서 적절한 지도가 이루어지기를 기대하기가 어렵다. 따라서 영아를 지도하는 교육기관에서의 적절한 지도가 필요하다. 이를 위해서는 놀이치료나 행동수정이 효과적이지만 교사가 이들을 전적으로 교육하기란 어렵다. 따라서 발달장애 유아를 돕고자 하는 적절한 교육 환경적 지원이 병행되어야 한다.

6) 정신지체

정신지체(mentel retardation)란 정상적인 경우보다 지능발달이 늦을 때 쓰는 말이다. 즉, 지적 기능의 발달과정에서 평균 이하의 수준에 머물러 발달단계에 따른 적응행동을 제대로 나타내지 못하는 상태를 말한다. 증상은 대게 출생 전이나 출생 직후에 발생한다. 그러나 취학 전에 이르러 그 심각성이 많이 노출되는데 그 이유는 취학 후에 학습과 사회적인 적응이 크게 요구되기 때문이다.

정신지체의 원인은 다양하나 크게 유전적인 원인과 환경적인 원인으로 나누어 살펴볼 수 있다. 유전적인 원인으로는 첫째, 신진대사의 이상이나 염색체의 이상으로 인해 발생되는 것으로서 가장 일반적인 형태는 21번째 염색체가 3개인 다운증후군을 들 수 있다. 그 특징으로는 IQ가 60 이하이고 넓고 납작한 코, 달걀 모양의 튀어나온 작은 눈, 짧고 넓은 네모진 모양의 손과 발을 들 수 있으며 임부가 노산인 경우 발생률이 높다. 둘째, 임신 중 독성약물의 복용이 문제가 될 수 있다. 마이신, 항암제 등의 복용은 태아의 뇌 성장에 이상을 가져다주며 임신 중 과도한 음주와 흡연을 한 경우도 정신지체의 원인이 될 수 있다. 셋째, 태내기에서 생긴 장애로 임신 3개월 내에 산모가 풍진에 감염되었거나 임부의 혈액형이 RH^-이고 태아의 혈액형이 RH^+일 경우, 임산부의 영양실조, 약물의 지나친 복용, 방사선에 노출된 경우에 발생하게 된다.

환경적인 원인으로는 첫째, 출산 시 아기 뇌의 산소결핍증, 난산 및 출산곤란, 조산아, 인공분만 시의 문제로 인해 정신지체가 될 수 있다. 둘째, 출생 후 어린 시절에 뇌 손상을 입거나 뇌염, 특수 바이러스 감염 등으로 인한 중추신경 조직 이상을 들 수 있다. 셋째, 출생 후 다른 질병으로 인한 고열 또는 영양결핍에 의한 장애를 들 수 있다. 넷째, 사회적 자극이나 언어적 자극의 결핍 등을 들 수 있다.

정신지체아는 신체적 특성으로 신장, 체중, 가슴둘레, 폐활량 등에서 일반 유아보다 뒤진다. 지적 측면과 언어적 측면에서도 지체를 보여 학습능력이 대체로 뒤떨어진다.

정신지체아를 위한 교육적 처치는 일반학교에 통합하거나 특수학교 또는 특수학급에서 실행되고 있다. 정신지체 유아의 경우 통합환경에서의 경험은 발달상 매우 중요하게 작용한다. 보통 IQ75～50의 정신지체아는 일반 유아와의 교육이 가능하다. 일반 초등학교를 졸업할 때까지의 교육성과는 초등 3학년 수준의 학업성취를 보인다. IQ50～25의 정신지체아는 특수학교나 특수학급을 통해 훈련과정의 교육을 실시할 수 있고, IQ25 이하의 정신지체아는 평생 숙식을 제공해야 하는 완전보호를 요하는 대상이다.

제 2 절　유아기 발달장애

1. 수면장애

수면은 발달 초기의 중요한 뇌 활동이다. 출생 후 신생아는 하루 평균 약 15～20시간 정도의 수면을 취한다. 그러다가 유아의 수면시간은 성장함에 따라 단축되고 수면주기를 확립하며 규칙적인 형태를 띠게 된다. 생후 4개월경에는 밤에 10시간과 낮에 4시간의 수면을 취하며 계속적인 발달을 이루게 된다. 유아기에 들어서면 밤 수면시간은 영아기와 큰 차이가 없고 낮 수면시간이 줄어든다.

유아기에는 대체로 잠드는 습관을 조절할 수 있으며 편안한 분위기를 조성하고 책을 읽어주거나 이야기를 들려주는 방법을 통해 좋은 습관을 들여 줄 수 있다. 그러나 수면습관이 나쁜 경우라면 그 원인을 찾아 도와주어야 한다. 유아가 어두운 것에 대한 두려움이 있다면 조명을 조절하여 줄 수 있고, 운동 부족일 경우에는 낮 동안 적절한 운동을 격려할 필요가 있다. 소변보기와 같은 부모의 지나친 과민반응도 수면장애의 원인이 될 수 있다.

우리나라의 경우 영유아기에 20～30%가 수면장애를 보고하고 있으며(이근, 1991), 3～5세 유아의 10～50% 정도가 부모를 괴롭힐 정도로 심각한 악몽을 꾼다고 보고하고

(손진욱, 1996) 있다. 수면 문제와 심리적 적응의 관계는 쌍방향 관계이다. 수면문제 자체가 유아의 정서적·행동적 문제를 일으킬 수도 있고 또한 심리적 장애로 수면문제가 일어날 수도 있다. 또한 유아의 수면곤란은 부모 수면곤란을 야기하고 그 결과 신체적·정신적 피로감과 부모-자녀관계의 왜곡, 그리고 사회적으로 지지적인 상호작용의 질과 그 수의 감고(carr, 1999) 등 또 다른 부적응 현상을 낳기도 한다.

안윤영·이정숙(2002)은 놀이치료의 접근법 중 행동수정 기법과 아동중심 놀이치료의 기법을 절충하여 사용함으로써 보다 효과적으로 아동의 수면장애를 다룰 수 있음을 보고하였다.

2. 섭식장애

유아기에 나타나는 섭식장애(eating disorder)로는 크게 이식증과 반추장애로 나누어 볼 수 있다. 이식증(pica)이란 섭취하면 안 되는 물질을 1개월 이상 지속적으로 먹는 행동을 보이는 것이다. pice란 용어는 다양한 것을 먹는 새인 magpie를 지칭하는 라틴어이다. 따라서 이식증은 우리가 못 먹는 것으로 간주하는 페인트, 회반죽, 머리카락, 종이, 헝겊 등을 먹고 동물의 배설물이나 나뭇잎, 모래, 곤충 등을 섭취하는 것을 말한다. 2세경이 되면 먹을 수 있는 것과 먹지 못하는 것을 구분할 수 있는 능력이 생기는데 이식증은 이러한 능력이 없고 후에 정신지체와도 연관된다.

이식증의 원인은 발달의 지연, 빈곤, 부모의 무관심, 양육의 소홀함을 들 수 있다. 이식증은 유아기에 발병되어 몇 개월 동안 지속되고 대부분 후에 완화될 수 있다. 유아가 섭취하면 안 되는 물질을 유아의 손이 닿지 않는 곳으로 치우고, 충분한 영양섭취를 제공하며 부모교육 프로그램을 통해 부모가 이식행동을 막도록 도와줄 수 있다. 납중독이나 장폐쇄 등과 같은 문제가 발생했을 때는 신속한 의학적 치료가 필요하다.

반추장애(rumination disorder)란 구역질, 혐오감 또는 뚜렷한 소화기의 장애 없이 음식을 반복적으로 토하고 다시 씹는 행동을 보이는 것이다. 반추장애가 있는 유아는 많은 양의 음식을 섭취하지만 먹은 후에 즉시 토하기 때문에 영양실조를 일으킬 수 있다. 이는 체중감소로 이어지며 심해지면 사망에까지 이를 수도 있다.

반추장애는 자극의 결여, 무관심, 스트레스가 많은 생활환경과 같은 심리사회적 문제, 부모와 유아의 관계에서 일어나는 문제가 복합적으로 원인이 될 수 있다. 또한 음식을 토하는 잘못된 습관이 자기자극 행동으로 인식되어 의도적으로 나타나기도 한다. 정신분석에서는 유아가 어머니와 심리적으로 안정적이고 신체적으로 친밀한 관계를 유지하지 못한 데서 기인한다고 본다. 행동적 입장에서는 습관적인 것으로 설명하고 있다.

반추장애는 흔한 장애는 아니며 여아보다 남아에게 많이 나타난다. 반추장애의 치료법으로 걸쭉한 음식과 함께 관심과 애정을 제공할 것을 권하고 있다. 그러나 이러한 방법들에 대한 만족스러운 평가는 부족한 실정이다.

3. 배설장애

유아기 배설장애(elimination disorders)로 유뇨증과 유분증을 들 수 있다. 유뇨증(enuresis)은 '나는 물을 만든다(I make water)'라는 희랍어에서 왔고, 밤이나 낮 동안 옷이나 침구에 반복적으로 소변을 배설하는 것을 말한다. 유뇨증을 적절히 진단하기 위해서는 소변 배설이 적어도 3개월 동안 주당 최소한 2회 있거나, 다른 중요한 기능상 고통이나 장애를 일으킬 경우에 해당된다.

유뇨증은 유아의 자존심과 사회적 행동에 영향을 미치게 되고 또래들로부터 따돌림당하기 쉬우므로 스트레스를 조절하고 돌보는 사람의 온정이 필요하다. 또한 유뇨증에 대한 행동주의적 치료방법들은 소변경보장치 사용, 소변 참는 훈련법, 자극이나 결과적 사태를 수정하는 방법들을 사용한다.

보통 유아는 18개월경에 배설물을 보유하고 방출하는 항문의 괄약근이 성숙하기 때문에 대변의 통제가 가능하다. 유분증(encopresis)은 기질적인 병리가 없음에도 불구하고 부적절한 장소에 반복적으로 대변을 도는 증상을 말한다. 의도적으로 이런 행동을 보일 때는 다분이 퇴행적이다.

유분증이 있는 유아는 수줍음이 많고, 캠프나 단체활동 등 난처한 일이 일어날 수 있는 상황을 피하려고 한다. 유분증은 5세 유아의 1% 정도를 차지하며, 여아보다 남아에게 많이 나타난다. 유분증의 원인으로는 대변통제에 필요한 생리적 구조가 적절하지 않은 경우나, 외부 환경으로부터 받는 심리사회적 스트레스 때문으로 보기도 한다. 유분증의 치료방법으로는 식이요법과 설사약, 관장약을 사용하여 배설물을 통제하거나 놀이치료, 유아와 부모상담, 행동치료법 등을 시도하기도 한다.

4. 주의력결핍 과잉행동장애

주의력결핍 과잉행동장애(Attention-Deficit Hyperactivity Disorder; ADHD)는 과잉행동(hyperactivity)이라고도 한다. 이 장애가 나타나는 것은 2~5세경의 유아이나 부모는 아동기에 이르러서야 심각한 부적응으로 생각하는 사례가 많다. 많은 연구가 이루어졌으나 ADHD의 원인에 대해서는 명확하게 밝혀지지 않았다. 대체적으로 장애의 원인으로 유전, 출산 전후의 뇌 손상, 부적절한 환경 등을 들고 있다.

주의력결핍 과잉행동장애 유아의 특징은 행동상의 특징과 발달상의 특징으로 나누어 볼 수 있다. 첫째, 행동상의 특징으로는 유아가 손발을 가만히 두지 못하며 움직이거나 몸을 꼬고, 외부자극에 대하여 쉽게 산만해지며, 놀이를 할 때에 자기 순서를 기다리지 못한다. 또한 질문을 끝까지 듣지 않고 대답해 버리거나 한 가지 행동을 끝맺지 못하고 자기 일이나 물건을 잘 잃어버린다는 점을 들 수 있다(Santrock, 2004).

둘째, 발달적인 특징으로는 수면상태가 불규칙하며 아주 얕아서 잘 깨기도 하고, 지나치게 수면시간이 긴 경우도 있다. 걷기 시작할 무렵 뛰려고 시도하기 때문에 항상 잘 넘어지며 다치는 경우가 많다. 만 4~6세경이 되면 부모의 말에 귀를 기울이지 않고 모두 마음대로 하려 하고, 야단을 쳐도 설득력이 없다. 놀고 있는 다른 아이들을 방해하기도 한다. 유치원이나 어린이집에 입학하면 교사의 지시에 따르지 않아 전체 분위기를 흐려놓는 경우가 많다. 이러한 특징으로 인해 학령기에는 학교생활을 적응, 또래아동과의 관께 등에서 여러 장애가 유발될 수 있고 충동적인 행동과 주의력 결핍으로 학업성적이 크게 떨어지게 된다.

ADHD를 평가하고 진단할 때 특히 주의할 점은 이 장애와 유사한 임상양상을 보이는 장애가 많다는 것과 이 장애와 공존하는 장애도 많다는 것을 주목해야 한다. 따라서 다른 정신과적 장애 및 발달장애, 의학적·신경학적 장애를 배제하고, 공존하는 장애 또는 그 장애처럼 보이게 하는 다른 특성이 있는지에 대해 체계적이고 전문적인 평가를 하는 것이 필요하다. 또한 평가 결과를 해석할 때는 발달 맥락을 고려하는 것이 필요하다.

적절한 심리치료나 약물치료가 단기적으로는 도움이 될 수 있을지 모르나 장기 적으로 ADHD를 치료하지는 못하는 것으로 보고되고 있다. 약물치료와 더불어 적절한 학업적·사회적 행동을 강화해 주는 중재 프로그램이 가장 효과적인 방법으로 보고되고 있다(Barkley, 1990). 인지-행동치료, 사회기술 훈련 및 또래관계 훈련, 학습책략 훈련, 부모교육 등이 이루어지고 있다.

5. 야뇨증

흔히 소변을 가릴 수 있는 연령에 도달했는데도 밤에 빈번히 실수하는 경우를 야뇨증(enuresis nocturia)이라 한다. 유아의 야뇨증은 생리적인 원인과 심리적인 원인으로 나누어 볼 수 있다. 생리적 원인으로는 방광 근육의 미성숙이나 방광이나 요도의 이상, 척추이상, 자율신경계의 기질적 이상 등으로 인해 소변 통제가 수의적으로 되지 않는 경우이다. 심리적 원인으로는 정서적 요인을 들 수 있는데 이것은 정신분석학적인 관점에서 질투, 적개심, 불안으로 인해 나타나는 행동으로 볼 수 있다.

야뇨증은 생리적인 원인보다는 심리적인 원인에 의해 발생하는 수가 많으며, 성별에 있어서도 여아에 비해 남아가 더 많이 나타난다. 예를 들면, 동생을 보고 부모의 애정이나 관심을 끌기 위해 소변을 잘 가리던 아이가 야뇨현상을 보이거나 낮에 충격을 받거나 심한 흥분이나 불안을 일으킨 경우 야뇨증을 보일 수 있다. 야뇨증 유아의 부모들은 자녀에 대한 포부수준이 지나치게 높고 완벽주의자이며 청결습관을 지나치게 강조하는 경우가 많다. 이를 치료하기 위해 약물을 사용하거나 소변경보장치와 같은 물리적 도구를 사용하여 효과를 나타내기도 한다.

6. 공포증과 과대공포증

공포증이란 불안과 공포가 현저하게 증가되는 유아기에 신체적 손상을 일으킬 수 있는 사건이나 사물을 무서워하는 증상을 말한다. 이에 반해 과대공포증이란 비교적 해롭지 않은 상황에 대해 비현실적이며, 비정상적인 두려움을 나타내는 것을 말한다.

공포증은 유아기에 누구나 경험하며 구체적인 사물과 상상의 사물에 대한 두려움으로부터 형성되지만 성장하면서 점차 사라지게 된다. 그러나 유아들의 50% 정도가 어떤 대상에 대해 과대한 두려움을 갖게 되고 심하면 공포의 대상에 대해 고통을 느끼고 억압시에는 악몽, 두려움, 만성위장병과 같은 신체적 증상으로까지 나타난다.

정상적인 공포와 규칙성을 과장해서 표현하는 과대공포증은 대부분 유아기에 발생한다. 그 원인으로는 정신분석학적 관점에서 공포증을 신체적 손상에 대한 과도한 관심으로 설명한다. 인지적으로는 자신이 약하고 왜소하다는 것을 인식할 정도로 발달하였지만, 신체적으로 자신에 대한 위협을 대처할 만큼 발달하지 못했기 때문에 공포증이 대두되는 것이라 설명하고 있다.

공포증이 실제의 물체에 관한 것일 때에는 행동수정기법 중에서 체계적 둔감법을 사용할 수 있다. 이것은 두려워하는 물체를 친숙한 상황에서 보여줌으로써 그것에 대한 두려움을 점진적으로 감소시켜 행동을 제거하는 치료방법이다. 또한 공포를 가진 유아가 모델과 함께 두려운 대상에 점진적으로 접근하여 관찰하게 하는 참여모델링의 방법도 효과적이다.

제 3 절 아동기 발달장애

아동기에 나타나는 발달장애는 유아기에 비해 여러 해 동안 지속되는 경향이 있다(Hasazi & Cummings, 1984). 따라서 부모나 교사의 각별한 주의와 관심이 필요하다. 특히 행동장애와 달리 심리적 장애는 쉽게 눈에 띄지 않는 경우도 많으므로 평상시 아동에 대한 지속적인 관심과 주변환경에 대한 배려가 있어야 한다.

1. 품행장애

품행장애(conduct disorder)는 공격행동, 파괴행동, 가학행동, 절도, 규칙위반 등 신경증적 문제들을 반사회적 행동으로 표출하는 것을 의미한다. 아동의 품행장애는 학습장애나 과잉활동장애를 수반하기도 한다. 아동의 품행장애는 갑작스러운 생활의 변화, 가족간의 심한 갈등 등 주로 가족상황과 관련이 깊다. 또 품행장애는 아동의 기질과도 관련된다. 매우 활동적이고 충동적인 아동은 그렇지 않은 아동보다 신경증적 갈등을 품행장애로 더 많이 나타낸다.

품행장애는 유아기와 아동기 동안에 많이 일어난다. 이 시기에 문제행동을 보일 경우 품행장애로 진전된 확률이 상대적으로 높고, 발병시기가 빠를수록 장애의 정도가 심해진다. 이를 교정하지 않으면 청년기까지 지속되어 더 심각한 사태를 야기할 수 있다. 일반적으로 청소년기 품행장애아들은 치료를 거부하는 경향이 높아 치료를 실시하기가 어렵기 때문에(Kazdin, 1993), 장애가 발생하기 이전에 예방에 주력하는 것이 매우 중요하다.

품행장애의 성공적인 예방을 위해서는 부모와 학교 현장의 교사들과의 협력이 매우 중요하다(Lalongo et al., 2001). 한 가지 주목해야 할 점은 부모들이 자녀들 각각에 대해 온정성과 부정성이 다를 때 아동의 반사회적 경향이 높다는 검이다. 따라서 부모의 일관적인 자녀관계가 중요하며, 품행장애는 일반적으로 가족, 교사, 또래의 협조로 단순한 훈련이나 심리치료에 의해 치료될 수 있다.

2. 학습장애

발달과 관련되는 표준화된 지능검사에서 낮은 지능을 보이는 정신지체와 정상수준의 지능을 가지고 있음에도 불구하고 학습능력을 발달시키지 못하는 학습장애(learning disorder)가 있다. 학습장애는 학업기술 장애, 의사소통 장애, 운동기술 장애를 포함한다. 학업기술 장애에는 읽기장애, 산수장애, 글쓰기 장애 등이 포함되고, 의사소통 장애에는 표현언어 장애, 발음장애 및 말더듬 등이 포함되며 운동기술 장애에는 운동 협응 기능의 발달이 지체되는 발달적 협응장애가 포함된다.

1차적 학습장애는 지능이 낮거나 경미한 뇌기능 장애를 가진 것이 원인이다. 이 경우 아동의 학업수행에서 일반아보다 더 많은 조력을 해 주되, 아동의 학업성취 수준에 관심을 갖기보다 아동 개인이 갖고 있는 특정 학습능력을 발견하고 이를 키워 주는 것이 바람직하다. 2차적 학습장애는 높은 불안이나 갈등에서 기인한다. 이 경우는 적절하지 못한 가정환경과 관계가 있다. 그러나 드물게는 아동의 난청, 약시, 두통 등 신체이상이 원인이 될 수 있으므로 신체이상 유무를 확인한 후 적절한 지원환경을 조성해 주어야 한다. 결과적으로 학습장애 지도는 단지 인지적 측면에서뿐만 아니라 신체적·정서적 요인 및 환경 조건의 상호작용에 의한 결과라는 데 초점을 두어야 한다.

3. 반사회적 행동

반사회적 행동(antisocial behavior)이란 적대적인 대인관계를 촉진시키는 부정적인 사회적 활동을 의미한다. 대부분 훔치기, 이기적 행동, 거짓말, 공격성 등의 행동으로 나타나게 되는데 특별히 아동기에 많이 나타나는 현상으로는 공격성이 있다. 공격성이란 다른 사람에게 신체적 혹은 언어적으로 공격적인 행동을 함으로써 다른 사람에게 심리적 혹은 신체적으로 상해를 주는 행동을 의미한다. 공격성의 종류에는 도구적 공격성과 적대적 공격성으로 볼 수 있는데(Feshbach, 1964), 도구적 공격성이란 자신이 욕구나 목표달성을 위해 공격성을 사용하는 경우이며, 적대적 공격성이란 타인에게 상처를 입힐 목적으로 행하는 공격성을 말한다.

이러한 공격성의 표현은 아동의 성별에 따라 그 정도가 다르게 나타난다. 즉, 여아보다, 남아의 경우 더 많은 공격성을 나타낸다고 할 수 있다(Hartup, 1974). 또한 공격성의 원인으로는 아동이 경험하는 좌절(Frustration: parke & Slaby, 1983)과 경쟁상황(Roche & Rogers, 1976)을 들 수 있으며 가정에서의 부모 요인(장휘숙, 1990) 역시 무시할 수 없다. 즉, 부모의 양육태도, 특별히 독재적 부모의 강압적인 양육방식은 아동의 공격성에 매우 큰 영향을 미치게 된다.

4. 학교 공포증

학교 공포증(school phobia)은 학교에서 경험한 불안이 심해서 학교에 가는 것을 두려워하거나 혐오하는 증상이다. 일반적으로 학교 공포증을 보이는 아동은 두통, 복통, 메스꺼움, 고열, 인후통 등의 신체적 증상을 동반한다. 이러한 신체적 증세 외에도 학교나 교사에 대한 불평과 불만, 공부에 대한 염증, 교통의 불편, 다른 아동에 대한 불만 등을 호소하기도 한다. 그러나 학교에 가지 않아도 된다고 결정되는 순간에는 이러한 증세가 사라진다. 또한 학교 공포증을 갖는 아동들은 자신의 능력에 대해 전반적인 불안감을 가지고 있으며, 그들의 능력을 검사하는 과제에 대해서도 불안감을 보인다.

학교 공포증의 원인은 시기에 따라 달라지는데, 초등학교 입학 초기의 학교 공포증은 부모와 떨어지는 것에 대한 격리불안(seperation anxiety)의 특수한 형태이다.

학교 다니는 중에 생기는 학교 공포증은 시험에 대한 불안이나 학교에서 겪는 불쾌한 경험으로 인한 심리적 불안이 그 원인이 된다. 학교 공포증은 사회적 공포와도 관련이 있는데, 또래집단이나 대중 앞에서 말하는 것에 대한 두려움에서 비롯되기도 한다. 학교 공포증은 모든 연령과 모든 지능수준의 아동에게서 발견된다.

학교 공포증의 경우 우선적으로 부모와 교사는 그 원인을 찾아 적절히 대응하는 것이 바람직하다. 일반적으로 불안이나 공포의 치료에는 체계적 둔감법이 많이 사용된다. 이는 또래집단이나 학교 시험에 점차 익숙해져 학교 공포증이 감소될 수 있도록 해 주는 효과적인 방법이다.

5. 우울증

우울증(depression)은 아동기나 청소년기에 나타나는데, 특히 사춘기를 전후해서 급격히 증가한다. 즉, 우울증은 아동기 때보다는 청소년기에 더 잘 발생하고 남자보다는 여자에게서 더 많이 나타난다. 급성 우울증은 부모의 사망과 같은 생활사건에 대한 반응으로 나타나며, 만성 우울증은 돌발사건보다는 빈번한 상실이나 분리를 오랫동안 경험하게 됨으로써 나타난다. 우울증을 보이는 아동들은 부정적인 자아개념을 가지고 있을 뿐만 아니라 자기비하를 하는 경향이 있다(Jaenicke et al., 1987). 또한 사회적으로 위축되고 자아존중감이 낮고 집중력이 부족하며 학업수행 능력도 떨어진다.

우울증의 원인으로 보울비(1989)는 영아기의 부모-자녀 간 불안정한 애착과 애정이 부족한 양육행동을 들고 있다. 또 다른 요인으로는 자신이 스스로 통제할 수 없는 스트레스를 오랫동안 받거나 계속되는 실패경험에서 생기는 학습된 무력감이 있을 수 있다(Seligman, 1975). 가족요인과 또래관계도 우울증의 중요한 원인이 될 수 있다.

부작용이 적고 아동의 성장·발달에 부정적인 영향이 적은 항우울제가 아동의 우울증 치료에 사용된다. 더불어 최근에는 대인관계 심리치료와 인지치료가 아동기 우울증 치료에 효과적인 것으로 나타났다(Beardslee et al., 1996). 심리피로는 주로 인지적 기법들과 자기통제 및 행동적 기법들을 사용하며, 필요에 따라 가족치료를 포함하기도 한다. 자기 통제절차나 행동적 절차는 아동 자신의 생활과 우울증상에 대해 약간의 통제력을 갖도록 도울 수 있으며, 우울한 사고로부터 어느 정도 거리를 유지하게 해 줌으로써 인지적 재구조화를 촉진시킨다.

6. 소아정신분열증

아동기에 발생할 수 있는 정신질환으로는 소아정신분열증(Childhood Schizophrenia)이 있다. 소아정신분열의 원인으로는 유전적 요인, 신진대사나 호르몬의 문제 혹은 중추신경계의 문제 등을 들 수 있으며 때로는 가정 내의 건강하지 못한 대인관계의 문제 등을 원인으로 들 수 있다. 소아정신분열증의 원인은 정확히 규명되지 않았지만 생리발생적 원인과 심리사회적 원인이 함께 작용하며, 생리발생적인 요인이 환경적 요인에 의해 외부적으로 표출되는 다인자적 특질로 밝혀지고 있다. 다시 말해, 부모가 정신분열증 환자일 경우 부적절한 환경에서 양육되어 자녀에게 정신분열증이 발생하는 확률이 높은 것으로 설명할 수 있다. 환경적 요인 중 부모와의 심각한 관계, 즉 거부 혹은 유기, 과잉보호 등을 경험한 아동이 이와 같은 장애를 나타내기도 한다. 소아정신분열은 현실도피와 타인과의 관계기피 등을 특징으로 한다.

소아정신분열증 환아의 경우, 얼굴표정이 항상 단조롭거나 흥분되어 있다. 대부분의 경우에 아무런 말없이 지내기도 하지만, 혼자 의미없는 말들을 끊임없이 읊조리기도 한다. 이러한 증상은 이 세상에 대한 자신의 공포와 집착을 나타낸다. 이들은 세상에 대한 인식이 부정적이기 때문에 세상으로부터 자신을 차단하기도 하지만 사회와 약간의 소통을 가지기도 한다. 이는 자신의 병적인 증세를 세상이 알면 이상하게 생각할 것이라는 점을 알기 때문이다. 따라서 때로는 학교에서 특이한 성격이라는 점만 인지될 뿐 병적인 증세가 숨겨지기도 하고 적절한 성취를 할 수도 있다. 소아정신분열증을 가진 아동의 경우, 약 5%만이 성인기까지 완전히 회복되는 것으로 나타났으며, 어려움을 계속 겪으므로, 심지어 기관수용까지 요구되기도 한다(chapman, 1974). 성인이 된 후 정신분열증으로 발전할 가능성이 매우 크다(김영옥 외, 2009).

제 4 절 학습장애의 개념이해

1. 학습장애의 개념

아동 학교폭력과 학습장애는 지능이 낮지도 않고 부모 또한 교육적으로 방치한 것도 아님에도 불구하고 어느 특정 영역에서 매우 심각한 학습문제를 보이는 아이들을 가리켜서 일명 '학습장애(Learning disabilities: LD)'라고 부른다. 학습장애란 용어가 통일되기 전에는 학습장애에 대해서 원인적 정의로 1950년부터 미세뇌장애(Minimal Mrain Dysfunction: MBD), 신경학적 장애, 발달성 실어증 등으로 쓰였고, 증상적 정의로는 지각장애, 교육장애, 언어장애, 독서장애 등의 용어로 사용되었다. 그리고 1960년대 초반에는 뇌손상, 독서장애, 교육장애, 다동성, 다동신드롬, 언어장애, 학습곤란, 미세뇌손상, 미세뇌기능장애, 학습문제아, 독서문제아, 심리언어장애, 정신신경학적장애, 학습지체, 스트라스증후군, 학습부진 등 많은 연구자에 의해 다양한 부분에서 여러 가지 용어로 사용되어 왔다. 이렇게 다양한 용어들은 1963년 사무엘 커크(Samuel Kirk)에 의해서 학습장애로 통일하여 규정되었다. 그리고 1963년에 학습장애아 협회가 창설되면서 그 의미가 정착되었고, 1975년에 미국 상하의원에서 전 장애아 교육법이 통과되면서 법률적으로 공인되었다.

DSM-IV에서 학습장애에 대한 정의는 읽기, 산수, 쓰기를 평가하기 위해 1:1로 검사하여 나이, 학교교육 그리고 지능에 비해 기대되는 수준보다 성적이 현저하게 낮을 때라고 한다.

우리나라 특수교육 진흥법(1994)에서는 학습장애에 대한 정의를 '셈하기, 말하기, 읽기, 쓰기 등 특정한 분야에서 학습상 장애를 지니는 자'라고 하였고, 교육 단체에 의한 정의(교육 개발원)로는 '학습장애는 여러 다양한 장애그룹을 지칭하는 포괄적인 용어로써 듣기, 말하기, 읽기, 쓰기, 논리적 사고나 산수 능력을 습득하거나 사용하는데 심한 어려움을 보이는 경우를 말한다'라고 하였다.

종합적으로 볼 때 학습장애는 지능발달 장애가 없고 감각기관에도 문제가 없음에도 불구하고 듣기, 말하기, 읽기, 쓰기, 계산하기 등의 특정의 능력이 학습과 사용에 현저한 곤란을 보이는 것을 의미한다. 다시 말해서, 청소년 학습장애는 청소년의 다양한 인지능력 중에서 어떤 한정된 영역에서만 발달이 느리거나 결손이 있는 경우를 말한다.

2. 학습장애의 특성

지능이 낮은 청소년들과는 달리 학습장애 청소년들은 평균이나 평균 이상의 지능을 가지고 있다. 따라서 이들은 지적인 잠재력이 크고 또 어떤 영역에서는 우수한 능력을 보이기도 한다. 그럼에도 불구하고 일부 학과목이나 과목전반에 걸쳐서 실패하게 된다. 게다가 학습장애 청소년들은 이런 실패를 예민하게 받아들일만한 지적인 능력이 있기 때문에 지능이 낮은 청소년들보다 더 크게 상처를 받는다. 또한 부모나 교사들도 아이가 어떤 면에서는 똑똑해 보이기 때문에 이들이 학업 성적이 저조한 것을 의아해하고, 대개는 아이가 "게으르기 때문"이라고 오해하고 야단치는 경우가 많다. 그러나 이러한 대처는 청소년들의 마음에 상처만 주고 어른들에 대한 불만만 쌓이게 만들어 오히려 비행문제를 유발하기도 한다. 이처럼 학습장애는 성인기의 장애보다 삶 전체에 미치는 영향력이 크기 때문에 조기에 발견해서 교정하도록 도와주는 것이 중요하다.

임상 현장에서 보면 학습장애 청소년들은 단지 특정한 영역에만 능력이 뒤떨어지기 때문에 좋은 지도자를 만나서 집중적인 훈련이나 교정을 받을 때 상당한 수준으로 개선되는 것을 볼 수 있다. 그러므로 학습장애는 지능이 낮은 아이들보다 학습효과에 있어서 훨씬 희망적이라고 볼 수 있다.

3. 학습장애의 유병률

학습장애의 유병률에 관한 많은 연구들은 읽기장애, 산술장애, 쓰기장애를 각각 구분하지 않고 전체적인 학습장애의 유병률에 초점을 맞추고 있기 때문에 각 영역의 유병률을 밝히는 것은 쉽지 않다. 읽기장애는 단독적이든지 산수장애와 쓰기장애와 함께 나타나든지 간에 대략 학습장애의 5분의 4에 해당한다. 그리고 산수장애만의 유병률(즉, 다른 학습장애와 동반되어 발견되지 않는 경우)은 학습장애의 5가지 사례 가운데 1가지 사례 정도라고 평가되어 왔다.

4. 학습장애의 진단기준

학습장애의 진단기준으로는 대상 청소년의 학습장애 여부를 판단하는 감별적 진단과 학습장애인 경우 결함이 있는 인지적 능력을 특정하는 분석적 진단의 2단계로 구분할 수 있다. 청소년 학습장애 진단기준으로는 기초학습 평가 표준화 검사에서 나이, 학교교육, 지능에 비해 기대되는 수준보다 성적이 2표준편차 이상 차이가 날 때 학습장애로 말할 수 있다. 즉, 청소년의 능력과 학업성취 수준이 심각한 불일치를 이루며, 대부분 청소년들이 사용하는 공부방법과 자료로는 배울 수가 없으므로 특별한 공부 방법을 필요로 한다. 단, 주된 요인이 정서적 문제나 학습기회의 부족은 아니어야 한다.

5. 학습장애의 진단기준

학습장애의 원인으로는 유전적 소인, 뇌손상, 중독, 감염증, 방사선 그 외의 물리적요인, 알레르기, 영양장애, 환경장애의 부적성, 정서적 스트레스 등의 요인이 중복되어 발생하는 것으로 알려지고 있다. 그러나 크게는 다음 세 가지를 학습장애의 주요 원인으로 들 수 있다.

1) 뇌손상에 의한 요인

출생 전후의 외상이나 생화학적 또는 영양학적 요인에 의한 뇌손상이 인지처리 과정의 결함을 초래하여 학습장애를 유발할 수 있다는 주장이다. 임신기간 동안에 급격하게 발달하는 태아의 뇌는 손상을 입기 쉽다. 임신 중 산모의 약물복용·남용·니코틴·알코올중독·산모의 당뇨병으로 인한 고농도 혈당 등이 태아의 뇌발달에 해로운 영향을 줄 수 있다. 또한 출산시 탯줄이 태아의 목에 감기거나 뇌로의 혈액공급 부족으로 인한 산소공급의 일시적 차단, 장시간 지연출산 등 출산 시 여러 가지 합병증도 영향을 주어 뇌손상을 입게 된다. 이러한 미세한 뇌손상이 나중에 특정한 학습기능에 어려움을 유발할 수 있다.

2) 유전적 요인

학습장애에 대한 취약성은 상당부분 유전된다는 근거들이 보고되고 있다. 스웨덴에서 이루어진 한 가계 연구(Hallgren, 1950)에 따르면, 읽기장애로 진단을 받은 사람의 친척 중에 읽기장애나 쓰기장애를 지닌 사람이 많다는 것이다. 쌍생아나 입양아 연구에서 보면 20-30%의 학습장애 아동들에게서 유전적인 경향이 발견된다는 보고가 있다.

3) 환경적 요인

가정을 비롯한 교육환경은 아동의 학습과정에 영향을 미치고, 이는 아동의 뇌기능에 영향을 미칠 수 있다. 불화가 심하고 아동을 신체적 또는 심리적으로 학대하는 가정환경에서 아동은 불안에 휩싸여 지적 잠재력을 발휘하지 못하고 학습저하를 나타내게 된다. 또는 아동의 학습저하는 부모로부터 꾸중이나 처벌을 유도하여 아동의 불안을 증대시켜 학습기능을 저하시키는 악순환을 초래한다. 학습장애는 부모의 교육수준, 특히 어머니의 교육수준과 매우 높은 상관이 있는 것으로 보고되고 있다. 교육수준이 낮은 어머니가 자녀에게 적절한 교육을 제공하지 못하거나 잘못된 교육방법을 사용하는 것이 학습장애를 유발할 수 있다. 부모나 교사의 잘못된 교육방법도 학습장애를 유발하는 원인이 될 수 있다.

제 5 절 학습장애의 치료

1. 심리적인 안정과 지지

학습장애를 가지고 있는 청소년들은 전반적으로 항상 실패와 꾸준 속에 살아서 자신감이 없고, 자신을 스스로 높이는 자존감 또한 낮다. 그러므로 이러한 청소년들의 마음을 다루어 줄 때에는 자신감과 자존감을 높여주는 방법이 가장 좋다. 이러한 방법으로는 해당 청소년이 쉽게 성취할 수 있는 과제물부터 시작하여 자신감을 키워주는 것이 중요하다. 그리고 실패는 자신의 잘못이 아니라 자신의 능력을 제대로 활용하지 못했기 때문이라는 것을 깨닫게 해주어야 한다. 배우는 것에 대한 자신감을 갖도록 격려와 칭찬을 아끼지 않는 것 또한 중요하다.

2. 생활지침 제공

학습장애 청소년들은 스스로 계획을 세워 공부를 하지 못하기 때문에 부모나 선생님들이 정리하고 계획하는 기술을 가르쳐 주어야 한다. 매일 사용하는 책, 과제물, 외출복 등을 놓는 장소를 정해서 쉽게 찾도록 하는 것부터 과제에 필요한 준비목록을 제공하는 것, 시간표 짜는 것, 과제물 확인과 포켓 홀더에 자료를 정리하게 한다. 그리고 주의력 향상을 위한 지침과 듣기 능력 지침을 주고 확인한다. 좀더 개별적으로 학습장애를 돕기 위해서는 교과과정을 조절하여 학습자가 흥미를 느낄 수 있는 내용과 자료를 준비하는 것이 필요하고, 무엇보다 시간 관리를 잘 하도록 해야 한다.

학습장애 청소년을 둔 부모들은 자녀가 할 수 없는 것을 강조하기보다 잘 하는 것을 발견하여 강점을 키워주도록 해야 한다. 될 수 있는 한 집안에서의 일상은 단순화하고, 이야기는 직접적이고 긍정적으로 하며, 다른 사람과 더불어 사는 방법을 배울 수 있도록 도와주고 자녀가 스스로 중요한 존재임을 알게 해야 한다.

3. 전문치료

학습장애 정도가 심한 청소년들을 위해서는 전문치료가 요구되며, 학습장애의 효율적인 치료를 위해서는 치료자의 역할이 중요하다. 치료자가 갖추어야 할 덕목 가운데는 영혼을 사랑하는 마음과 라포(rapport)형성기술, 책임공유, 치료과정의 구조화, 정직성, 성공경험, 흥미제공 등이 요구된다.

〈참고문헌〉

강갑원(1997), 『정서지능 논쟁점의 비판적 고찰』, 열린유아교육 2(2)215-238
강문희 · 신현옥 · 정옥환 · 정정옥(2004), 『아동발달』, 교문사.
강문희 · 장연집 · 정정옥(2000), 『아동정신건강』, 정민사.
강성화 · 김경희(2001), 『유아언어교육』, 동문사.
교육부(1996), 유아언어교육활동자료, 교육부.
권대도 외 4인 공저(2006), 『보육학개론』, 양서원.
권대훈(2006), 『교육심리학의 이론과 실제』, 학지사.
권민균 · 권희경 · 문혁준 · 성미경 · 신유림 · 안선희 · 안효진 · 이경옥 · 천희경 · 한유미 · 한유진 · 황혜신(2006), 『아동발달』, 창지사.
김경란(1990), 유아놀이행동유형과 제변인에 대한 연구: 유치원유아를 중심으로 성신여자대학교 대학원 석사 학위논문.
김경중 외 11인 공저(2000), 『아동발달심리』, 학지사.
김경중 · 류왕효 · 류인숙 · 박응준 · 신화식 · 유구종 · 정갑순 · 조경미 · 조희숙 · 주리본 · 최인숙 · 최재숙(2001), 『아동발달심리』, 학지사.
김계숙 저(1995), 『인간성장 · 발달과 건강』, 신광출판사.
김광웅 · 방은령(1997), 『아동발달』, 정민사.
김나영 · 이경열 · 정욱호 · 홍계옥(2005), 『영유아발달』, 양서원.
김명미(2008), 『초등 읽기능력이 평생성적을 좌우한다』, 글담.
김미란(2005), 아들러의 개인 심리학에 근거한 격려 집단상담 프로그램 개발 및 효과분석. 목표대학교 대학원 석사학위 논문.
김수정(1992), 5세유아의 인지, 신체, 사회성 및 언어능력 발달에 관한 연구, 건국대학교 대학원석사학위 논문.
김승국(1995), 『특수교육학』, 양서원.
김영옥(1991), 유아의 사회성발달을 위한 유치원과 초등학교 1학년의 연계적 교육과정개발연구: 사회교육내용 및 방법의 분석 교육학연구, 29(4)29-56
______(2000), 유아의 협동작업을 위한 교수-학습모형연구: 대안적 학습형태의 성계 유아교육연구 20(2), 201-222
김영옥(2002), 『유아를 위한 다문화 교육』, 정민사.
김영옥 · 김혜리 · 최미숙 · 황윤서(2009), 『아동발달론』, 공동체.
김은기(2000), 과학활동을 통한 유아의 창의적 사고력 증진 프로그램 개발연구 연세대학교 대학원 박사학위논문.
김정미 · 신희선(2006), K-CDI 아동발달검사 표준화 연구, 아동학회지 27(4),39-54
김정원(1999), 부모교육프로그램의 개발 및 실시에 관한 연구.
김정준(1993), 가설적 갈등상황과 토의가 유아의 도덕적 추론 발달에 미치는 영향: 분배정의추론을 중심으로 이화여자대학교 대학원 박사학위논문.
김진영 · 김정원 · 전선옥(2002), 『유아 부모 교사를 위한 부모교육』, 창지사.

김창규 · 박정순(2000), 『뇌 태교 혁명』, 도서출판 연이.
김태련 · 강우선 · 김경은 · 김도연 · 문주 · 박랑규 · 서수정 · 양혜영 · 이경숙 · 장은진 · 정은정 · 조현섭 · 허묘연(2003), 『발달장애 심리학』, 학지사.
김현경(2002), 유아를 위한 비판적 사과 교수 모형의 구석 및 그 적용 효과에 관한 연구, 중앙대학교 대학원 박사학위 논문
김현택 외 8인(2001), 『심리학』, 학지사.
김현택 외(1997), 『인간의 이해 심리학』, 학지사.
김희진(1995), 자녀양육에 대한 한국과 미국 어머니들의 신념 비교 연구, 유아 교육연구, 15(2) 5-22
나유미(1991), 정신에 대학 아동의 이해발달 연세대학교 대학원 석사학위 논문.
노명환 · 이차숙 · 조정숙(1999), 유아언어교육, 삼성인쇄주식회사.
노안영 · 강영신 공저(2007), 『성격심리학』, 학지사.
대한 소아과학회(1998), 한국소아의 정상치.
민신난(1990), 유아의 물리적 지식 발달에 관한 사례연수, 이화여자대학교 대학원 석사학위논문.
박성연 · 도현심(2003), 『아동발달』, 동문사.
박숙영(1998), Logo 컴퓨터 프로그래밍과 이동의 공간지식, 교육학연구, 36(1)213-226
박웅임 · 유명희(1997), 애착의 지속성에 관한 단기 종단적 연구: 영아기의 낯선 상황 애착유형과유아기의 애착 안정성, 한국아동학회지, 18(2) 33-46
박일숙(2002), 아동 열등감 극복을 위한 아들러 개인심리이론의 적용. 순천대 교육대학원 석사학위 논문.
박진숙(2004), 동화책을 활용한 통합적 언어활동이 유아의 쓰기능력과 언어표현능력에 미치는 영향, 충남대학교 교육대학원 논문
박진재 · 이은해(2002), 아동의 또래관계증진을 위한 사회적 기술 중재 프로그램의 효과 유아교육연구, 22(2), 57-84
방성연외 5인(2003), 『부모교육』, 교육과학사.
배기조 · 최보가(2002), 유아의 마음의 이론과 관련 변인들과의 관계, 유아교육연수, 22(2)169-189
보건복지 원격평생교육원. 아동발달론 이순배
서봉연 · 이순형(1996), 『발달심리학-아동발달』, 중앙적성출판사.
성현란 · 이현진 · 김혜리 · 박영신 · 박선미 · 유연옥 · 손영숙(2004), 『인지발달』, 학지사.
손경희 · 이대균(2001), 인터넷 멀티미디어 프로그램을 활용한 언어 교육이 유아의 언어 및 사고 능력 발달에 미치는 영향, 열린유아교육, 5(3),143-165
손진욱(1996), 초수면의 진단과 치료, 대한의사협회지, 38(8)
손혜숙 · 오애순 · 김승옥(2012), 『아동발달론』, 양서원.
송규운 · 윤정진 · 황동주(2002), 유아의 창의성 프로그램 개발과 적용에 관한 연구, 유아교육연구, 22(2), 287-312
송길연 · 김수정 · 이지연 · 양돈규 공역(2001), 『발달심리학』, 시그마프레스
송길연 · 장유경 · 이지연 · 정윤경 옮김(2005), 『발달심리학』, 시그마 프레스
송명자(1995), 『발달심리학』, 학지사.
______(1998), 『발달심리학』, 학지사.
______(2000), 『발달심리학』, 학지사.
송영주(2002), 한국아동과 미국아동의 일상 심리학 : 대구와 버지니아 주 아동의 비교 한국영유아 보

육학 31, 1-24
신옥순(2005), 『유아교육학개론』, 학지사.
심성경 · 조순옥 · 이정숙 · 이춘자 · 이선경 · 이효숙(2004), 『유아교육개론』, 창지사.
안부금(1991), 유아의 쓰기 행동 발달에 관한 단기 - 종단적 연구, 부산대학교 교육대학원 석사학위 논문
안영진 저, 『21C 교사양성을 위한 아동발달』. 공동체.
안영진(1997), 『신 영유아 발달 총서』, 정일.
안윤영 · 이정숙(2002), 수면장애아동의 놀이치료 사례연구 한국영유아보육학, 제29집, 127-148
양옥승 외 12인 공저(2001), 『유아교육개론』, 학지사.
양옥승(2004), 생태적 성장: 보육담론의 새 지평, 참여 보육과 생태적 성장-자라는 아이들 열리는 세상 공동 육아와 공동체 교육 10주년 기념 국제 학술대회 자료집
양효숙(1990), 학령 전아동의 성역활 고정관념 및 관련변인: 전남지역을 중심으로 전남대학교 교육대학원 석사학위논문
우수경 · 최기영(2002), 유아의정서능력과 관련변인간의 구조분석 유아 교육연구, 22(2), 29-55
우현경(1998), 걸음마기유아의 어린이집 초기 적응과정에 대한 질적 연구 이화여자대학교 대학원석사학위논문
원순련(2004), 유치원과 초등학교 1학년 언어교육과정의 연계성에 관한 연구, 경남대학교 교육대학원 논문
원영미(1990), 유아의 기질 및 그 관련변수와 유치원 아동의 적응과의 관계 이화여자대학교 대학원 박사학위 논문
유구종(1998), 컴퓨터 그림 이야기책 유형에 따른 유아의 발생적 읽기 능력발달 열린 유아교육 3(2), 317-346
윤혜원(1990), 유아의 성역할고정관념에 관한 연구, 이화여자대학교 대학원 석사학위논문
윤희경 외(2005) 『발달에 적합한 영유아교육과정』,원 양서
이 근(1987), 서울아동의 덴버 발육 선별검사 및 한국판 DDST, 소아과, 30(9), 1210-1215
이근홍(2006), 『인간행동과 사회환경』, 공동체.
이동원(1986), 『부모교육 프로그램 탐색』, 창지사.
이병래(1997), 『정서지능 개념의 성립 열린유아교육 2』, (2), 195-214
이부미(1991), 다연령집단 어린이들의 놀이와 권력: 문화 기술적 사례 연구 , 중앙대학교 대학원 석사학위 논문
이순옥(2003), 부모실조형태에 따른 아동의 정의적 특성의 차이, 춘천교육대학교 대학원 석사 학위논문
이순형 · Mullen. M. K · 성미영(1997), 한국과 미국유아의 의사소통에서 주제수행에 대한 비교문화 연구 아동화회지, 18(2), 121-130
이시자(2001), 마음이론과 유아발달 유아교육연구, 21(4)313-329
이연섭 · 강문희(1999), 『부모교육』, 정민사.
이영석(1995), 한국유아의 연령별 발달수준 확인 연구, 미래유아교육학회, 제1원, 1-69
이영자 · 이종수 · 신은수(2002), 놀람정서와 관련한 마음이론의 발달, 유아교육연구, 22(1), 89-103
이윤경 · 최석란 · 신은수역(2001), 『유아교육개론』, 창지사.
이인정 · 최해경(1999), 『인간행동과 사회 환경』, 나남출판.
이재선(1990), 유아의 적목놀이 구성에 관한 사례 연구, 이화여자대학교 교육대학원 석사학위 논문

이정순 · 무토 다카시(2001), 한국과 일본의 영아부모에 대한 유아스트레스와 인격변화간의 관계비교 열린 유아교육, 6(2), 193-208

이진숙(2002) 어머니의 양육행동 및 애착안정성과 유아의 사회정서 능력에 관한 종단 연구 한국영유아 보육학 , 30, 135-153

이진희(2002), 어머니의 읽기지도 방법에 따른 유아의 동화책 읽기 흥미에 관한 연구, 전북대학교 교육대학원 논문

이항재 · 최민수 공저, 『아동발달』, 교육과학사.

인천청송유치원(2001), 동화 중심의 문학적 접근을 통한 언어능력 신장, 유아 교육 시범유치원 운영 보고서

임경수 저(2004), 『인간발달이해와 기독교 상담』, 학지사.

임동근(1993), 『바람직한 육아태교』, 고려원.

임승렬(1997), 아동의 걱정의 특성과 발달적 의미 분석 연구 유아교육연구, 17(1)123-143

장미자(1998), 애착의 세대간 전이 -어머니의 내적 실행모델과 영아의 애착 유형, 경희대학교 대학원 박사학위 논문

장영희 · 이숙재 · 김혜실 · 김정화(1999), 유아의 인종 인식에 대한 연구, 유아교육연구, 19(1)95-110

장휘숙(1990), 『아동심리학』, 박영사.

정덕희(1992), 아동의 연역적 추론능력발달에 관한 연구 중앙대학교 대학원 석사학위논문

정선희(1989), 동화의 제시방법에 따른 유아의 읽기 발달에 관한 연구, 이화여자대학교 대학원 석사학위논문

정여혜(1990) 유아의 매 지각발달 특성에 관한 연구. 중아대학교 교육대학원 석사학위논문

정역숭 · 김영희 · 박범혁 공저(2005) 『아동발달과 부모교육』

정옥분(2002), 『아동발달의 이해. 학지사.

______(2004), 『전생애발달의 이론』, 학지사.

정진옥(1992), 신생아 Apgar Score에관련된 요인 경북대학교 대학원 석사 학위논문

정희영(2008), 일반 부모교육 프로그램의 이론적 기초에 대한 기독교적 조명

조복희(2000), 『아동발달』, 교문사.

조복희 · 정옥분 · 유가효(2001), 『인간발달』, 교문사.

조복희 · 박혜원(2003), 한국 Bayley영유아 발달검사(K-BSID-2)표준화 연구 (1): 지역, 성별 및 모의 교육수준에 따른 K-BSID-2 수행분석 한국심리학회지 :발달,17(1),191-206

조성연 · 이정희 · 천희영 · 심미경 · 황혜정 · 나종혜(2006), 『아동발달의 이해』, 심정.

조아미(2001), 부모교육 프로그램이 참가자의 자녀양육태도 및 자녀의 심리에 미치는 영향

조정숙 외(1999), 『유아언어교육』, 정민사.

조희수(2002), 유아기 읽기, 쓰기 교육에 대한 교사와 부모의 인식, 이화여자대학교 교육대학원 논문

주연희(1990), 아동의 성개념발달연구 중앙대학교 교육대학원 석사 학위논문

천화영(1997), 어머니가 지각하는 한국 아동의 까다로운 기질에 관한 질적 연구 아동학회지 18(2) 191-212

청주남성초등학교병설유치원(1999), 다양한 수행평가를 통한 유아의 바람직 한 학습능력 신장, 시범운영 보고서

최경숙(2001), 『발달심리학』, 교문사.

최기영 · 우수영(2000), 유아의 환경오렴 감소방안에 대한 인식, 열린유아 교육 5(1), 97-116

최미숙·황윤세(2004), 유아발달에 관한 학술지 논문의 연구경향 탐색 유아교육연구, 24(5), 187-205

최미현 외(2000), 『영유아 보육의 이해』, 창지사.

최옥채 외(2005), 『인간행동과 사회환경』, 양서원.

티파니 필드 저, 박성연·이 영 옮김(1997), 영아기발달 이화여자대학교 출판부.

하길종 저(2005), 『언어 습득과 발달』, 국학자료원.

하재희(1990), 유아의 권위개념에 관한 연구 이화여자대학교 교육대학원 석사학위 논문

함옥희(2005), 동요를 통한 언어지도가 발달지체 유아의 어휘력에 미치는 효과, 대구대학교 특수교육대학원 논문

황보영란(1998), 유아의 컴퓨터에 대한 정서 그리고 유아에 의해 지각된 부모, 교사, 또래의 컴퓨터에 대한 정서와 인지능력간의 관RP 연구, 유아 교육연구, 18(10), 153-170

황순각(2001), 유아 신체활동 프로그램의 구성 및 효과: 유아 의 지각 운동능력과 신체적 자아개념을 중심으로, 중아대학교 대학원 박사학위논문

황혜성(1996), 『태교음식』, 둥지.

______(1998), 우리나라 아동을 대상으로 한 취학전 아동행동목록표(PBCL)의 사용에 관한 연구 한국심리학회지: 발달, 11(2), 154-165

Walter Mischel 저(1994). 『성격심리학』, 교육과학사.

찾아보기

[ㅈ]

[ㅊ]

[저자 약력]

• 현영렬

연세대학교 사회사업학과 졸업
동경도립대학교 사회복지학 석사
서울시립대학교 사회복지학 박사
서울시 사회복지전문요원
현 서정대학교 사회복지행정과 학부장

• 류종훈

명지대 사회복지대학원 사회복지학전공 석사
고려대학교 정책대학원 공안행정전공 석사
이리스트국립대학교 사회복지학 박사
한중대학교 복지행정 전공 행정학 박사
커넬대학교 자연치유학 명예박사
한국교정복지학회 명예회장
한국웃음치료복지연구원장
한국기독교사회복지학회 수석 부회장
법무부 교정교육위원, 통일부 통일교육위원
월드사이버복지관장, 행복한 요양원 원장
前 경기도 공무원교육원 사회복지과정 외래교수
前 경기대, 한양대 건강관리 및 케어복지과정 주임교수
前 한세대학교 경찰복지학부 사회복지학과 교수
현 한국사회복지상담학회장 및 아름다운 복지재단 이사장
현 국제신학대학원대학교 상담복지학과 교수

• 손은아

서울사회복지대학원대학교 사회복지학 석사
국제신학대학원대학교 사회복지상담학 박사과정
전) 고구려대학교 사회복지학과(사회복지개론, 아동미술) 강사
서울사회복지대학원대학교 평생교육원 지도교수
현) 서정대학교 사회복지학과(아동발달, 영유아의 건강과 영양) 강사
복지문화교육원 학점인정제 강사
유아교육기관 원장

• 임옥순

서울사회복지대학원대학교 사회복지학 석사
서울중앙신학대학원대학교 사회복지학 박사과정
전) 전주비전대학교 사회복지학과(아동미술) 강사
고구려대학교 사회복지학과(보육학개론) 강사
현) 서정대학교 사회복지학과(아동음악과 동작) 강사
서울사회복지대학원대학교 평생교육원 지도교수
유아교육기관 원장

유아발달론

2014년 1월 20일 초판인쇄
2014년 1월 25일 초판발행

저 자 현영렬 · 류종훈 · 손은아 · 임옥순
발행인 유 성 열
발행처 청목출판사
서울특별시 영등포구 신길로 40길 20
전화 (02) 849-6157(代) · 2820 / 833-6090~1
FAX (02) 849-0817
등록 제318-1994-000090호

파본은 바꾸어 드립니다. 값 15,000원

http : //www.chongmok.co.kr

ISBN 978-89-5565-556-8